WEALTH SHARE

富中之富的財富方程式

實踐家教育集團 董事長　　**林偉賢**——　著
財富羅盤　聯合創始人

思維決定財富

本書用一個完整的概念，清楚闡述財富的真正定義與關鍵核心，告知您能切實達到理想目標的工具與路徑。閱讀本書，您不會有隔靴搔癢的感受，讓您搭上時代趨勢直抵終點，我誠心推薦給努力創造財富的您。

我認識林偉賢老師相當久的時間，對其深耕培訓的堅持與用心相當敬佩。本書有別於坊間書籍的特殊價值在於，它對財富的核心概念給出了很正確的闡述。比如說，窮人與富人的實際差異點、決定貧富的四象限ESBI、順著趨勢累積財富，看趨勢有方法等。等到讀者對於財富有認知後，遂進一步引導您了解自己財富的真實狀況，不要賺百分比的錢，而花倍數的錢。最後告知您財富背後的秘密，如何發現商機、應對挑戰，滿足未被解決的問題、未被滿足的需求、未被重視的尊嚴。

我很喜歡書中所言「先有自律才會有自由」，所謂的自由並不是從天而降，恍然讓我發覺原來自己的思維，決定了自己的財富。單是作者如此精闢闡述，就值得我推薦本書。聰明的人若想要在短時間獲取心中理想的財富，本書是絕佳選擇。

中華大學校長　劉維琪

升級財富最值得擁有的一本書

　　2022年疫情持續不退、元宇宙方興未艾，不同的經營者都在問：「如何持續累積財富？該怎麼在充滿挑戰的環境下，把握下一個趨勢風口？」而《富中之富的財富方程式》這本書，完整的文章結構，針對財富提供定律與路徑，給讀者系統化與進階的知識，正是一本值得您擁有的書。

　　即將成為過去的網路2.0時代，Google所帶來的線上搜尋，雖然及時又便利，但是所獲得的知識卻是零碎且矛盾。本書是台灣教育培訓先驅人物的林偉賢老師最新力作，首先用深入淺出的概念，協助您建立及理解財富的本質、富人與窮人的差異；當有了正確理解後，接著告訴您掌握趨勢與自律的重要，讓您可以根據書中所提出的方法與習慣，即時、快速地找到自己的位置，同時發現自己需要加強的項目。旁徵博引同時引入生動靈活個案，盡數為全球上仍進行中的實務案例，讓您能更深刻地啟發自己改進的想像。

　　本書從觀念、工具、做法到案例，一氣呵成。無論您是實業家、企業經理人或身為理財族，這本書將是您開始升級自己財富最值得擁有的一本書。

馬來西亞中小企業公會副會長

掌督 雷智雄 博士

一窺財富背後的秘密

　　Money & You的課程緣自美國，林偉賢老師在1999年引進了華文版，開啟了實踐家二十多年來在華人培訓界的一個奇蹟，一個單一公開課，可以持續開課二十餘年，開課期數破七百期，學員人最多超過十一萬，學員年齡最長者有九十多歲，開課城市除兩岸三地之外，還包括新加坡、馬來西亞、印尼、菲律賓、泰國、加拿大，幾乎包括東南亞的所有國家！

　　這個課最早由林老師親授，後來我也一起加入教學，兩個老師的風格不同，切入的角度不一，說林老師是窗子，我是鏡子，這是很好的比喻，而隨著各地的推廣，林老師與我開始在各地區城市行進，航空公司累積的哩程不斷增加，會員的級別也不斷提高！這些年真的很忙碌也過得很充實！

　　好幾年前，我們開始有了把課程轉變成遊戲的想法，因為有一本暢銷書：《富爸爸・窮爸爸》，以及作者羅伯特・清崎先生所設計的現金流遊戲（Cash Flow）曾經在二十六年前大大地提升個人財商的教育以及明確指出走向財富自由的路徑！

　　那時實踐家也從中國拿到台灣代理的版權了，我們結合課程，在保險行業中大力推廣，頗獲好評，然而大家可能不知道，羅伯特・清崎先生，也是Money & You課程的畢業生，後來成為講師，而書中許多精華就來自Money & You這個課程的其中一個章節！

　　為了完成這個計畫，我們也曾經開過多次動腦會議，就教一些有經驗

的開發業者，也找一些喜歡桌遊的年輕同仁來參與，一直到2020年尾，因為COVID-19疫情的關係，各地區國家都已關上大門，我和林老師才有比較多的時間，可以密集的會議，把這設計案一步一步落實，這其中也經過許多版本的修正，接下來就是找設計團隊來設計遊戲版面及每個小部件！

研發的過程是比較辛苦的，可是公司業務的創收開展也不能放下，終於我和林老師在2021年春天赴上海工作時，我們的財富羅盤誕生了，緊接著發現之旅的直播課，也在我們待的隔離酒店時展開了，轉眼間剛好一年，疫情還沒有到盡頭，而我們已經有了近二千位的領航教練，有了不同文字版本的遊戲盒，也開發出手機上直接玩盤的雲端版，而2022年，林老師將與開發團隊共同努力，讓財富羅盤進入到虛擬與現實結合的元宇宙世界。

財富羅盤與現金流最大的不同是我們希望能登上「富中之富」的島嶼，除了財富自由之外，也要心靈的自在，它加上了八個方面（工作、理財、健康、人脈、家庭、休閒、心靈、學習）的平衡發展，這些事情看似和錢無關，但卻是財富背後的秘密，它可以增加我們的福氣值（福報），這是一個符合中國傳統價值的論述，從做人的外圓內方，到聖人的厚德載物，從誠正信實到富中之富！

誠如這本書的名字一樣，我們可以透過書及遊戲，一窺財富背後的秘密，一探自己需要修正的地方，我相信，這是一趟神奇無比的旅程！而這廣大的財富海洋中，我們需要更多的領航教練加入，用遊戲來自渡並且渡人！這點歡迎與實踐家同仁聯繫！

從十九歲與林老師於東吳大學相識，從社團活動到攜手合作創業，這漫長近三十九年的互相包容與支持，林老師一直是一股向上的力量，是創

新的先驅，是整合的高手，是公益慈善的踐行者，人性中自信心、企圖心、意志力這三股神力，在他的身上匯聚展現，這樣的奇才人間少有，也因為這樣的拚搏，我們依然能在這個行業中，做我們覺得該做，並且有能力去做的事情！

　　要祝賀林老師新書《富中之富的財富方程式》出版，這是實踐家一路走來很重要的記錄，也是面對未來很重要的起點，從大學玩社團，到現在培訓玩遊戲，他不做則已，一旦決定，他一定永不放棄，他做任何事情一定拼盡全力！這才是真正的創業家精神。

　　書裡也會有著每一個人的青春與美好，磨難與轉機，有無常與坦然，有生活態度與世界趨勢，當然也有Money也有You，希望在閱讀完後，您能心生歡喜，願意修正自己，感受到真正的財富自由與心靈自在，期待大家在書中看到自己，未來我們能在實踐家的課堂中真誠相見，彼此擁抱！

品學網信息科技董事長
財富羅盤共同設計代表
郭騰尹

富中之富新世界

　　富中之富，是每個人都希望完成的夢想，也是實踐家教育集團財富海洋平台全力以赴要協助有心者達到的目標！我和郭騰尹老師在二十四年前創辦實踐家時，就開始以曼陀羅九宮格為工具，進行工作、理財、健康、人脈、家庭、休閒、心靈、學習八大領域兼俱的富中之富平衡人生教育，至今，我們依然堅持在這條難行能行的路上，未曾遠離！

　　我最尊敬的老師——慈濟的證嚴法師，早在半世紀前就提出世上有四種不同的人生：

　　富中之富：經濟富足、心靈豐富，過的是平衡的人生；

　　貧中之富：經濟一般、心靈豐富，過的是平凡的人生；

　　貧中之貧：經濟匱乏、心靈困頓，過的是失意的人生；

　　富中之貧：經濟富足、心靈匱乏，過的是失衡的人生；

　　人們最希望擁有的都是富中之富的平衡人生，而實踐家二十四年來所有課程的教學重點，從曼陀羅超級行動學、Money & You到富中之富發現之旅，也都朝著引領大家過上富中之富的人生而堅持努力。

　　自2020年初開始至今的新冠肺炎疫情，更加速了我們推動富中之富教育的教學方式有了更普及化的改變：

　　由於不能回課室，為了幫助全球十一萬名Money & You畢業家人能夠在家複習課程，我們團隊歷經一年多的研發修正，終於在2021年5月正式推出了財富羅盤（財富海洋人生羅盤）！由於全球各地現場授課的限制，我們自2021年3月展開了富中之富發現之旅的線上直播教學！

　　危機就是轉機，我們將線上課程和線下羅盤完美結合之後，為富中之富的課程教學，開創了爆炸性的影響力，幫助了成千上萬來自二十幾個國家和地區的學習者，打開了一扇更快進入富中之富人生的大門！

　　富勒博士說：服務的人越多，效能越高；富中之富發現之旅和財富羅盤，目前已經發展到美國、墨西哥、加拿大、英國、德國、澳洲、紐西蘭、韓國、日本、新加坡、馬來西亞、泰國、印尼、汶萊、緬甸、菲律賓、柬埔寨、孟加拉、中國大陸、台灣、香港、澳門……等二十餘個國家和地區，遠遠超過我們實體課程的影響力！

　　中國最大的直播授課第三方服務平台小鵝通，去年底自動生成的年度報告更顯示，2021一整年，我在平台上開了642堂課，做了333場直播，新增了51,167位學員，訪問學習了4,335,937次，影響了來自485個城市的學習者！回看這些天文數字般的成績，不僅可以看出在疫情期間我們有多忙碌，更高興的是我們有福氣影響了這麼多在人生和財富追求道路上的夥伴，而他們絕大多數進來學習的課程，都是富中之富發現之旅！

　　為了幫助更多人學習到富中之富的理念，我特別出版這本書，真心希望能和大家分享我們二十四年來堅持相信並落地實踐的系統，支持大家在最困難的時刻，以最實用的方法，去活出最豐盛的人生；在自己能成功運用之後，還能幫助更多人用生命影響生命，用財富創造財富，讓大家都有機會晉身富中之富！

　　能幫助人的人，是最有福的！如果人人都懂得知足、感恩、善解、包容，社會將會變得更和諧；如果大家都能知福、惜福、再造福，我們將會生活在一個更幸福的世界裡！這也是我們在富中之富發現之旅的課程中，以及財富海洋人生羅盤的遊戲裡，強調的最重要觀念，只要每個人都能夠成為正循環和善循環的影響力中心和價值中心，我們就能夠不斷地累積福

報，傳遞福氣，讓大家都活在一個有福的世界裡！

在您讀過本書之後，非常歡迎您能夠來體驗我們的財富羅盤，讓您從一個101分鐘的遊戲過程中，了解到如何累積現實的財富，幸福的財富，乃至進入富中之富的平衡新世界；當您到達理想生活的最高點時，再去體會當遇到危機和挑戰，當遭遇某些無法應對的意外，或是犯下某些無法挽回的錯誤，不得不重新又回到原點，甚至跌落谷底的真實過程，再從中找到最正確的方法，重新贏回富中之富的人生！

人生如戲，戲如人生；生命不能重來，羅盤可以預演；非常歡迎您就近找到我們來自於二十幾個國家和地區的領航教練，在線上或線下真實體驗一場富中之富財富羅盤的遊戲，我們相信您一定可以從遊戲的過程中，找出許多事業與生活的真實發現，再透過不斷地修正，與不斷持續付出的行動，創造一個自己想要的富中之富人生！

僅以本書獻給財富海洋平台遍布在全球各地的領航教練們，感恩各位持續用自己生命的光和熱，成為一個說事實、愛、信任、喜樂、勇氣、廉正和負責任的卓越教練，為百萬領航教練、千萬圓滿家庭、億萬財富羅盤的願景和使命繼續不斷地努力，直到成功為止！

讓我們善用在本書、課程和遊戲的所學，共同進入富中之富的新世界，在一起，就能了不起！祝福疫情早日過去！祝福大家幸福平安！

實踐家教育集團董事長
財富羅盤共同設計代表

林偉賢

Chatper

1 真正的財富

Chatper

2 財富四象限

Wealth Discovery

Chatper 6
財富背後的秘密：
健康、人脈與家庭

Chatper 7
財富背後的秘密：
休閒、心靈與學習

Chatper
1

真正的財富

財富是什麼？

　　本書談的財富觀念是來自於Money & You精神導師富勒博士的定義，富勒博士是誰？在維基百科和百度百科有記載，巴吉明尼斯特‧富勒博士是一位美國建築師，人稱「無害的怪物」，半個世紀以前富勒就設計了一天能造好的「超輕大廈」、能潛水也能飛的汽車、拯救城市的「金剛罩」……他在1967年的蒙特婁世博會上把美國館變成富勒球，使得輕質圓形穹頂風靡世界，他提倡的低碳概念啟發了科學家，並最終獲得諾貝爾獎。

　　儘管擁有47個榮譽博士學位和28項專利發明。撰寫了28本書的巴吉明尼斯特‧富勒博士卻是一名沒有執照的建築師，兩次被哈佛開除的教授；他生活在上個世紀，但思考的卻是下個世紀的事情。這也是為什麼他在離世已近四十年後的今天，不僅沒有被人們遺忘，反而名氣越來越大的原因。他在半個世紀前提出的設計理念，被許多的博物館發掘出來，進行系統的回顧。在資源緊缺、全球暖化的今天，人們愕然地發現，這位像外星人一樣的富勒博士，給我們留下了一份如此巨大的遺產……。建築設計師、工程師、發明家、思想家和詩人，這不是五個人，而只是同一個人：他花了大量的時間探索新思想，用這樣一些詞來描述自己：「一個完全的、未來思想、科學設計的探險者。」富勒非常相信技術，他說，透過技術人們能夠做他們需要做的一切。

富勒於1983年在他八十八歲時去世，在他漫長的一生中，他論述了關於技術與人類生存的思想。他稱這種思想為「dymaxion」（意指：最大限度利用能源的，以最少結構提供最大強度的），這個詞來源於三個單字：「Dynamic」，意思是動力，「Maximum」，意思是最多、最大，還有「ion」，是一個原子或是一個電極中一組原子。

富勒解釋「dymaxion」這個詞，是用很少的能量做更多的事情的方法，他所做任何一件事都是按照這種思想的。他設計了一種dymaxion車，一棟dymaxion房子和一張dymaxion世界地圖，但也許他的另一項發明更為著名——測量圓屋頂，這種測量圓屋頂是用許多直型材料製作而成的圓型建築。

談論巴吉明尼斯特・富勒，意味著要用許多陌生的詞彙，這是因為富勒他自己發明了許多詞彙來描述他的思想和設計，他的設計總是走在他所處時代的前面，至今仍是。

更讓今日的人們覺得彌足珍貴的是，富勒所有的設計都貫徹著「低碳」理念。他的信仰是「用較少的資源，做更多的事。我們的資源，我們對資源的利用方式，以及我們現有的設計，只能照顧到人類的44%。然後剩下的56%的人註定要早死，而且要經歷貧困的折磨……」解決此一問題的方法是進行一場設計革命，消滅那些華而不實的設計。

富勒博士大部分的發明沒有為他賺來更多的錢，他所賺來的大部分的錢都被用來在世界各地旅行，向大家傳達生活在這個星球的人類應如何做的思想，他把這個星球稱為「地球太空船」；他說，人類是地球太空船的太空人，他們以每小時超過10萬公里的速度圍繞著太陽旅行，地球就像一個巨大的機械裝置，這種裝置只有生活在地球上的人們知道如何正確地運行地球時，才能使人類倖免於難。他還專門為此寫了一本名為《地球號

太空船操作手冊》的著作，告誡人類，若要生活在地球上就必須像太空人生活在太空船那般，必須聰明地而且可重複地使用地球所提供的一切。他說：「人類能夠透過有計劃地、聰明地使用自然資源來永遠地滿足人類自己的食和住」。

富勒博士是影響20世紀人類發展最重要的人之一，無論是在全世界的學術領域裡或是實務領域裡，都受到各界尊重。他的許多思維都被列為改變世界未來最關鍵的人。富勒博士同時也是Money & You的精神導師。富勒博士詳細資料可至www.bfi.org查詢，你將會訝異其為人類所做的偉大貢獻。

財富結合了實質與抽象

What is wealth？財富是什麼呢？

富勒博士認為財富結合了實質與抽象，即創造力和思考力。有的人思考力很強大，能想出各種商業模式，譬如馬雲；而有的人創造力非常豐沛，能設計出產很多實體的科技，譬如特斯拉的馬斯克。

思考力和創造力兩者的結合，造就了更多實質的財富。思考力去想，創造力去做；可以說是：思考力想到；創造力做到。思考力是抽象的；創造力是實質的。

當你發現實質財富不夠時，先想一想是不是你的抽象財富匱乏了，是不是思考力不足，不夠強大了呢？是不是自己失去想像的能力了？還記得愛因斯坦的那句名言嗎？他說：「想像力比知識更重要。」因為知識是有限的，而想像力概括著世界一切知識進化的源泉。想像的力量非常的強大，而且比知識還重要。

想像的力量真的很大，文學家如果沒有想像力，就不可能以有限的

經驗，創作出天馬行空的作品；科學家如果沒有想像力，先大膽地「假設」，再小心地「求證」，就不可能有今天許多發明的成就。

要先想像成功的畫象然後才能擁有真正的成功。我們一切現實的知識都是先從想像而來的，如果我想不到我就做不到，因為你不可能做到你想不到的事。我們想要成功，需要不斷地開拓創新，如果在這過程中沒有想像力的融合，就很容易會遇到「思維枷鎖」，阻礙新思維、新方法的構建，也阻礙新知識的吸收。而你的想法，要實際去做了才能實踐，抽象的思考力結合落地的創造力，才能碰撞出更多的財富。

什麼叫實質的財富，什麼叫抽象的財富呢？舉例來說，分析一頭牛，實質的部分是牛奶、牛肉、牛皮；抽象的部分就是牛皮經過設計變成鞋子、靴子、皮包、皮帶等產品。

養牛的 → 牛奶、牛皮和牛肉：屬於實質部分

做鞋的 → 鞋子、靴子：知識屬於抽象部分

養牛的人只知道可以把牛皮拿去賣做成皮革，但製鞋商就會去想我應該怎麼有效地處理牛皮，經過設計，把它變成一雙鞋子或者變成一雙靴子，這就是運用知識的力量。

一頭牛若只是銷售牛肉、牛皮、牛奶，其利潤可能遠遠不如賣一個知名品牌的皮包；皮包只是一頭牛裡面的一小部分，加上生產製造的知識、設計的知識、行銷的知識，能讓它變成可以賣出上百萬高價的皮包，這就是抽象的財富。所以不能只看到實質的部分，因為抽象的部分能讓你創造出比實質部分更大的財富。

知識就是抽象的財富，就是你擁有如何把牛皮變成皮革，把皮革變成

鞋子，設計成最棒的靴子的能力，並透過品牌效應去影響世界。

經過抽象的設計，完成之後的產品反而創造了更多實質的財富，所賺到的財富又可以讓你買到更多實質的東西。因此實質跟抽象之間彼此是不斷地在旋進，這就是富勒博士所說的：「財富蘊含的實質部分，結合時為物質，發散時為熱。兩者可相互轉換財，財富的實質能量守恆。」舉例來說，像我們一群人在一起時是物質，發散的時候是熱，可以相互轉換，所以我們可以凝眾更多的夥伴，合在一起的時候齊心協力，發散的時候則個個是熱，可以發揮效能去幫助更多人，創造更大的價值，同時可以為自己創造更多的營收。

又例如買房子，房子是實質的部分，但房子不是家，有愛的地方才是家。那個房子是物質，是你辛苦賺錢、存錢，好不容易存到第一筆購屋款，透過貸款買下的第一間房子。你還記得當時搬進那個房子的感受嗎？你這輩子買的第一間房子，不管那個房子是大還是小，你和家人們坐在裡面的那一份激動、那一份感動，還記得嗎？有愛的地方才是家，你們之前一起拼搏，一起奮鬥，才有了這個安身之所，帶著家人的那份愛，你知道要更努力，更拼搏，這樣你房子的貸款可以繳清，之後用小房子再去換大房子，為了家人的那份愛，你帶著更多的熱、更多的能量走出去，幫助更多人。

因此，每當你發現你實質的財富不夠時，就持續去發散出更多的熱，想辦法去幫助更多的人。財富的抽象部分就是知識，我們不可能越學越少，因為知識每天都在累積，所以你通過每天幫助別人，你也會累積更大的能力。

人們要明白，你不是在推廣一個保健品，那是物質，而是你能不能用愛來為這個產品賦能？當你不是在賣一個保健品，而是真心去關愛你的顧

客時，你會發現，你的顧客最後往往是因為這一份關愛而買了你的產品。

你可以用以下這七種能量來為你的物質賦能。

用說事實、愛、信任、喜樂、勇氣、廉正和負責任這七種散發熱的能量來為你的產品賦能，你就能創造更大的財富。

當你選擇說事實而不說謊的時候，客戶會更願意和你做生意；當你認真關愛對方的時候，對方就會真的接收到那份能量，可以讓你把真正的實體賣出去；當對方真的信任你時，他會買下這個產品，會讓你有更多的收入去完成更多的物質生活；當你能帶給人們更多的喜樂，是一個帶給別人希望的產品時；當你能讓客戶接收到，你會發揮勇氣為顧客服務時，你會做到更多的生意；當你的人和公司團隊能讓人接收到堅持到底，始終如一，表裡一致，永不放棄的精髓時，人們也會跟你做生意；這就是物質和熱的相互轉換。所以，一定要記住每當實質財富不夠的時候，就用這七種熱能來為你的產品賦能。

思考力是怎麼來的？

思考力是經過不斷地知識學習累積而來的。知識越多，我們的思考力就越豐富，就會有更強大的創造力去創造出更多實質的財富！而知識不可能越學越少，因為知識只能增加，每天都在增加，今天的知識總量是你從出生到今天為止所學到知識總和，明天的知識總和則是從出生到明天為止的總和，因此今天是你面對未來歷史上財富最低的一天，因為明天知識會增加，後天知識又增加了，大後天知識又增加了……，因為知識只能增加，所以財富只能增加，因此每當遇到真實財富不夠，請檢查自己的知識庫存。

同時財富是在某一段時間之內可以照顧某一群人的能力，所以我們在同一個單位時間之內可以幫助的人越多，成就價值就越大；在同樣的時間之內，我如果可以服務更多的人，我的財富自然就更多。

2020年疫情之前，我總是海內外四處飛，到各地去講課，一個時間只能在一個地方；中國大陸、香港、台灣、加拿大、新加坡、馬來西亞、泰國、印尼、汶萊、韓國、日本、澳大利亞、美國、德國，我不可能在一天之內去到前列所有的地方，但線上學習辦到了，自開辦富中之富發現之旅線上課程以來，我能夠在同一個時間之內，服務到世界各地更多的學員，每次陪伴幾千人在一起共同學習，共同成長。從一對一，一對十，到一對百，一對千到一對萬，不斷延伸上去。等於放大了百千萬倍的效能。

所以，在同一段時間之內可以照顧的人越多，你的能量就越強。

　　例如，你有家族祖傳的牛肉麵獨門絕技與配方，原本只有在自己家裡才能吃到這一碗美味的牛肉麵，後來你發展出連鎖店，令好多人都能享用到，也增加了財富；可是因COVID-19疫情，使得外食受到限制，於是開始發展更多的冷凍牛肉麵包裝產品，服務更多人；可是因為冷凍產品畢竟跟在餐廳裡熱呼呼的料理，不論是在口感上還是風味上，都和在店裡吃有所差異，這時候可以再去想，冷凍產品是物質，但如果用一個非常漂亮的手提的籃子加強包裝，打開雖然是冷凍產品，但包裝精美，提籃的精緻用心，可以讓人感受到溫暖。此時精緻漂亮的提籃，就能為冷凍食品賦能。

　　包裝裡面的東西是物質，但精緻包裝代表的一份心，能散播出更多的能量，而且它能在短時間內服務更多人，因為更多美味的食物紛紛從中央廚房走出去，甚至能服務到比來店裡消費的人還要多。

　　富勒博士告訴我們最成功的設計，是能夠造福人群；所以我們要持續去思考如何通過更好的平臺去造福人群，幫助更多的人。

財富的內核

認識真實的財富之後，要再繼續探討什麼是財富的內核；富勒博士說：財富的內核是保護、孕育、滿足、教育。第一個是保護，為別人帶來安全、安心、安定；第二是孕育，從無到有；第三是滿足提升；第四是教育，買賣的核心是教育，教育是複利，無知是負利，教育的複利是正面的複利，無知的負利是負面的複利。

保護

檢視一下你自己，檢視自己的產業，自己的行業、自己的事業或者自己的職業，有沒有做到保護的內核。

保護，指的是安全、安心、安定，比如說住要安全，吃要安心，生活要安定。任何可以做到安全、安心、安定，能帶給別人生命裡面更大的保障的，包括財產保全，像是保險，能讓你獲得更大的安全保障；像是這2021年很夯的防疫險、疫苗險；像是智慧家居的設計，能做到安全監控、節能控制；任何廣泛意義上跟保護相關的，都是財富的內核；比如新型房車標榜更安全的防護，也是一種保護。

可以多想一下你有沒有為這個世界上所有的顧客提供更多的保護？從

實質的到精神層面的保護都是，比如有很多公益組織，它為弱勢族群帶來保護，保護未成年子女、失婚婦女、單親家庭，如：婦女基金會、兒福聯盟……等，保護那些對遭受到家庭暴力的小孩與婦女等等。

又或者是從事裝修業的人，裝修的材料裡不選用含甲醛等會引發白血病的不良材料，或是引進除甲醛技術、甲醛檢測、淨化室內空氣、分解室內有害物質、打造安全健康的室內環境，這些都是保護。又例如能為大家提供最多的抗病毒、環境侵害的保護；再像是如今地球暖化嚴重，任何可以為地球減碳、低碳的作為，都是保護。

保護是包括了從實質到精神層面的，每個人都可以自我省視，你所從事的事業有沒有為大家帶來一份保護呢？

孕育

從無到有叫做孕育。例如創業孵化基地，能幫大家創業，可能我只是突發奇想了一個點子，如果把它變成一個產品，一份事業，能讓一個東西，從無到有的過程都叫孕育。又例如從0～3歲的學前教育，又比如育苗育種、植樹造林……等任何從無到有的過程都是孕育。

如果你的企業或者你的事業，能夠幫助他人從無到有，那也能符合真實財富的內核。

滿足

請省視你的事業及產品服務是否能為他人帶來滿足。比如能讓大家吃得滿足，玩得滿足，住得滿足，心裡滿足，凡是能創造更大的滿足，帶給人們更大的幸福感的，都是財富的內核。

我們可以不斷自問：你能不能給人們帶來一份滿足感，帶來一份幸福感，帶來一份真實、享受的愉悅，符合財富的內核。

 **教育**

教育是最大的財富，教育是最大的槓桿，當你幫助別人從什麼都不懂到變懂，當你能帶給別人更多的知識，用教育為所有的產業賦能；當你今天不僅是在銷售產品，而是想要這個產品能為消費者的生活帶來改變；當你不是在賣車子，而是讓他知道這輛車能對他的事業提升有所幫助；你就具備了教育的內核，教育是最大的槓桿，教育可以讓一切東西從無到有，從0到1到10到百到千到萬。

教育是最大的複利，教育能讓人們提升千百倍的效益！

舉例來說，當你賣水時，不要只單純賣水，還要告訴消費者這個水能為他的生命帶來改變，能提升他的健康。他因為瞭解到這個水對健康有益而更願意買這瓶水，即使這瓶水比別人貴兩倍，他也會買單。這就是用教育來為產業賦能，教育創造的複利。

但同時你知道無知是更大的負利嗎？教育是正面的複利，無知是更大的負利。因為你往反方向跑，是負面的複利，所有人都往正面走，而有人卻朝負面而行，這一拉開，就產生了相當大的差距！

不要只想去賣東西，你要隨時想如何給別人帶來幫助，帶給別人一些學習；當跟顧客談一個產品時，對方沒有買沒有關係，但至少要給對方帶來一些啟發，一些知識！

只要能夠持續做好教育，當顧客想買時，自然就會想到要找你買。

知識到哪裡，財富就到哪裡，所以你不僅要學，還要能教育，能做到

教學相長。當你可以教導更多人的時候，你就有機會創造更多的財富！

　　有關教育，可以再從買賣的關鍵來說明，買跟賣的關鍵在哪裡？當你看到買賣二字時，你看一下這兩個字最大的差別是什麼？就差在「士」，買賣這件事是士大夫的事，士大夫是辦教育的呢？還是搞交易的呢？自然是辦教育的！

　　所以我們說「先做教育，再做交易」。你只要給對方帶來更多學習，就算沒有成交，但能讓對方學到東西，即使沒有成交，至少能讓對方認識到新的觀念。因為你曾經教育了他，所以之後他有需求時，就會主動來找你。

　　請再次檢視，你目前所從事的事業有沒有滿足——保護、孕育、滿足、教育其中的哪一點，因為這些都是財富的內核，只要能在其中一點持續精耕細作，做得更好，你的財富自然就會增加。

重點不在貨幣，在於價值

真正的財富在價值的創造，而不是貨幣的交易，貨幣只是用來記錄財富交易的歷程，古時候是以物易物，以物品的交換來交易，其實是和錢本身沒有關係的，價值才是價錢的關鍵。

以下分享一個小故事，來解釋價值的重要性：

有三個人住在一起，一個是理髮師，一個是裁縫師，一個是鞋匠，這三個人都很想外出去工作，但卻沒辦法，為什麼呢？因為理髮師的頭髮沒問題，打理得很好，但他的服飾邋遢，鞋子破破的；裁縫師服飾沒問題，但頭髮髒亂，鞋子破破的；而修鞋匠的鞋子沒問題，可是他頭髮髒亂；衣服邋遢……這

三個人在外形上分別有兩個地方不完整，以致於他們想外出工作，卻做不到，為什麼？因為修鞋要100元，修剪頭髮要100元，整齊清潔的服裝要100元，而他們身上都沒有錢。

有一天理髮師的朋友借了200元給他，於是他給裁縫師100元，也給修鞋匠100元。裁縫師收了理髮師的100元，就給他縫了新衣服；修鞋匠收了他的100元就把理髮師的鞋子修補好，所以理髮師從頭到腳的外型都

打理好了，就可以出門去賺錢來還朋友了，對嗎？

其實不用，理髮師還未出門去賺錢，裁縫師就將他收了理髮師製新衣服的100元給了修鞋匠，讓他為自己修鞋，而修鞋匠就從裁縫師這裡賺了100元，再加上之前從理髮師那裡賺的100元，就有了200元的收入。而裁縫師如今是衣服OK了，鞋子也OK了；而修鞋匠因為有了200元的收入，所以他也能去找裁縫師製一件新衣服，裁縫師有了收入100元；找理髮師剪新髮型，理髮師也有了收入100元；而修鞋匠也從頭到尾都打理好了。

現在裁縫師只剩頭髮還沒有打理好，但是當他為修鞋匠縫製新衣時有了100元的收入，就可以去打理他的頭髮了。這時當理髮師也幫裁縫師剪新髮型後，理髮師就收到了200元的收入，100元來自之前的修鞋匠，100元來自剛才的裁縫師。你發現了嗎？

當初理髮師的朋友出借的200元，使得這三人從頭到腳都打理妥當，而這200元在三人都還沒外出工作時就能還給理髮師的朋友了。

試想，如果一開始並沒有這200元，理髮師只要準備兩顆石頭，一顆給裁縫師，請他幫忙縫製衣服，一顆給修鞋匠，請他修鞋。等理髮師有錢的時候再用200元來換回這兩顆石頭，你將會發現根本不用準備200元去換石頭，因為裁縫師一個石頭給修鞋匠，修鞋匠幫他把鞋子弄好了……後來的故事如前一段所述，這三個人只要靠著彼此交換勞務，將自己的外在形象打理好，就可以將二顆石頭再還回到理髮師的身上，而可以外出工作了。

這個故事告訴我們石頭和貨幣只是一個形式上的代表而已。貨幣本身並不重要，重要的價值。財富來自於流動，重點是價值的交換，因為財富來自價值的創造。你有價值，別人才會想要和你交換，才有交易，所以，

貨幣的本身不是關鍵。

　　財富來自於價值的交換，貨幣的發明是為了記錄財富的交易歷程。重點並不在貨幣本身，真正關鍵的是價值的交換。

　　所以，從今天開始，我們要把金錢和財富分開，以前我們以為金錢就是財富。但當你在玩金錢遊戲的時候，卻同時在貶低財富。請注意，千萬不要只是追求數字，而是要思考如何可以為大家創造更多的價值！

　　金錢並不等於財富，金錢是數字的交換，財富是價值的創造，大多數的金錢遊戲，是無法真正帶來價值的，也無法創造出真正的財富！創造財富的過程，每個環節都要能為彼此增值，而不是帶來爭執。

　　可舉一個例子來說明金錢和財富的不同，例如：假設一塊銅礦在山谷裡，僅能價值50元；但若把其中的銅提煉出來，這純銅就能價值500元，而把這純銅打造成10個大門用的高級手把，每個可以值500元，10個就能值5,000元；而把任一個手把拿來，邀請最頂尖的銅雕專家打製出一個純銅藝術品，則至少能價值50,000元！這就是每個環節都能增值的過程！但是大部分的金錢遊戲和資金盤，只是用著手機上秀出虛假數字，玩著一場毫無價值創造，卻只漲不跌的虛假遊戲。

創造真正的財富

　　富勒博士告訴我們說：「這世界上有七成的工作並未創造出任何的財富。」

　　那到底什麼才能夠創造出真正的財富呢？食品、健康、能源、遮蔽、教育還有娛樂，富勒博士認為這六大產業是可以創造真正的財富。

1 食品產業

　　因為民以食為天。即使景氣再差，一日三餐還是要吃的，食品業靠各種更好的農作物、畜牧業、餐飲、食物等等來幫助人類繼續生存下去。除了有形的食品，當然也包括無形的精神糧食。同時更健康的飲食是受歡迎的食品業發展模式。

2 健康產業

　　因為現在是大健康時代，健康是一切的核心。人們對於健康的概念也越來越重視，不再是因為生病才有醫療需求，預防醫學的觀念已被大家接受，保健產品、護眼產品的暢銷，健身俱樂部、養生餐廳等，就連飲用水及有機蔬菜水果也因為強調有益健康而熱賣，甚至這一兩年，凡冠上消毒滅菌等字眼的商品都能大賣。任何能增進健康的，包括心理的健康、身體的健康、環境的健康，都是創造財富的好產業！

③ 能源產業

　　全世界的能源未來是不夠用的，人越來越多，能源卻是越來越少，如果可以創造新能源，可以讓地球更乾淨，讓我們的環保變得更完善，這些都是真正的財富。只要能注重環保，透過環保的做法，去愛護資源，不浪費資源，也是一種能源產業，像是台灣的大愛感恩科技公司，就這是一家以落實環境保護、資源回收的目標，將廢棄寶特瓶，運用創新環保的科技，將其轉化再製造成各類服裝及生活用品，重新創造回收物新的價值。

④ 遮蔽產業

　　遮蔽是安全，住要安全，吃要安心，生活要安定，前文所講的安全、安心、安定正好符合遮蔽的定義。舉例來說房地產業、保險業、保全業都是遮蔽，幫你把各種產品做得更安全的認證產業，例如有機食品現在很熱門，是因為它保證了食物飲食的生產保護，現在非常流行的區塊鏈產業，由於確保了資料的安全性，也是遮蔽產業；所以安全性產業，相對也是最大產業之一。再次強調任何所以可以帶給你安全、安心、安定，帶有保護概念的產業都是可以創造真實財富的。

⑤ 教育產業

　　隨著雙薪家庭的比例越來越大且收入越來越高，再加上其望子成龍的心態，讓父母在子女教育的投資上毫不吝嗇，因此兒童教育發展前景看好，商機無限。而上班族也因為失業率攀升，求職壓力加大，為加強競爭力積極培養第二專長，於是讓成人教育業的商機浮現。教育是真正的財富，因為教育讓人們可以不斷持續的進步，買賣的核心是教育，先做教育

再做交易，任何行業都可以用教育來賦能！舉例，許多在推廣業務時都是先做教育訓練，先做說明會，其他多種廣告，也都是在教育我們，告訴大家重要的問題和觀念後，再告訴消費者他們的產品很好，可以買他們的產品來解決問題，所以任何產業都可以說是教育產業。

6 娛樂產業

為什麼娛樂產業也是真正的財富？要寓教於樂，讓大家可以過得更歡樂，人們不可能一直苦悶地賺錢，而是要賺快樂的錢，也要快樂地賺錢，所以帶給人們更大的心靈享受，更多的歡樂，更大的創新，這些都可以創造財富。娛樂業是能帶給人們滿足快樂的happy money。景氣好的時候，大家想去歡樂、慶祝，生意會很好；景氣不好時，大家想去發洩，生意也不差。當一切都變得好玩，就能成功吸引眼球，像是手機遊戲，就連政府的App……都是朝著好玩、有趣的方向去設計，只要能讓東西都變得有趣，不會單調無聊，就能創造商機。

總結來說，食品業、健康產業、能源、遮蔽、教育、娛樂，你所從事的行業都可以朝這個方向來靠攏、彙聚，用這幾大產業來幫你的事業做賦能，比如說實踐家投資了一個保健食品「愛寶好智能」，能激活大腦，青春不失智，讓更多銀髮族不會老年癡呆，保護更多老人家讓他們不會太早失憶，不會出門就不記得回家的路等等，也能幫助孩子提升專注力，思考敏捷，發揮學習的效能，大大提升學習效果，這就具備了教育的功能，也包含了食品和遮蔽的功能。

我們要隨時檢視，自己的事業符合了食品、健康、能源、遮蔽、教育、娛樂其中的哪一種，或者，如果你的產業可以把這些元素全部合在一起就更好，像我前面舉的例子，你看它是營養補充的食品，但它同時對於

教育、提升學習能力，同時也能帶來保護，能預防老人家免於受到傷害，就是滿足了三大功能，實踐家在大陸投資了名流健康，透過預防健檢來促進健康，因此它是健康也是遮蔽保護，同時也是教育，教育人們要照顧好身體，要投資自己的健康。在能源、環保、低碳方面，我們在馬來西亞投資的共享單車CycleDios，符合低碳模式而且友善環境，能夠節省能源，為環保低碳綠色節能盡一份力。在教育方面，我們投資香港英皇教育，強強聯手打造教育新銳品牌英皇實踐菁英。娛樂方面，中國大陸最大的街舞教育「嘻哈幫」，實踐家也是重要的股東，所以我們也參與了娛樂領域的投資，現今中國大陸更重視素質教育，因此這個投資就變得很值得。

當明白了什麼是財富的內核之後，你要去想如何做好資源整合，並進行平台的合作，把這些財富內核都成為自己的事業內核，為你的產業、事業賦能。

你要賺錢還是講理

當你非常明確正在做的事的價值時，不管是在任何情況之下都願意為這些價值在努力時，當你可以告訴自己說：我做這件事情，是因為我覺得這件事有價值，我在為人類創造價值，我是在帶給人類保護，帶給人類滿足，帶給人類教育，帶給人類孕育，不是為了賺錢才去做這件事，你就是走在正確的道路上了。

富勒博士的絕對定律說：你必須決定你是要賺錢還是要講道理，因為兩者是相互排斥的，這是什麼意思呢？因為很多的時候，人們為了賺錢就會枉顧法律，有時候為了賺錢就在品質上偷斤減兩或摻水份，為了賺錢就沒辦法做好更多的品質保障。所以你要做的事情不是先談賺錢，而是要先

去審視如何去幫助最多人，是先考慮如何創造價值，而不是先決定如何賺錢。

當你有價值的時候，你就可以和別人進行「價值交換」，因為我的價值跟你的價值交換之後，彼此就可以產生一個「新的價值」。不要害怕去「分享你的價值」，當你越願意分享，你的價值平台就會越大；當你越不願意分享，你的價值平台就會越小，所以你必須「主動去分享」。如果我們不交換、不合作，就不會有新的機會、沒有新的可能。一定要儘量地「給」，不斷地「給」，給得越多，得到的回報也就越大。

當你真心願意為別人創造價值時，你就會開始發現「用更少得更多了」，由於你的付出與努力，贏得大眾對你的肯定，因為你價值做得很好，別人就會自動靠過來。

所以富勒博士說：「利潤應該來自於用得少但做得多。做一件事情，要不斷地投入更多的成本，是違反進化的原理。」意思是說，如果一個事情我是越做越累，賺錢越來越辛苦，這是不對的。因為透過不斷地學習實踐，方法和技巧都會相對地進步，照理是要能提升效能的。就像我現在可以通過線上課程直播，在同樣一個時間裡，用同樣的時間成本，能讓更多人聽到我的課，能服務並幫助更多人，這是傳統實體課程所達不到的用更少得到更多效果。

孫中山先生曾說：「聰明才智越大者，當服千萬人之務，造千萬人之福；聰明才智略小者，當服百十人之務，造百十人之福；至於全無能力者，當服一人之務，造一人之福。」富勒博士曾說：「你服務的人越多，效能就越高。」以上都是用更少得到更多的實踐。

以銷售為例，如果是一對一的銷售，同一時間只能為一個人服務，但如果你可以做小型演講，一次說給五十個人聽，就能為五十個人提供服

務，你也可以做更大型的演講，一次說給五百個人聽，就能同時為五百個人提供服務，你的單位時間是一樣的，但是在單位時間內所獲得的回報是截然不同的，可以做到用更少，得更多。

富勒博士告訴我們：要去思考如何幫助更多人解決問題，如何用統一的系統能解決更多人的問題，而不是只滿足一個人的需要。所以賺到的錢不是只放在自己的身上，你的財富應該來自於如何用你的財富去幫助更多人創造財富，幫助更多人創造財富，自己就會越富有。

所以富勒博士說：「若我們真的進步了……任何致力於創造真正的財富的人，一定可以賺取豐厚的利潤。」真正的財富是要能滿足大家保護、孕育、滿足、教育的財富內核，努力在教育、健康、食物、娛樂、能源、遮蔽等六大產業去造福更多的人，去創造出更多的真實財富。

請注意，你不是在賺錢，不是在造錢，而是努力爭取來的。錢是其他人給你的。你幫助別人解決問題，他們付你錢，這才是最關鍵的。所以說你不是在賺錢了，財富是你幫助別人解決問題而來的，是在解決問題的過程當中獲得的收入。你要對自己說：我會專門解決別人的問題，我是一個解決別人問題的人。

錢只是結果，是解決別人問題所得到的結果，因此你不能把焦點放在金錢上面，而是要聚焦在你幫助別人解決問題，你解決了別人的問題，金錢、財富自然就會來了。

你的焦點跟注意力要放在幫助成千上萬的人，通過你的系統去幫助更多的人，要鎖定在「我怎麼去幫助更多的人？」你解決一個人的問題就能獲得一份錢，幫助一些人，就獲得一些錢。你要幫助更多的人，才能獲得更多的錢。期許自己是一個找問題的高手，專門幫助別人解決問題，把更多的問題解決了，他們支付報酬給你，你就成為有錢人了。

　　像我就很清楚自己想要創造的價值，我擁有教育的才能，而且是正確的教育理念。我想透通過正確的教育理念，通過領航教練，透過這套富中之富財富羅盤來影響並且幫助更多人，我希望幫助大家都能過上富中之富，圓滿的人生，平衡的人生，所以如果市場需要我這份心，市場需要我這個做法，我的這個想法就能成功，因為最成功的設計就是造福人群。

　　你要去思考你的事業能不能造福最多人，幫助最多人。如果你只是追著錢跑，你大概會破產，因為你永遠追不上。有一句俗語說「人兩腳，錢四腳」，人追錢很難，但人的能力提升了，錢要追人就很容易。

　　我們要順著自己的心意，隨著自己的信念，跟著自己擅長的事情去做那些市場同時也需要的事情。像我擅長教育，而且我們又設計了一套最好的教育工具財富羅盤來幫助大家，我們所做的也是市場需要的，我們的成功率就比別人更大了。

最重要的財富是內心的富有

　　真正的財富不只是銀行帳戶的金額有多大，房地產有多多，公司多賺錢……，真正的財富更多是從你的心開始的，一提到財富，很多人最先想到的就是腰纏萬貫。錢財對每個人來說固然是重要的，但是最重要的財富是內心的富有，是別人對自己的尊重之心，也是自己對別人的仁慈之心。

　　真正的財富是內心的富有，富貴貧賤雖然是世間衡量的標準，但我們只要把握好每一個善良的念頭，就是富有，把每一件小事用心去做，就是積累福德。

　　一休禪師的弟子足利將軍，請一休禪師到家裡用茶，並將其所珍藏的古董一件件地拿出來展示，且頻頻問一休禪師的看法，禪師都會對每一件古董讚不絕口。

　　禪師對足利道：「太好了！我也有三件古董，一是盤古氏開天闢地的石塊，二是歷朝特別忠心的大臣吃飯用的碗，第三件是一位高僧曾經用過的萬年拐杖，如果你也收藏在一起就好了。」將軍歡喜不已地說：「謝謝禪師，要多少錢一件？」一休禪師說：「不用謝，每件物品只要一千兩銀子。」於是將軍花了三千兩銀子把買下，並派侍從隨著一休禪師前去取回古董。

　　一休禪師回到寺院，把用來抵門的石頭、用來喂狗的碗，還有自己之

前買的拐杖都給了足利將軍的手下，讓他帶回去。侍從把這三件東西拿回去呈給主人，並說明來處，足利將軍聽了非常生氣，立刻去找一休禪師理論。

一休禪師和顏悅色地開示：「目前正是饑荒的時候，百姓三餐不繼，將軍你卻還有心思在收集古董，所以我這三千兩銀子拿來救濟貧民，是在替你做功德，這才是你終身受用不盡的。石頭不是從古就有嗎？狗不是最忠心嗎？我是你的師父，也算高僧，把我的拐杖給你，難道這些都沒有價值嗎？」將軍除了慚愧之外，更加敬佩一休禪師的智慧與慈悲。

一休禪師拿了三件假古董，騙了將軍三千兩銀子，看似是將軍虧了。其實，是將軍賺了。因為一休禪師將這三千兩銀子施捨給了窮人，幫將軍積了功德。那麼，事情就變成了將軍拿了三千兩銀子，不僅得到了一休禪師用過的手杖，還得到了人心。這豈不是大大地賺了嗎？

將軍自然已經從一休禪師的話中認識到了這些，因此才會覺得慚愧。也明白了，自己之前的作為，實在是不妥。自己以為那些價錢昂貴的古董才是富有，其實不然，別人對自己的尊愛之心，自己對別人的仁慈之心，才是最大的財富。很多時候我們都過分的在意外在的物質財富，忽略了真正的富有，只有我們擁有愛心、善良、仁慈才是真正的富有，才是真正的為自己積累功德。

財富不等於金錢

真正的富有，從你的心靈開始。心靈的空虛才是最大的貧窮。一如我們的富中之富發現之旅，不僅是教你創造物

質的財富，更教你如何讓心靈更富有，去奉獻更大的價值。

這是富勒博士在1954年取得的一張世界地圖，帶領我們從不同的角度來看地球。

　　首先，這張圖是一個多邊形，與一般的地圖不同，一般的地圖是類似長方形的正方形，而且北美洲與南美洲是站著的，而這張富勒博士的地圖是多邊形，它的北美洲與南美洲是躺著的，從右邊往左看是分別是南極洲，接著南美洲、北美洲、西伯利亞、俄羅斯、中國大陸，往上是中亞、歐洲、非洲，往下是東南亞、南亞，最後是澳洲、紐西蘭。當你用這個角度看世界時，全世界的陸地好像都連接在一起的樣子，只有澳大利亞、紐西蘭是分開的，如果說，把澳洲、紐西蘭與東南亞之間的無數小島連接起來，也算是整塊的。

　　富勒博士的地圖可以帶給人們什麼啟發呢？原因之一是為了解決地球的能源危機，當時他認為，未來全世界的人口會越來越多，能源一定不夠用，若是能源不夠，一定會發生能源大戰，只要全世界的人向海洋的精神學習，就不會有能源戰爭。從地圖來看，左上角的非洲有核能發電所需要的鈾礦，左下角的澳洲也有豐富的鈾礦，如果把左上角非洲的鈾礦與左下角澳洲的鈾礦集中到美國，美國有世界上最好的核電發電技術，東、西半球只要透過幾根大的輸電線就能連接起來，因為當一邊半球是白天的時

候，另一邊是晚上，當美國白天時候，因為工業用電的關係，需求量比較大，白天所生產的多餘電量，就可以輸送到另一邊半球的人來使用，因為晚上的用電需求較少，這是富勒博士的理想世界，全世界的能源應該共享，有鈾礦的國家提供鈾礦，有技術的國家就提供技術，試想，如果全世界不要每個國家都設有核能發電廠，也不會有地方因為技術不夠成熟而產生核安問題，像日本的核洩漏事件，除了日本本身損壞嚴重之外，還影響周邊其他國家的安全度，如果人類能夠向這張地圖學習，用一個不同的角度看世界，世界就是豐富的海洋，全世界的資源就能共用。

富勒博士稱地球為地球號太空船。如果任何一個角落氧氣流失了，大家最後都會死掉。他告訴我們地球要環保，要節能，大家相互幫忙，資源要共享，因為地球是一座島，漂在一片海上，我們是命運共同體，海洋是我們共同的家園，海洋承載世間所有的一切，我們是豐富的海洋，海洋什麼都不要，只要去給。

富勒博士的財富定律

大師的起源是去除私心！富勒博士教育我們：最成功的設計是造福人群，去除私心，只為所有人服務！當你有了私心，你就會計較得失，就會在乎報酬，而無法全力以赴，「你服務的人越多，你的效能就會越大」。當你去除私心，做好自己，只求付出，不求回報，自己會更開心，更自在，更有動力。

富勒博士說：「如果我多注意的是生，而不是殺，這一切或許不會發生。」意思是要多注意一些「生」，彼此相互的幫忙；而不是「殺」，彼此互扯後腿。生就是幫忙，要想辦法去幫助最多人，服務最多人才能創造最大的價值，而不是靠打敗最多人，一個真正成功的人是幫助過最多人的人，而不是打敗過最多人的人。

二戰時美國對日本投下原子彈，但美國在戰後幫助日本做了最大的建設，生命就是這樣，如果我們彼此互扯後腿，這世界根本無法進步，只有彼此相互幫忙才能生生不息。我們要關注的是如何幫彼此創造更大的效能，而不是互扯後腿，把大家留在原地。

每個人都是一個重要的環節，每個人都是不可或缺的核心，在同一個

環節中並沒有什麼我比你重要，或是你比我重要，而是一樣重要，因為珍珠手串斷線，掉了一顆，整串也就沒了。所以我們一定要想盡辦法在創造財富的道路上去除私心，你是認真想幫助對方還是只想賺對方的錢，對方是能感覺到的，你是為了一己之私還是希望為了眾人之利？大家心裡是明白的。只有所有人去除私心，為所有人服務，去幫助最多的人，才有辦法成就更好的自己。

許多人都聽過一個故事，一名年輕人做夢來到了地獄，發現地獄裡10個人圍成一桌在吃飯，滿桌的山珍海味，可是每個人都愁眉苦臉，因為這桌上每個人的兩隻雙手被變成了一雙非常長的筷子，而每個人都想夾給自己吃，可這手不管怎麼轉，自己都無法吃到，所以地獄裡面每個人都非常餓。不一會兒，這名年輕人來到了天堂，他發現天堂裡的每個人兩隻手也都變成一雙非常長的筷子。天堂裡面擺在桌上的菜跟地獄裡的菜也一模一樣。但這裡的每個人卻是主動餵食給對面的人吃，也接受別人的餵食，所以天堂裡面每個人都吃得很豐盛，都過得非常喜樂。所以，去除私心，成為願意主動幫助別人的人，就會發現有越多的幫助自動來到你的身邊。就像《有錢人跟你想的不一樣》哈福·艾克提醒我們：你起心動念是想利用資源去幫助別人，別人就會信任你。任何事業最重要的就是打造信任關係。有信任就有未來，而你的心態、價值觀、原則，你的起心動念，想的都要是如何去幫助更多的人。

隨時要告訴自己：我是一個善良、心地好的百萬富翁！你可以非常善良、仁慈、慷慨，而且還可以非常有錢。這是不違背的。

在創造財富這條路上，一定要不要忘記富勒博士告訴我們的幾個原則：

定律一：你服務的人越多，你的效能就會越大！

意思是說，一個人的價值，在於你服務的人數多寡。試想一下，達到效率最高是一個怎麼樣的狀態呢？能夠服務全人類，是不是就是最高的效能呢？在現今世界中有不少人的服務效能是十分高的，例如微軟一直服務很多的人，所以比爾‧蓋茲成為一等一的富人。馬雲建立阿里巴巴平台，也是以服務更多人為目標，不斷提升效能。我們要問一下自己：工作中我的效能如何？我目前能做到一對一服務；一對十服務；還是一對百服務……我有沒有將服務更多人作為我的目標呢？

服務更多的人的關鍵點是：去除私心。一個人所做的事如果只是為了個人的利益，服務更多的人只是為了獲取更多的金錢，是會被人識破的。財富絕對不是我們的因，而是我們專注服務人的果。我們在富人的身上也發現到同樣的特質，一開始他們的起心動念是賺錢，但不知不覺中卻變成了要服務更多的人，所以最後他們成為富人。而最特別的是：在他們富有之後，因為獲得了財務自由，所以富足的思維讓他們繼續服務更多的人，而收穫更多的財富。而另一種有錢人，他們獲得金錢後希望透過各種手段不斷獲得更多的金錢，自私的心也會在家族內傳染，最後因家族爭奪財產而財散人散。

專注在為越多人提供服務，能同時為自己創造越大的財富！能夠幫助更多的人財富自由，就會讓自己財富越豐盛，和大家一同過上富中之富的人生。

定律二：定律會因決定而顯現

每個決定都會帶來相應的結果，你的結果是由決定來決定的。定律本

身是透過決定來呈現的。換言之，如果法則不轉化成行動力，是無法讓他人感受到的。簡單講，每當你做一個決定的同時就已經註定了這個決定會帶來什麼樣的結果。當一個想法出現一念之差，就已經決定會帶來不一樣的結果。

此外，當你決定去做一件事情的時候，會帶給你兩種力量，一種是鼓勵、相信你，一種是激勵、刺激你。鼓勵相信會找到更多資源連結的力量，一旦你有這個心，就會有這個力量，會不斷找到更多相互的資源來成就你。不用擔心自己一個人，也不需要全世界的人都相信你，只要一開始有一個人相信你就夠了，一個人相信你之後，你們就是兩個人，兩個人各自有一個人再相信你們，那就有四個人了，根本不必擔心。

當有了一個堅定的信念出來，就勇敢告訴大家，一定會至少有一個人在你旁邊，從你們兩個人開始，2 →4→6→8→16→32→64→128→256→512→1024一直不斷連結上去，會因為彼此的連結而找到更多力量，越付出越快樂，越努力收穫越多。

定律三：一體為複數，且至少為二

世間萬物，都有它的兩面性。全世界所有的關係都是成對存在的，並非單一的。任何一件事情的發生都代表另外一件事在它的背後！很多東西都是相對的，它不是單一的，什麼叫相對？眼睛有兩個，鼻子有兩孔，耳朵有兩個，嘴巴有上下唇，牙齒有兩排，手有兩隻，腿有兩隻。也就是說有這樣就有那樣，事情總是成對的。每個人在做出一個決定的時候，相對會產生另外一個連帶的決定；進行一個選擇的時候，一定產生了另外一個連帶的選擇。正因為如此，我們要考慮清楚，自己所做的是不是一個好的選擇，它能否帶來一個更好的選擇，還是帶來一個更糟的選擇。

富勒博士認為生命沒有那麼多虛偽的東西，所以沒有上和下，而是內和外。

這個概念可以說是：「不是在這裡，就是在那裡」；「不是在裡面，就是在外面」。每一個人都一定會有一個自己的位子，當你在一個位子，你就不會在另外一個位子。簡單來說，如果你不是團隊的一分子，那就是團隊的外圍分子；如果不是一個家庭的成員，那就是家庭以外的成員；如果不是一個平台裡的共同創造者，那就是一個平台外圍的使用者。所以每個人隨時隨地，不是IN就是OUT，不是在裡面，就是在外面；不是在這段關係，就是在另一段關係，這是相對的，並非絕對的。

我一直強調，當你選擇了一種關係、進入了一個團隊、進入了一個平台，你就會因為這個選擇而產生很多正面或負面的相互作用，而這些相互作用是成對存在的，你不能只要好的，不要不好的，也不能只要你要的，不要你不要的。

例如，你可以選擇要和誰結婚，一旦決定結婚，就會產生正反兩面的結果；當你選擇加入一個工作團隊時，也一定會產生相互的影響，而且好壞的影響一定是同時存在的，不可能只要其一，而不要其二；不可能只選擇有利的部分，而不承擔不利的選擇。我們不能選擇要與人合作卻不承擔成本，共同發展卻不提供技術，只想獲得而不願付出，這種合作在哪裡都是無法進行下去的。

當我們進入一家公司，或者進入一個新的合作關係時，就是IN到（進入）公司裡面，就與之發生了重要關聯，就必須承擔相應的責任與義務，直到我們選擇OUT（出來）。

許多事物都是成對存在的，這種成對存在裡面，有正作用也有負作用，即使它是負作用，都能讓你有成長的機會，使你更清楚面對那些問

題，把它處理好，變成一個正面作用。

所以沒有我好你不好，我比你強，你比我弱，也沒有你比我強，我比你弱這回事，首先是你要決定在哪裡，心在哪裡，結果就在哪裡。沒有誰比誰了不起，是在一起就能了不起，因為我們在一起，我們會一起創造更大的力量，當你明白這個道理時，你的世界就變大了。

定律四：旋進

什麼是旋進（PRECESSION）維基百科解釋「PRECESSION」是自轉物體之自轉軸又繞著另一軸旋轉的現象。常見的例子為陀螺。

每當你選擇了IN的時候，就會產生一個PRECESSION，旋進，它的意思是相互影響，相互作用。蜜蜂的目標是採花蜜，可蜜蜂採了花蜜之後，蜜蜂的腳沾了花粉，又把這花粉帶到另一朵花，讓那朵花授粉而能活下去。所以蜜蜂採花蜜的同時，也在幫助花朵活下去。同樣的概念，例如你選擇加入一個家庭，和一個人結婚，那麼就肯定要與這個家庭中的所有成員產生相互作用；選擇進入一個公司，肯定要跟這個公司裡面的所有人產生相互作用。而這些相互的作用可能會改變你最初的目標，它的力量是不可忽視的。

一旦你體驗到這個道理，你發現人與人之間是相互的，事情跟事情是相互的，平台跟平台是相互的，項目跟項目是相互的，我們所有人都是在相互當中成長，你會發現每件事情我都有責任，因為我是相互作用的一部分，我是旋進的一部分，每件事情我都要承擔，而不是放在別人身上，我都不動，別人在動，他要拉動我也很辛苦，我要動而別人不動，我要拉動他也很辛苦，但如果兩個都在動，旋進作用就非常快，就像齒輪這樣。所以，一個團隊會因為所有人都更有心，力量會更強大，若所有人都彼此背

棄就一起完蛋。所以如果彼此願意相信，一起旋進，小力量會變大力量，而再大的團隊如果沒有心，大家彼此都是背離的，一樣會瓦解，一樣沒機會。

富勒博士說在這個世界上每個人都有獨特的天賦，每個人都有可以給的能力。如果大家都願意敞開心胸貢獻付出，這個世界就會更加的和諧。不要忘了我們所住的地球70%是海洋，是生命的起源，因此告訴自己：「我是豐富的海洋，什麼都不要，只要去給！」開始改變自己的想法，成為一個能給的人，能釋放的人，從想法影響你的態度，態度影響你的行為，行為影響你的結果，一起來改變結果。天下是給出來的，持續成為一個最棒的示範者，示範更多的「說事實、愛、信任、喜樂、勇氣、廉正跟負責任」，持續地接收，以輸出倒逼輸入，不斷付出，不斷接收，不斷示範，以不斷接收再輸出來創造更大的價值，而這一切都在於你要願意行動，因為行動就是力量，不斷的修正，不要忘了地球發射火箭去月球97%在做修正，不斷發現、修正、行動，行動的結果就是力量不斷的前行。

我們的智慧要一起共用，財富要一起共用，資源要一起共用，來創造一個更大的財富海洋平台，讓我們一起努力，一起改變，一起讓世界變得大不同。

遊戲規則是由富人決定的

你是一個什麼樣的人，決定你能賺多少錢。要成為一個真正的富人，就要成為一個制定規則的人。因為遊戲規則是由富人來決定的，成為真正的富人有三大要素：Education教育、Experience經驗、Extra Cash現金，這是一個環環相扣的過程，教育讓你學到，經驗讓你做到，現金讓你賺到。所以學到就要去做，賺到金錢之後更要再繼續學習。

你要不斷地透過你的產品，你的行業、你的事業，去給更多人提供更好的教育。因為教育是槓桿，教育是複利。所以你一定要想辦法先去為你的產品、事業做好教育，去教育你的客戶，讓他可以用你所教的知識、用你的產品去做一個體驗。產品是他在接收你的教育的一個體驗的載具而已。因為你的幫助與服務，為你創造了更多的收入，而他也可以因為使用你的產品，獲得更多的收入。例如，你是旅行社，消費者買了你的行程，他體驗了一個很棒的旅程之後，身心靈獲得更多的能量，使他可以去創造更多的財富。

教育是複利，無知是負利！

你透過提供服務跟教育給顧客，然後你得到了財富，而顧客因為使用你的產品，接受你的教育之後，他也能夠好

好運用而去賺更多的錢，所以才能夠一直不斷地增值，財富才能循環起來。

以上是成為小富（賺小錢）的條件，但如果你想成為巨富，還要善用以下五個條件。

Dream	➡	**夢想**
Dedication	➡	**奉獻**
Drive	➡	**動力**
Data	➡	**資訊**
Dollar	➡	**金錢**

大富從夢想開始，為了夢想，我願意全力以赴地去奉獻。阿里巴巴能有今天，原因不在金錢、技術，而是因為擁有一位個性堅毅，夢想讓「天下沒有難做的生意」的領導人馬雲。蘋果電腦創辦人賈伯斯（Steve Jobs），希望每個人手上都有一個蘋果電腦，最終成為一間全球市值最大公司的科技巨頭。Microsoft希望每一台電腦裡面都有它的軟體，所以它的創辦人比爾‧蓋茲一直保持在世界前十大首富。

所有的巨富都是先從夢想開始的，他們願意全力以赴地去奉獻，在奉獻過程中，找到更多的動力、更多的能量，接著在成長的過程中不斷地學習與提升，而學到了之後，接著運用而賺錢，因此最後金錢是自然的結果，是幫助別人解決問題之後所得到的結果。所以為了一個偉大的夢想，全力以赴地奉獻，找到更多的動能，收集更多的資訊，來賺取你應該有的金錢跟財富，然後再來滿足下一個更大的夢想。這是一個環循的過程，也是成為巨富必要的條件。

不要忘了，當你什麼東西都沒有的時候，夢想是你唯一的依靠，去找

到一個足夠大的夢想吧，只有夢想足夠大，你後面的動力才會足夠強。

► 寫下學習「真正的財富」的收穫。

► 分享你在人生中有關財富方面三個最重要的發現、修正及

　行動，並給你的人生帶來了哪些重大的改變！

財富四象限

富人跟窮人的差異點

　　本章所要談的財富四象限並非筆者的原創，是來自我的老師證嚴法師，她在半世紀之前就已經提出了這個說法——人有四種：一種是「富中之富」，不但物質豐富而且富有愛心；一種是「富中之貧」，雖然在物質上享有富裕的生活，但卻吝於付出愛心，缺乏感情。另一種是「貧中之富」，雖然物質生活不豐富，但卻充滿愛心；最後一種是「貧中之貧」，這種人最可憐，不但缺乏物質，也欠缺愛心、知識。

　　證嚴法師引用佛陀的話說：「汝等比丘，若欲脫諸苦惱，當觀知足。知足之法，即是富樂安穩之處。知足之人，雖臥地上，猶為安樂；不知足者，雖處天堂，亦不稱意。不知足者，雖富而貧；知足之人，雖貧而富。不知足者，常為五欲所牽，為知足者之所憐愍。是名知足。」我們要提醒自己，不知足的人就算很富有依然是很貧窮。

　　匱乏的心理最是辛苦，有的人已經擁有那麼多棟房子了，還覺得不夠，總想著再有一間；有了滿滿一鞋櫃的鞋子，還總是想再買一雙；有了這麼多車子，還不滿足，還想再買一台；有了這麼多款名牌包，還總想著再買當季新款，……所以其實是心靈匱乏讓你變得貧窮，有人物質生活非常優渥，什麼都不缺，卻還覺得自己什麼都沒有，總是伸手向別人索要，而知足的人雖貧而富，看起來什麼都沒有，卻能珍惜身邊所有的一切，這是思維的改變。物質上不若富人那般富足，但心靈上很滿足了，很多人目

前是處於這種「貧中之富」的狀態。「貧中之富」是邁向富中之富前最重要的一步。至少你不是處於貧中之貧，更不要是富中之貧，空有財富有卻不知足。

以下是人生四象限，左上角第一象限富中之富，左下角貧中之貧，右上角貧中之富，右下角富中之貧，兩個坐標軸，一個是心靈層面，一個是經濟層面。

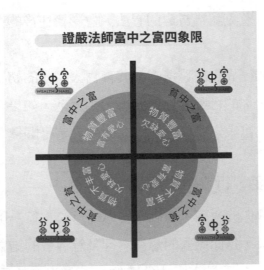

- ➜ **富中之富**：經濟富足，心靈快樂。
- ➜ **貧中之富**：經濟雖然一般，可是心靈快樂。
- ➜ **貧中之貧**：經濟比較辛苦，心理也困頓。
- ➜ **富中之貧**：經濟雖然很富足，心靈還是匱乏，依然沒有一個富足的人生。

我們每個人就是要努力朝向富中之富的人生前進。而我們在2021年3月開始上線的「富中之富發現之旅」的課程目標正是：協助大家成為經濟

富足，心靈快樂的富中之富。

「富中之富」的課程體系主要來自於Money & You，而Money & You有兩位重要的畢業生，一位是《富爸爸‧窮爸爸》的作者，羅伯特‧清崎，一位是《有錢人和你想的不一樣》作者，哈福‧艾克。他們分別從不同的角度，詮釋了Money & You的關係，我們同時可以用來討論如何邁向富中之富的境界。

首先，哈福‧艾克認為貧窮的想法，會影響往後的行為與行動，最終導致貧窮。

富人跟窮人的差異點在哪邊呢？其實富人窮人的初始設定不一樣，進而影響你的感覺，你的行動，你的結果。相反地，如果你是富人的想法，結果就有機會成為富人，所以你腦海裡面的設定是關鍵。

想法、態度、行為、結果

你的想法影響你的態度，態度影響你的行為，行為影響你的結果，今天的「財富」結果，是你過去的想法、行為等導致的結果。事實上，很多人的今天行為表現並不是今天才造成的，而是過去的環境上所發生的事情，比如你受的教育，你身邊的親人等等，影響了你腦袋裡面的想法，而讓你在真實社會裡面做出了相應的行為。

我們必須先了解，到底是哪些因素約束了我們。將那些制約我們的原因去掉，要把束縛丟掉才能往前走。

貧窮的想法會影響往後的行為和行動，最終導致貧窮。因為貧窮的思維，

態度可以決定高度

產生貧窮的態度，然後產生貧窮的行為，最後一定是貧窮的結果！所以窮者越窮，而富者越富。有了富人的想法，就有機會成為富人，因為富人的想法展現出富人的態度，表現出富人行為，也就會有富人的結果。

那麼，究竟是哪些東西制約了我們對財富的想法？

制約財富想法的三大因素

哈福・艾克認為有三大因素制約了我們的財富。

① 語言制約

你所處環境的語言決定了你的高度，你怎麼說話決定你是怎麼做的。如果你身邊的人都是那種抱怨、負能量的人，你有可能會充滿抱怨負能量。而富人的思維，通常都是保持正面，積極、樂觀的。窮人則是負面、消極、悲觀的。

問問自己，你通常是正面、積極、樂觀，還是負面、消極、悲觀呢？想法不一樣，結果不一樣。所以我們要學會轉換思維模式，要能先學會區分富人跟窮人常用的語言，讓自己的語言模式逐漸習慣切換到富人的語言模式，才有機會成為富人。

這個故事可能大家都聽過無數次了：有兩位賣鞋子的業務員到非洲去考察市場，發現當地人都沒有鞋子穿時，富人的思維是：太好了，這裡有好大的市場，可以好好運作，大發利市；而窮人思維想的是這裡沒有人會買鞋，毫無發展機會，所以遇到事情要從正面的角度去想。因為當你消極的時候，事情非但沒有進度反而被拖延。若是遇到困境就在原地徘徊，那不是更辛苦嗎？只有認真努力、快速迎向困境，才有可能去解決困境。所

以說要快速轉換模式，遇到挑戰的時候要立刻從負面變成正面，從消極變成積極，從悲觀變成樂觀。

我們要隨時檢視自己是在用富人還是窮人的說話方式。要讓自己的語言模式開始慢慢習慣，切換到富人正面、積極、樂觀的語言模式，就有更多機會成為富人。比如今天去拜訪顧客，當走到顧客門口時一看拜訪記錄，已經來過九次了，過去九次都沒有成交，今天是第十次，心理上告訴自己：太棒了！按照10%的成交率，今天正是要成交的！大聲告訴自己：行動就是力量，帶著成交的畫像進去，帶著成功的畫像去見客戶，想像著對方已經簽約的結果畫像，就會比別人更容易成交，所以正面、積極、樂觀的富人思維是非常重要。

② 模仿

你模仿誰就會像誰。你模仿有錢人的思維模式，就會更像個有錢人！你模仿窮人的思維模式就會更像一名窮人，所以如果你身邊都是窮人，而你又一直跟他們一樣，用和他們一樣的思維想法，你就會得到貧窮的結果。

環境的語言、思考、想法、高度都在一個特定的氛圍裡面，比如你可能會模仿你的同事，有同事怎麼做，就偷偷學他，他穿什麼衣服就跟他怎麼穿，自己沒有自信，就跟著別人做。許多人剛開始可能會模仿，先學人家怎麼做。

其實，剛開始不知道怎麼做並沒關係，模仿是進步的開始，模仿也是創新的開始，我不會，我先跟著做，然後慢慢找到自己的model，跟著我們的model、學習的典範、學習的模型，然後，慢慢地就有機會可以做得更好。

人們處在什麼環境，最後就塑造出未來成為什麼樣的人。為什麼孟母要三遷？就是這個道理，你是跟誰學習，榜樣非常重要。各位都聽過這個故事，一隻幼鷹從小被養在雞籠裡，與一群雞養在一起。就因為跟雞在一起，雞不會飛或者拍兩下飛不高，所以老鷹也就不知道自己能飛，因為牠的生活環境中能讓牠模仿的只有雞。雞沒有不好，雞很棒，但在飛行這件事情上面，老鷹模仿的是雞，如何能飛起來呢？即使牠有這樣的能力，自己也不知道，其實我們都有一定的能力，只是有時候模仿了錯誤的對象。

③ 特殊事件

每個人生命中都會有一些禮物，叫特殊事件。並不是每個富人都是持續成功的，《有錢人和你想的不一樣》作者，哈福・艾克也創業失敗好幾次。這些特殊的經歷都深刻地影響他，讓他可以不斷成長進步，最終成為一名富人。簡單來講，所有創業失敗的歷程，都會成為人生的一個爛草莓。在我們不斷地拔掉爛草莓，克服它，去除那些挑戰之後，就能讓發生在過去的東西，不再限制我們的未來。

通常，過去發生的事情會讓人們決定未來怎麼繼續去付出，外在發生過的事情可能是個限制，可是你不能被外在的限制影響到，因為你自己要不斷地去突破內在的極限。

天氣是外在的，心情是內在的；學歷是外在的，學習的能力是內在的；身高是外在的，自己的思想無窮廣大是內在的，所以不要被外在的東西限制住了，你要不斷地突破自己的極限，就像每一次的奧運有許多運動員不斷突破自己的極限，創造自己的紀錄！

不要受到外在的限制，要不斷突破是內在的極限，像我五十六歲才開始跑馬拉松，而且一跑就連續跑三場21公里的半馬！生命當中為什麼不

去嘗試，為什麼不去努力？為什麼不去突破自己可能的極限呢？每次的突破都在刷新自己的生命。

千萬不要被外在的限制給限制住了，每個人生命中所發生過的每件事情，不是「得到」就是「學到」，好的事情你得到，如果有挑戰你學到，不是得到就是學到，好的事情可以給你嘉獎，不好的經驗則能讓你從中學到教訓，再持續地前進。

每個人腦袋裡面的想法是正面或負面的，會影響你的結果。每當結果有問題的時候，就回過頭來檢視你的想法。告訴自己，你的想法如果改變了，態度就會改變，態度改變了，行為就會改變，行為改變了，結果就會改變，人生本來就是一連串不斷改變的過程。你需要大量的學習來建立起你的金錢觀和你的財富觀。

有錢人想的和你不一樣

世界催眠大師馬修‧史維說:「假裝做到好像是」提醒我們,當我還不是最富裕的人時,要想像如果自己已經是個富有的人,我會怎麼想?如果我已經是個富中之富的人,我會怎麼做,我會有什麼樣的抉擇。

「假裝做到好像是」終極的畫面,要想像的結果是「成功的畫像、成就的圖像」。是你現在為之努力付出一切的關鍵。是你為之前進非常重要的動能:Action is Power!。那就是你的心靈扳機,只要輕輕一叩動,就會為之投入所有一切的力量,以最大的熱情、效益和力量來奔向成功的畫像和成就的圖像。

當我們還不富有時,我們要以最好的精神、最佳的方法、最佳的觀念來面對目前所擁有的一切,我們要用假設擁有法來練習,當「假裝做到好像是」最富有的人時,我現在該如何不同地去做?

又例如我雖然知道我還不是一個最頂尖的企業家,但是如果我已經是一個最棒、最優秀的企業家,我現在該怎麼不同地去做?這是以終為始的概念,我知道我的結果會這樣,因此我今天就會一步一步朝著會做成那樣的方向去前

思維決定了財富

進，我知道我要成為一個這樣的人，所以我會一直不斷地這樣去重複表現，一直到真正成為這樣的人。

以下整理了哈福‧艾克所提出的一些觀念，並加以說明闡釋。讓你也能掌握富人的想法，養成富人的態度。

1 有錢人相信：「我創造我的人生」；窮人相信：「人生發生在我身上」

有錢人相信：我的人生我決定、我的事業我做主，我的世界是由我自己創造努力得到的結果。可是窮人相信他的世界是別人決定的結果。他們只會說我怎麼這麼倒霉，老天怎麼給我開這種玩笑，為什麼給我這樣的考驗？天啊！怎麼會應聘不上，天啊，怎麼銷售又失敗，天啊！怎麼別人會拒絕我？所以窮人相信：「人生發生在我身上」……其實不是的，不管遇上什麼樣情況，人生都是自己創造的。所以有錢人相信一切是由我努力的，有錢人相信：是我自己決定了我的一切。

就像玩WealthShare財富羅盤的時候，不管抽到什麼樣的角色，和你有沒有希望成為富中之富無關，不管抽到秘書、工頭、建築師、律師等等，不管抽到什麼，想要成為富中之富，跟你的角色一點都沒有關係，關鍵在於你用不同的思維，去玩出自己的盤，不管拿到什麼牌，都要打出一手好牌，創造自己的人生！

2 有錢人玩金錢遊戲是為了贏；窮人玩金錢遊戲是為了不要輸

要贏——是積極的；不要輸——是消極的，不要損失就好。這兩者的態度是不一樣的，為了贏——就積極往前，要贏是主要目標。所以在整個

態度上積極參與的程度就比別人更高，比別人更努力持續。想贏，是正面迎擊。不要輸，則是負面消極的，只求不要輸就好了。想要贏的，他們會認真努力參與，全力以赴，直到成功為止。不想輸的則可能會排最後，因為他只求到及格線就好，兩種完全不一樣的思維，造成兩個不一樣的人生。

記住，唯一的失敗是不參與，當你積極參與了，你的效能越大，你的價值就越強。

③ 有錢人努力讓自己有錢；窮人一直想著要變有錢

積極付出行動，才會真的得到結果；不要只是想，要知道想了十次都不如做一次有效。

窮人一直想要變有錢，他不斷幻想著天上會掉下禮物，比如中樂透大獎，渴望一次中大獎的機會，就能改變自己的人生。錢不會從天上掉下來，有錢人持續努力是因為他知道所付出的一切會讓自己成功。實踐家教育集團傾全力打造的財富海洋平台，設定了「百萬領航教練，千萬圓滿家庭，億萬財富羅盤」的明確目標，並不會明天一早醒來突然就有一萬、十萬個教練，但只要我們努力讓自己一直不斷地影響更多人，幫助更多人，就會有更多人因為得到幫助，也願意加入領航教練的行列來幫助更多人，所有的目標都是付出行動努力去做到的，我們從不被動等待！

④ 有錢人想得很大；窮人想得很小！

窮人用風險思考，先求有就好了！做事畏首畏尾，害怕這個會受傷，那個會不行，還沒有學會騎車，就先擔心騎車會跌倒，還沒有學游泳就害怕會溺水。而有錢人用夢想思考，先思考極大化狀況！沒有做大夢，如何

做大事。

馬修・史維說：如果你瞄準的是月亮，即使射偏了，那至少也會射中一座山頭；當你瞄準山頭時，即使射偏了，至少會射中一棵樹；因此當你看到的方向越清楚、越明確時，你即使偏了，卻還會是在你可以修正的範圍內，你還有機會調整。你只要慢慢的修正進步，即使明天只比今天進步1%，你就已經朝向贏的方向不斷前進著。

人類因夢想而偉大、夢想因幻滅而成長、夢想因實踐而成功。「人生最大的失敗就是不參與」、「人生，不是得到，就是學到」所以我只要去做了。就沒有任何損失。我們更需要問自己三句話——「我想做什麼？我能做什麼？我該做什麼？」面對我想做的這件事，我的能力夠嗎？如果能力不夠，就趕快去補充能力。想法跟能力的差別就在於：我該做什麼。我把該做的都做了，能力提升了，想做的就有機會能實現，可以讓想法落地實現！

⑤ 有錢人專注於機會；窮人專注於障礙！

成功的人在充滿困難的環境中找尋機會。失敗的人在充滿機會的環境裡看見困難。任何時候我們都要聚焦在機會，只要光在前方，我們就可以往前邁進。

人生不如意事十之八九。你是要看八九，還是要看一二呢？我始終在發現更多的機會，例如中國大陸在2021年6月祭出「雙減政策」，禁止補習班超前教學、假日及寒暑假不能補習，讓補習班經營大受打擊，光新東方十萬名教師直接就要被裁掉七、八萬人，當新東方遇到這樣的挑戰，辛苦思考如何轉型尋找機會等，實踐家的播種者系統由於一直專注在做素質教育，積極打造一個全球性的平台。所以遇到市場不能補習的挑戰時，

實踐家看到的不是困難，我們看到的是機會，我們看到的是此路不通，另外一條路一定會打開。相信很多人都聽過一句諺語「當上帝為你關了一扇門，祂同時會幫你開一扇窗」道理是一樣的，要從不一樣的角度來看待你的人生。

⑥ 有錢人欣賞其他的有錢人和成功人士；窮人討厭有錢人和成功人士！

窮人常常會忌妒有錢人，認為有錢人永遠是貪得無厭的人，但實際上很多成功人士都是白手起家的，往往也對這個世界有重大的貢獻。

前世界首富比爾‧蓋茲（Bill Gates）在創造財富之後，的確幫助很多相對滯後的國家拯救了生命，在各種預防疾病方面，做了很多貢獻。像鴻海創辦人郭台銘先生捐500萬劑德國BNT新冠肺炎疫苗，慈濟基金會，還有台積電，也都各自捐了500萬劑的疫苗，希望能夠幫助更多人來度過這個難關……他們把企業社會責任當成企業經營非常重要前提。

近來，中國政府提出了「共同富裕」的呼籲，呼籲富有的人做出更多回饋，以實現「共同富裕」，共同富裕提出財富第三次分配的觀念。強調擁有財富的人要更多去回饋這個社會，不要變成富中之貧，而是能夠成為富中之富。

當我們在創造財富的過程裡，坐擁財富是我們努力的結果，更多用財富來幫助社會，我一直認為有錢人最大的權力是擁有重新分配財富的權利，可以決定要把所得分配給誰，把錢投資給誰、幫助誰，而分配出去得越多自己就越豐盛。我們幫助越多人富裕，自己就越富裕。

⑦ 有錢人與積極的成功人士交往；窮人與消極的人或不成功的人交往！

　　這世界是物以類聚，人以群分的！積極思考造就積極人生；消極思考造就消極人生！試著列一下清單：你身邊有哪些是積極的人，哪些是消極的人？審視一下，你身邊是積極的人多，還是消極的人多？

　　你跟什麼樣的人在一起，就決定了你的結果是什麼。

　　你的生活周遭有沒有很不錯的夥伴？我們不可能跟每個人都能深交，但如果其中有幾位很不錯的，你應該跟他學習，讓他成為你的榜樣，同時你也要去成為一個更好的示範者，不管原來的團隊的氛圍是什麼，因為有你這樣正能量的持續示範，時日久了，你的團隊就會成為正能量的團隊，每個人都有責任讓自己身處的環境積極起來，當你發現你身邊的人都很消極、負面、悲觀時，你要想這是你的責任，要主動承擔起來，因為你積極、正面、樂觀的示範會帶來相互作用，會帶來良善的影響。

⑧ 有錢人樂意宣傳自己和自己的價值觀；窮人把推銷和宣傳看成不好的事！

　　成功人士往往都是做自己有興趣並且充滿熱情的事情，也樂意向別人傳達自己的價值觀理念。

　　例如比爾・蓋茲向世界宣傳：每個電腦裡面都應該裝上一套自己的軟體；蘋果電腦創辦人賈伯斯，他告訴大家每個人手中都應該有一台iPhone……，每個人都想告訴所有人：「是的，我們很棒，我們家的產品是最棒的。」靠著積極主動的宣傳將知名度和口碑傳播給更多人知道，所有的成功人士都會不斷地告訴大家自己信奉的理念。然而，窮人因為害

怕自己可能做不到，不好意思跟別人講，也怕講了會被人嘲笑，反而把自己限制住了。

　　我們非常樂於和擅於分享正在做的事情，那就是要幫助大家達成富中之富的人生。因為我們知道是在做對的事情，所以會很願意不斷分享給更多人。我們的目標非常清楚，就是「百萬領航教練，千萬圓滿家庭，億萬財富羅盤」，這就是我的夢想。我們知道做好這件事可以影響並且幫助很多人。

　　你若想事業做得越大，就要不斷地去宣傳，才會有人被你吸引而來，相信你的價值。你有沒有勇敢地告訴別人，很多人是自己不敢成為開始的人，所以別人就不知道。不要害怕去說出你的想法，因為好的想法，好的理念，好的價值，放在心裡是沒有人會知道的，沒有人知道看起來是很安全，因為萬一你失敗了也沒有人知道，但是你成功的機會也變少了，因為沒有人幫你，你不是只有失敗沒有人知道，而是你根本沒有人幫你，因為沒有人知道你要做什麼，可是你當你大膽說出來，就會有人來幫助你、追隨你、嚮應你了。

　　簡單來說每個人不管外界怎麼看，有錢人會始終堅持自己的使命、價值觀，並分享給更多人。

　　當你告訴別人你在做什麼的時候，只有兩種情況：一種相信你，一種不相信你。

　　相信你的人，會給你更多的鼓勵。不相信你、不理你、沒反應的人……就把它視為對你的刺激與激勵，能讓你下次會做得更好。相信者的鼓勵，不相信者的激勵；正面的鼓勵，負面的激勵，這兩種對我們而言都是好的！勇敢地向世界、向老天爺說出你的願望，讓全世界都知道你要達成的目標，不要害怕，持續的輸出，會得到你要的結果。

9 有錢人大於他們的問題;窮人小於他們的問題!

命運往往不是取決於你所遭遇的問題與所面臨的環境,而是你面對各種問題、困難與挫折的態度。任何問題在有錢人面前都不是問題,但是任何小事在窮人面前都是大事。舉例窮人想創業賺錢,會先檢視自己的存款有多少,有多少錢才能創什麼業;有錢人則是看想創什麼事業,會需要多少錢!所以有錢人會努力去募集創業所需要的錢,開始創業;而窮人的思維則是慢慢存到100萬才能創業。

窮人會被問題限制住了。就創業金來說,若手中沒有100萬,窮人就會被那個問題制約住而不敢創業。但有錢人則是在問題之上看問題,可以很宏觀地看待事情並解決問題,命運自然也就不同了!

10 有錢人是很棒的接受者;窮人是差勁的接受者!

如果你說你很有價值,你就有價值!如果你說你沒有價值,那麼你就沒有!你會依照你的故事版本而活。

有許多自信不足的人一直都覺得自己不值得,甚至不配得!當你覺得自己不值得的時候,就不會欣然的去接受你所擁有的一切或是他人給予你的肯定。因為你一直覺得這不是你的,即使當財神和福氣來到你身邊,如果你仍然覺得自己不值得,自然會把福氣往外送,不是很可惜嗎?所以當人家說你好時,你只要輕鬆地說:「謝謝,你也是。」就好了。要自信地告訴自己我值得這樣的人生,我值得這樣的生活,我值得這樣的財富,我值得這樣的朋友圈。

很多人覺得自己不夠好,通常不是別人看不起你,而是你自己看不起你自己,當別人看到你的優點,說你很棒時,你卻還在拼命找自己的缺

點。很多父母也是這樣，朋友看到孩子的優點，做父母的卻只看到孩子的缺點，讓孩子活在缺點當中，最後成為一個差勁的人。很多人會猶豫，我真的可以嗎？這麼好的升遷機會我真的做得到嗎？去度假住這麼好的酒店，我值得嗎？當你覺得你不值得、不配得的時候，就算再高檔的名牌服飾穿在你身上，你也會覺得彆扭，你也不會真的抬頭挺胸去展示自信，所以，請記得告訴自己：你值得。

⑪ 有錢人選擇根據結果拿酬勞；窮人選擇根據時間拿酬勞！

工業時代：做多少時間、做多少活、領多少錢！知識經濟時代、互聯網時代：證明你的工作價值有多重要，視結果拿酬勞！

如果你的工作是做按時計酬的話，你永遠都不會有錢，因為你賺的是百分比，但是用結果證明才能賺到倍數。請記住：時間賺到的只是百分比，要看結果賺到的才是倍數。所以一個真正有錢的人，不會只看到眼前的時間，因為極可能前面投入的眾多時間都只是醞釀、準備的過程，直到最後的時間才會爆發出結果！可如果你是按時計酬的，做多也這樣，做少也這樣，就不會產生積極性，就不會想努力工作。但用結果來證明的人就不一樣，雖然目前的投入沒有收入，但內心堅定地明白我正在努力為更好的結果奠基，所以此刻的所有付出都是值得的。

⑫ 有錢人想著：「如何兩個都要？」；窮人想著：「如何二選一？」！

有錢人總想辦法一次達成兩件事！窮人只能完成一件事。有錢人想要賺錢，又希望生活可以平靜，這叫富中之富，兩個都要，我不需要犧牲我

的家庭去創造財富，我也不需要犧牲我的財富去圓滿我的幸福，而是我能夠更好的平衡，而平衡點才是最高點。

我們在做一件事情的同時，要思考如何同時完成另外一件事情。例如，很多人可以一邊運動，一邊學習。既能同時學習又能提升健康，這不是很棒嗎？！你的成功不是要靠犧牲幸福達成的，一個真正有成就的人，可以通過時間管理的方式，讓自己既可以出席孩子的家長會，還可以兼顧到自己的事業，例如學校要開家長會的這個時間，你本來是要去洽談業務，但你把時間往後挪，並和對方約在學校旁的咖啡廳，這樣你不就兩邊都不擔誤了嗎？參加商業會議，同時完成私人拜訪，還能在會後享受親子時光。如果讓對方了解更改的緣由還可能會更尊敬你，認為你是一個非常有家庭價值觀念的人，能贏得對方更大的認同；所以你是認真努力去實現這個價值觀，不是犧牲事業或家庭而得來的。很多事情只要你用心去做、去安排，是能夠平衡且做好的。

⑬ 有錢人專注於自己的淨值；窮人專注於自己的工作收入

真正衡量財富的標準是淨值，而不是收入。營業額並不等於利潤，你辛苦一個月營業額是100萬，成本卻有110萬，其實你賠了10萬。所以，我們應該專注的是最後真正的實際淨值（營業額減去成本），而不是只看表面的營業額。當你真的知道用淨值的觀念來衡量事情時，就不會去追求無謂的表面數字。有人創造的業績很大，可是利潤卻是負的。做的越多賠越多，因為他從來沒有關注過真正的淨值是什麼。

例如一家營業額5億的公司很可能不如一家營業額1000萬的公司，因為那家營業額5億的公司其實虧損了2億，但這家營業額只有1000萬的公

司扣除成本，其實是賺了400萬，那自然是後面這家公司更好，因為其最後所創造的淨利潤比較大，所以，我們要為真正的淨值而努力，努力要有真正的結果而不是表面的數字。

⑭ 有錢人很會管理他們的錢；窮人很會搞丟他們的錢。

「你不理財，財不理你」有錢人都善於投資理財，而窮人卻很少做這件事。

有錢人讓錢幫他們辛苦的工作，窮人辛苦的工作只是為了賺錢，有錢人懂得讓錢滾錢，而窮人總是付出勞力去賺取金錢。在財富羅盤遊戲裡面，斜槓收入是投資你的時間和力量而賺得的，而金融投資，房地產投資，企業投資，這些部分則是理財收益，是創造被動收入而得的。

財務自由要從「被動收入」開始創造起，可以從五個方向來尋找自己的被動收入，首先是斜槓投資，投資在一份可以帶來被動收入的斜槓事業上，有的斜槓只有主動收入，要靠時間和精力的投入，有的斜槓投資則只要一次之後，就會有後續收益，例如寫書有版稅或者自媒體有廣告收益等。

例如你今天買了一間房子，將房子出租出去，你就有了被動收入——租金收入，如果這筆被動收入大於每個月的貸款，那麼，你還能有一筆錢可以存下來，再去買一套房子或做別的投資，這筆原始的資金就這樣被循環滾動起來。這和窮人好不容易買了一個房子用來自住，卻不能創造被動收入，萬一遇到經濟困難還繳不出貸款，是完全不同的。

錢是我們的朋友，要讓錢來為我們工作，而不是辛苦地為錢工作。

⑮ 有錢人就算恐懼也會採取行動；窮人卻會讓恐懼擋住了他們的行動！

　　勇敢面對，不見得一定能改變；不勇敢面對，什麼也不能改變！是的，害怕游泳的人要學會游泳，唯一的方法是跳進游泳池。你害怕什麼，唯一方法就是去面對它！你不做，永遠不會開始。勇敢面對，都不見得可以改變了，如果不勇敢面對，肯定什麼都變不了。

　　有錢人即使恐懼也會採取行動，窮人則會讓恐懼擋住他們的行動，永遠害怕，永遠擔憂；永遠走不出去，只能過上永遠沒有結果的人生！勇敢面對吧，有錢人也會恐懼，也會擔心，但他們會想，與其把時間放在恐懼和擔心，不如把時間放在提升信心，化擔心為信心，越做就越前進！同樣一個時間，兩種不同的想法，就會得到不同的結果。

⑯ 有錢人持續學習成長；窮人認為他們已經知道一切！

　　書讀得越多的人，越是了解自己的不足。有錢人總是持續不斷地學習，而窮人則是停止學習！

　　知識到哪裡，財富就到哪裡。學習最大的障礙就是——我知道；成長最大的敵人就是——我知道。「我知道」這三個字會阻礙你持續學習的可能性。要不斷學習，學了之後不斷去實踐。要保持飢渴的學習之心，才有辦法不斷成長。

　　哈福・艾克認為我們為什麼要做有錢人，總結原因有四：

● 第一可以改善我們的生活品質，如果我們來到人間，只有活好一次的機會，為什麼不努力讓我們和我們身邊的人、我們所愛的人，去擁有一個更好的生活。

● 第二是奉獻，因為希望有更大的能力可以回饋社會，可以幫助更多人創造更大的價值，所以我要變成有錢人。

● 第三是性格，因為我要成為一個有錢人，一個很棒的人，同時會讓自己的性格變得更好，讓生命變得更好，讓品德變得更好，以終為始，成為一個性格品質更好的人。

● 第四是不需要再去煩惱雞毛蒜皮的小事，這一點太重要了，你不用像別人一樣，因為經濟有壓力而綁手綁腳，這個不能做，那個也不能做，什麼事情都要煩惱，卻走不出一個大格局。

決定貧富的四個象限：ESBI

　　《富爸爸‧窮爸爸》的作者羅伯特‧清崎，是Money & You的畢業生，80年代到90年代，他是Money & You的講師，他的系列書籍提出了全世界關注的許多財務觀點。他也運用這些內容，創造了一個套全球知名的「現金流遊戲」。

　　「現金流遊戲」有「老鼠賽跑」和「快車道」。「老鼠賽跑」是指一個人從頭到尾只會增加工資收入，但是很少進行增加非工資收入的事情，生活只會越來越辛苦。例如，大部分人的生活內容是：每天早上起床、刷牙洗臉、上班、工作、回家、吃飯、睡覺，多數人每天都過著日日重覆的生活，就像是你買了一隻小倉鼠，小倉鼠在籠子裡面整天跑那個轉輪，一直跑、一直跑，越想跑出來，就越出不來。

　　一般人的理財就是如此，每個月認真努力工作、賺錢，領了薪資後，付了支出，剩下的只能很辛苦地存一點小錢，那麼這點小錢不管怎麼存，都跟不上通貨膨脹的速度、跟不上物價上漲的速度，因此，一般人只能每天不斷重覆一樣的生活，卻沒有辦法進入快車道去過上自己真正想要擁有的生活。

　　在《富爸爸‧窮爸爸》書裡，羅伯特‧清崎提出人生的四種象限，這四種象限分別是：「E」（Employee），就是僱員；「S」（Self-Employed），自僱工作者，就是自己創業的、自己為自己工作的人；「B」（Business owners），就是企業擁有者，老闆；「I」（Investor），就是投資者。

以圖來說左上是僱員，僱員就是上班族，你為別人工作，為錢工作，別人決定了你的生活，所以你的財富比較難自由，這樣的人占了60%左右。

左下是自僱人士，自己為自己工作，或者成為專業人士，比如說小老闆、專業人士、醫師、美容師、設計師、理髮師、會計師等等，但是這類人的時間比較不自由，你雖擁有自己的一份事業，可是你仍然必須工作才有收入，你只能稍微喘息，但不能一直休息，這樣的人占了30%左右。

決定貧富的四個象限	
員工 E 領薪水的員工	**企業老闆** B 企業會自己賺錢 三個月不上班一樣有收入
自營公司 S 做一天才有一天的收入 ex.自行開業的醫生、SOHO族	**投資者** I 你的錢主動幫您 賺進更多財富
佔人數：90% 佔財富：10% **主動收入** 持續工作來獲取報酬 一停止工作便無收入	佔人數：10% 佔財富：90% **被動收入** 不需要每天工作 也能持續創造收入

右上是企業擁有者，就是企業家，企業家占了5%的人，是用系統來為你工作。所以他們工作是為了想要建立系統，一個真正的老闆是即使你不在公司三個月，公司依然可以運作，因為你有系統在運作，而不是靠人在工作。

右下角是投資者，投資者是用錢來賺更多的錢，讓錢來為你工作。

所以，左邊是相對窮人的概念，右邊是相對富人的概念，員工是領薪水的。自營公司或小企業的人，是自己給自己發薪水，你做一天只有一天的收入，要持續工作才能獲取報酬，你沒有工作就沒有收入，所以S一樣不自由。左邊占了全世界90%的人，卻只擁有這個世界上財富的10%而已。可是右手邊，企業家老闆讓企業為自己來賺錢，他三個月不上班一樣有收入。而I投資者讓錢來為你創造更多錢，自動有收入進帳。這右邊

10%的老闆跟投資人佔了全世界90%的財富。而你目前是在哪個象限？又想往哪個象限呢？

Employee員工

有做有錢，沒做就沒錢，穩定性很高，但努力只有一次性的回報。可以累積的事情是工作技能，用它換取更高的薪資，但不易創造被動收入。少部分能領到足以支持生活的高薪，但大部分的人，只能存下一點點錢。其實，僱員也沒有什麼不好，如果你很認真、很努力，辛苦地為別人工作，創造了很好的表現，一旦有機會，老闆也可能邀請你成為共同合夥人。所以，即使你是一個僱員，你仍然要認真、努力來創造出你的價值，成為不可被取代的人物。

僱員，是為錢工作的人，由別人決定你的生活，你的財富很難自由，這佔世界上60%的人。

Self-employed自僱者、專家

因為有一技之長，所以不需依附在企業底下，可以自己當自己老闆，例如：醫生、律師、小吃攤、SOHO族，但仍然是有做就有錢，沒做就沒錢可收。特色是收入平均比一般員工高一點，如果真有一技之長，而且做到全球頂尖，這也是一條可行的路。

自僱人士是為自己在工作，通過你的時間來創造收入，如律師、會計師、美容師、輔導老師或可能自己開個診所、補習班、會計師事務所……等等。理論上要比僱員輕鬆一點，可是依然很辛苦，因為你雇用自己工作，不工作就沒有錢，雖然你自己是老闆，可是當你生病或是發生什麼突發狀況而無法工作時，你還是沒有收入，你只有工作才能有收入，所以不

能休息。如果可能的話,要逐步往第一象限B「讓人為己工作者」前進,就是朝企業家的方向來調整。

Business owner企業主

成功的時候,會有被動收入,也擁有自己的企業,可以持續擁有被動收入。一般來說,中小企業主雖然看似可以支配自己的時間,但其實並沒有這麼自由,除非變成大型企業,或者有很穩定的商業模式。

公司要做到一定的規模,才會有系統來自動運轉。一般中小企業還沒有辦法做到完整的系統。老闆只要不在公司,公司就會陷入困境而變得非常辛苦。所以要努力建立完整的系統,即使你不在公司,公司依然可以運作。企業家是「讓人為己工作者」,有一群員工來為你工作,老闆不需要什麼事情都自己做,而是要由團隊來為你進行,這叫「讓人為己工作者」。一定要全力創造一套完整的系統,可以自動地運作,讓系統來為你工作。

Investor投資者

投資者,只要不犯錯,投資做對了,就會帶來很多的被動收入,就是「讓錢幫他工作」,聽起來是一件很美妙的事情,也是創造「被動收入」最輕鬆的方式,但現實中並不是那麼容易。一般人也沒有判斷投資好壞、風險的能力,這時候需要更多的力量、更多的經驗,在市場當中的磨練,對市場上的敏感性越來越好,否則一旦虧損,金額非常巨大,一般人通常承受不起。

投資者是讓錢為自己工作的人,透過基金、債券、房地產、企業投資等等,來讓你輕鬆賺進被動收入。投資者有可能錢來去的非常快,要

更謹慎，風險避免尤其重要。許多人剛開始創業時，是E「為別人工作的人」，到後來是S「為自己工作的人」，後來成為B企業家，是「人家為我們工作的人」，最後則透過投資成為I「錢為己工作者」。如果投資了好的企業，即使我們自己沒有在公司，但是因為我們對他們進行了投資，他們不斷在努力地創造績效、創造價值和回報。可以讓我們自己獲得財務的自由、時間的自由，還能夠去實現更多自己的夢想。

有的人會說：「我想成為自由投資者，我們現在就能做到嗎？」請注意，今天不管你是僱員、自僱工作者還是企業家，都可以同時成為一個投資者，你只要開始把工資的10％做為投資的基金，投到基金或其它可以穩定帶來收入的項目上，這也已經開始了讓錢為你工作的第一步，能給自己的未來帶來一份更好的保障。

只要開始都不嫌晚，從你現在站的地方出發，一步一腳印，你一定會越來越好。

你想過什麼樣的人生？

大家都想追求財務自由，但為什麼要獲得財務自由呢？

財務自由真正的目的，並非鼓勵不工作，它真正的目的是：

1. 讓你空出更多能自由支配的時間
2. 不受金錢限制，選擇自己喜歡的事，創造更多價值
3. 遭受意外時，能夠有一份額外的收入和保障

例如在全球COVID-19疫情期間，很多產業都經歷了嚴峻的考驗，因為隔離開不了工，很多民眾生計受到影響，有些人被隔離在家真的是坐吃山空了。遇到疫情，工廠若是停工，有的公司放無薪假，有的公司採行在家上班，被減薪、減班……，但這些對已經財務務自由的人來說，就沒什麼大的影響。

很多人工作都只是為了維持生活，然而在真正脫離維持生計的煩惱後，你有錢了，財富自由了，生活就不一樣了，你開始擁有分配財富的權利，可以分配時間，分配財富去做更多想做的事。你工作的意義是同時可以改善社會，為世界創造更多的價值。

我跟郭騰尹老師都已年屆六十了，但我們仍然希望可以創造更多的價值，希望可以帶動大家共同富裕，可以幫助更多人實踐理想生活；希望培

養領航教練來幫助更多人，創造更有價值的生活，提高大家的收益。

在本章一開始所提到的財富四象限，分別代表四種人生境界——

➡ **經濟自由、心靈自在的平衡人生，我們稱為富中之富**
➡ **經濟一般、心靈自在的平凡人生，我們稱為貧中之富**
➡ **經濟困境、心靈困頓的失意人生，我們稱為貧中之貧**
➡ **經濟自由，心靈困頓的失衡人生，我們稱為富中之貧**

這四種人生境界，你目前在哪一個境界？最希望能走到哪裡？

你目前是處在平凡人生想走向平衡人生嗎？還是失意的人生想走向平衡的人生；又或是失衡的人生想走向平衡的人生；還是目前已經在平衡的人生……。

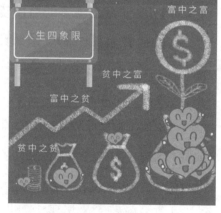

以下與各位分享一個故事，很久以前，在西藏附近有個小國家住了一名土財主，雖富甲天下卻不知足，每天都在盤算著，如何讓自己更富有，因此煩惱到憂思成疾，一病不起，土財主的妻子非常著急，為他遍尋全國名醫，依然治不好他的病。

有一天來了一名心理醫生，表示有辦法治好土財主的病，可土財主卻說沒用的，你治不了我的病。醫生仍然滿懷自信地說：「你是不是有很多心思跟遠大的希望，把內心的話全部都告訴我，只要是你想要的，我一定可以讓你得到。」

土財主半信半疑回答說，「我希望可以得到更多的土地，家產要比國

王還富有。」醫生說這還不簡單，西藏那個地方地廣人稀，有個喇嘛很慈悲，他說只要有人願意到西藏，想要多少土地就可以得到多少土地，一毛錢都不用花。

土財主一聽，病就好了一大半，立刻吩咐他的妻子，趕快為他準備換洗衣物，他要立刻去見那位喇嘛，幾天之後土財主來到了西藏見到了這位喇嘛，並且提出了要求，喇嘛慈悲地答應他，並問他想要多少土地，土財主心想要求多的話不好意思開口，要求少的話又枉費自己跑了這麼遠的路，喇嘛見他不言不語，就說：這樣子好了，明天天一亮你就開始走，直到日落之前再回到這裡，凡是你走過的土地我都可以送給你。

土財主聽了很高興，天沒亮就起床整裝，等天一破曉，就馬上朝東走，到了中午已經一口氣越過了一座山頭，抬頭看到前面那座山更遼闊、更美好，連水都來不及喝，馬上又繼續往前走，等到抵達到另外一座山頭時，太陽已經快偏西了，他心想，如果現在就回去豈不是太可惜了嗎？想著要再跑過一座山，心中非常著急，但一想到之前走過的那些美好的土地，若是在日落之前不回去不行，只好萬般無奈掉頭往回奔。當他跑回到喇嘛面前時，已經是上氣不接下氣了，腳一軟就跪下去了。喇嘛問他：已經跑過多少土地了呢？而此時的他竟一口氣接不上來，人就這麼走了，往生了。喇嘛看到這個人如此貪心，臨死還不知足，不禁搖搖頭對弟子說，好好將他埋葬，其實人死了也不過就得到黃土一坏罷了。

故事中的土財主，他雖然可以擁有廣大的土地，卻什麼也帶不走，這樣的人生又有什麼意義呢？

窮人的銀行家

再來看來自孟加拉的經濟學教授尤努斯（Muhammad Yunus）先

生，本來是一名大學教授，後來他的一個決定改變了一億人的一生。他是2006年世界諾貝爾和平獎得主，素有「微型貸款之父」、「窮人的銀行家」稱譽。

孟加拉乃是近代全球人口最多的極貧國家，地處地勢低窪、由恆河及布拉馬普特拉河沖積而成的三角洲上。由於地勢偏低，又動輒暴風雨為患，水災和饑荒遂成了它的宿命，也是孟加拉長期貧窮的主因。而帶給他們力量和希望的就是2006年諾貝爾和平獎得主穆罕默德·尤努斯。

緊鄰印度，人口約1億5000萬人的孟加拉，是全球人口密度最高，也是最貧窮的國家之一。人均GDP水準大約是700美元。相當於只有新臺幣21,000元。這個命運飄搖的南亞國家曾經是英國殖民地，後來陸續脫離印度巴基斯坦，一直以來給世人的印象始終離不開落後與貧窮，深陷政局動盪，朝野對立的混亂，而這樣一塊貧瘠的土地卻造就出世界最傑出的銀行家與經濟學家尤努斯。

今年七十三歲的尤努斯在1976年創辦格萊瑁銀行，提供窮人小額貸款，這不但扭轉了上億人的命運，也讓他贏得微型貸款之父的美譽。在2006年獲頒諾貝爾和平獎。很難想像，這位幫助全球一億人脫離貧困的窮人銀行家，即使已經白髮蒼蒼，每天仍然一身布衣走路上班。在他的努力下，孟加拉已經在2013年達到減貧的目標，是少數幾個成功的國家，他更希望在2030年之前實現讓貧窮留在博物館的心願。

一切的改變是從27美元開始。1976年孟加拉才歷經了一場大饑荒，成千上萬的人喪生，在大學任教的他下鄉協助救災。他發現有個編竹凳的婦女，由於缺乏資本，每次都向村裡的放債人借高利貸買竹子，賣掉竹凳後還債，所賺並無幾文錢，而村裡與她情況相同的計有42人。當時他曾向一名銀行經理拜託，希望能借錢給這些婦人充當本金，但銀行認為這種

窮人借了錢之後根本無力還錢，因而拒絕。於是他自掏腰包將27美元免息借給42名婦女買原料，結果這群婦女不但準時還錢，而且還賺得少許盈利。有了這次經驗，尤努斯於1983年正式成立Grameen Bank（鄉村銀行），以獨有的一套原則（如借款人需要熟讀16則核心價值，包括承諾讓子女上學、飲用清潔食用水等）借錢給這批最窮困的村民做小生意，發展成全世界第一個提供窮人微型貸款的銀行。小額貸款服務後來在各國遍地開花，並因此為尤努斯在2006年贏得諾貝爾和平獎的殊榮。他之所以能夠得到諾貝爾和平獎，是因為他給窮人們教育，每一位在Grameen Bank銀行貸款的朋友，他都給他教育，讓他擁有能力把借的錢賺回來，這非常重要。

時至今日，尤努斯的微型貸款系統在全球落實四十多年，已幫助全球1億8000萬人脫貧。

以尤努斯博士及其Grameen Bank事業成功經驗作為激勵，「財團法人台灣尤努斯基金會」於2015年正式成立，致力在台灣推廣Grameen Bank以及輔育社會型企業。舉辦多樣化的公益活動，希冀推廣尤努斯及其窮人銀行的精神，達到三零任務（零貧窮、零失業、零淨碳排）的願景。我很榮幸受邀出任臺灣尤努斯基金會的董事，希望可以幫助更多人從貧中之貧走出來，再進到貧中之富最後成為富中之富。真正貧困的朋友們，他們需要的不是只有金錢本身，還有教育。而實踐家教育集團研發的財富羅盤就是最重要的教育工具之一，可以影響並且幫助更多人透過學習成就更棒的自己。

富中之貧的我

1986年我被東吳大學被退學的時候，楊其銑校長還特地寫信給當時

在軍中服役的我，鼓勵我要再返校讀書，但後來因為家庭經濟條件不允許，我退伍後就開始工作了。一直到2000年，我被退學14年之後，東吳大學舉辦100周年校慶，已經退休旅居美國的楊其銑校長當選東吳大學傑出校友返台領獎，而我正巧是百年校慶的慶典主持人。因為闊別14年，楊校長看到我時特別激動，在他要返回洛杉磯前，特別打電話給我，希望我有機會到美國出差時，要記得到洛杉磯看望他，當時我一口答應了，但卻遲遲都沒有履行我的承諾。其實Money & You的總部就在聖地牙哥，我每年都有機會飛到洛杉磯，然後開車到去聖地牙哥，然而，從2000年到2015年我年年都有到美國出差，但就是沒有去看校長。

　　一直到了2015年，我當選東吳大學傑出校友，我才得知八十九歲的楊校長已經兩度中風，在美國只有師母在照顧著他，那一刻我才發現自己非常不堪，我竟然是一個富中之貧，經濟上或許過得還不錯，但在心靈上卻是如此貧瘠。我答應了老校長，卻一直讓校長失望了15年。因此頒獎典禮過後沒多久，立刻買了機票飛往美國洛杉磯，一日為師終身為父，在我的心目中校長就像是我自己的父親。到校長家的門口，是師母開的門，中風的校長背對著我坐在輪椅上，沒有辦法自己控制行動。我聽到校長張著嘴巴希望能喊出我的名字，卻喊不出來時，當下就在校長門口跪了下來，那一刻我真心覺得對不起校長，跪著爬行的到校長身邊，因為內心充滿懺悔，我長跪在校長身邊，一直跟校長說對不起，久久不能站起。

　　這是我生命當中曾經非常不堪的時刻，我懊悔自己怎麼可以隨意地答應，卻沒有去重視這個承諾，羞愧自己怎麼可以是一個不被信任之人。離開的時候我跟校長說：校長，我明年一定來看你，我當場就訂了隔年的機票，決定明年還要來。然而隔年在我出發前的一個禮拜，校長就走了。我內心既有遺憾，也有一絲欣慰，因為校長年紀那麼大了，承受著病痛也很

辛苦，可至少我來得及在校長離開人間前一年就能親自跟他說對不起。

　　生命裡面最重要的是那份愛，千萬不要為富不仁，讓自己空留遺憾。

　　在我們的人生裡面有兩個重要的角色，一個是示範者，一個是接收者，我們不斷地示範，身旁的人就會接收到。當我們覺得身邊的環境不夠好時，我們就要主動成為示範者，主動去示範「說事實、愛、信任、喜樂、勇氣、廉正和負責任」，所以這些雖然都不是錢，但這些都是金錢背後的秘密。

　　「愛」雖然表面上看起來不是錢，可是「愛」就是錢後面真正的秘密。「信任」也是如此，如果別人感受到你們是非常值得信任的團隊、非常值得信任的組織、非常值得信任的人，信任表面上看起來雖然不是錢，可是因為人家願意相信你，那麼這個「信任」在日後可以幫你帶來更多的錢。舉例來說，慈濟基金會是一個非常充滿愛的組織，因為證嚴法師的大愛，凝聚了全世界上千萬的會員，他們擁有四百萬的志願工作者，齊聚在這個地方創造最無私的愛，而這種大愛就變成人間最大的財富。

　　接著是「喜樂」，如果別人接收到，知道你這個人、這個公司、這個團隊，是非常歡樂的，和你在一起是充滿了喜樂的一種感覺和氛圍的話，你說別人願不願意和你做生意呢？毫無疑問，一定是願意的。所以「喜樂」表面上看起來不是錢，可是充滿著喜樂的環境和團隊，就能帶來很多的金錢。

　　「勇氣」也是一樣的，如果別人感覺到和你在一起，你們這個團隊、這個組織、你這個人是充滿勇氣的、積極的、努力向上的，即使遇到再大的困難都不害怕，一定會主動來和你們合作。那麼雖然「勇氣」表面上看起來也不是錢，但是它也是錢後面真正的祕密。

　　再來是「廉正」，廉正就是廉潔的、正直的、堅持到底的、始終如一

的、表裡一致的，永不放棄的「廉正」看起來也不是錢，可是如果別人感覺到你真的是廉正的人、團體、公司，在任何的情況之下你都願意堅持到底、始終如一地為顧客提供服務的話，請問這個「廉正」會不會為你帶來更多的信任、帶來更多的支持？那麼會不會為你帶來更多的金錢呢？毫無疑問，答案也是「會的」。

而當我們團隊裡面充滿了謊言時，我們要示範更多的說事實。當團隊裡面充滿了恨跟暴力的時候，我們要示範更多的愛，當團隊彼此不信任的時候，我們要示範更多的信任，當團隊充滿憤怒的時候，我們要示範更多的喜樂。當團隊裡面充滿了畏縮不前的時候，我們要示範更多的勇氣，當團隊有人想放棄的時候，我們示範廉正，因為廉正就代表十六個字，堅持到底，始終如一，表裡一致，永不放棄。當團隊裡面有更多的人想要推卸責任的時候，我們要示範更多的負責任。

這就是我們一直在強調的「你就是錢，錢就是你」，你是一個什麼樣子的人，決定了你能擁有多少錢。可是當你有了錢之後，如果變了一個人，那麼最後，你的錢也會不見了。讓我們持續做到：說事實、愛、信任、喜樂、勇氣、廉正、負責任，就是為自己和社會創造更大的價值。

> ▶ 請你寫下學習「財富四象限」的收穫。
> ▶ 分享你目前在人生中的哪一個象限，將要付出怎樣的行動，以到達富中之富的象限？
> ▶ 當你獲得完全的財富自由之後，最想完成的夢想是什麼？

Chatper
3

財富的趨勢、
發現與挑戰

搭上趨勢順風車

趨勢即是大勢所趨，若你能順著趨勢走，就能省時、省事、省力；逆著趨勢走，將使你費時、費事、費力，且困難重重。因此，學會看準趨勢的重要性不言而喻。我們不僅要能順著趨勢走，更要成為創造趨勢的那個人。

努力不一定有用，但是不努力肯定沒用，如果你努力的方向錯了，一切都是白費。假設你出門旅遊決定搭乘火車，你是想要北上的，卻坐上往南的火車，因為搭錯車了，你離目的地就越來越遠！所以說，方向不對，努力白費！

在這資本充裕的時代，別人很快就可以擁有比你多二十倍、三十倍的資金來創造更遠大的未來。如果行動得比別人慢，很快就會落後許多。

以投資角度來看，四十年前，有個家庭有八十萬台幣的存款，另一戶人家存有二十萬，她們都準備用這筆錢來買房子，買房子需要一百萬，後者選擇向銀行貸款八十萬，先把房子買到手；而前者手中有八十萬存款，其實只需要向銀行貸個二十萬就能有一棟自己的房子，但最後沒買成，因為她不想欠銀行錢。

　　當年那棟房子價值一百萬元，如今它已經翻了好幾倍，市值達一千多萬元，那段時間是台灣房地產起飛最快、最繁榮的時刻。而後面一戶人家，原本欠銀行八十萬，現在他們卻擁有一間價值一千二百萬的房子，只是因為理財方向的錯誤：一個不想欠銀行錢，一個懂得向銀行借錢。結果，懂得向銀行借錢的人，擁有一千二百萬的資產，沒有欠銀行錢的人，卻多了一千二百萬的負債，因為必須用一千二百萬元才能買到這間房子。以上的例子明白地告訴我們：走對方向很重要，有時候我們會習慣用傳統的思考模式，以至於沒有走對方向，影響到我們的生命、我們的生活。

神奇的財富密碼

一組神奇的財富密碼

　　240、120、60、35、0、50這一組數字，各代表什麼意思呢？

　　多年前，澳門葡式蛋撻曾在台灣風靡一時，風潮正盛時，滿街都是澳門蛋撻，造成一股瘋狂搶購的排隊熱潮。如今你走在路上幾乎很難找到一家葡式蛋撻專賣店。

　　曾經是大街小巷都在賣，走幾步路就有一家，像是之前很夯的古早味蛋糕、夾娃娃機店……，就代表這股風潮已經準備要過去了，因為它是已經醞釀許久才會有這樣的盛況，表示市場早就飽和了。走在趨勢前端的可

以賺到錢，走在後端相對就很難賺到錢。

先看什麼是240，指的是240年前的英國，英國今日的超級有錢百年家族，並不是在今天決定的，很可能是他的爺爺的爺爺的爺爺的爺爺……在那遙遠的時代裡，別人從工廠下班後通常會去喝一杯，抱怨工作、埋怨老闆……，但他的先祖可能做了一件不一樣的事情，存到一筆小錢，看到一個機會做了一個小生意，後來經過百年來的累積，幾代家族的傳承，才成就了如今日的百年企業，傳承百年以上的家族事業。因此這樣的鉅富並不是今天決定的，是240年前就開始累積了。

120，是指120年前的美國，今日美國富豪的爺爺的爺爺當時可能只是一名在棉花田工作的農夫，靠著棉花田的工作省吃儉用存了一筆小錢，再向其他人借點小錢，就在老闆的棉花田旁邊買了一塊小小的棉花田，慢慢累積，一方面為老闆打工，二方面為自己努力。後來因為他更努力，比他的老闆還努力，可能他的老闆有錢之後沒有那麼積極了，所以他有機會能回過頭來收購老闆的棉花田，才造就了今日的財富。

60，是指60年前的亞洲四小龍——香港、韓國、新加坡、台灣，其中兩岸四地就佔了兩個，一個是臺灣，一個是香港。亞洲四小龍是先天決定的嗎？不，其實亞洲四小龍的命運早在60年前就已經在蘊釀、準備了，卻是在之後的二、三十年間才發展成亞洲四小龍。

60年前台灣的王永慶先生企業還在發展中，60年前香港的李嘉誠事業規模也和今天差距很大；60年前新加坡甚至還不是一個國家，因為新加坡是在1965年獨立建國的。60年韓國的三星集團還沒創立三星電子。然而60年來王永慶家族很努力，三星集團的家族很努力，李嘉誠家族很努力，經過一步一步耕耘、累積、布局、發展，才有了今日的財富。

中國大陸35年前剛剛改革開放沒多久，經過幾十年的時間慢慢改變，其中有人走出電腦研究院的大院，造成了今天的聯想。當年有人拿起鐵錘砸壞自己生產的電冰箱，就是要告訴大家中國的品質要進步，才有今日的海爾。35年前馬雲剛大學畢業還在為找不到工作而發愁。

這些你今日所看到的大企業，其實在多年前都只是一個很小規模的公司，甚至還沒成型，只有一個想法在創辦者的腦海裡而已，經過時間的累積，一步一步努力堅持走了過來。看到了別人沒有看到的機會，創造了別人無法達到的成就。

如今，現在哪裡還有機會呢？就是東南亞正要起飛的國家——柬埔寨、緬甸、老撾（寮國）、越南、菲律賓。「0」就是指現在的機會。

現在對我們來說，如果能去美國、德國、日本那些比你所生活地區更富足的國家賺錢，賺到的收入懂得到東南亞的東盟後段班去投資、創造財富。那麼，你現在所做的決定，可能讓你成為未來在當地的聯想，或者未來當地的海爾……，而如果你錯過了此時的東南亞後段班，你只剩下一個機會，就是50年內的非洲。所以，50是指50年內的非洲，從某些角度上可能還擁有一些機會。

現在的過去，未來的現在

前文的數字密碼讓我們了解到：每個今天都是過去的決定所得到的結果。現在的結果，是你過去的選擇所決定。而你未來的想望，則靠你現在的努力來成就。

回想像一下西元1949年之後中國大陸的變化，戰後的中國百業待興，百廢待舉……這些年來為什麼中國可以發展得這麼快速？因為不管任何的破壞之後一定要有建設，過去所虧欠的，未來一定會想辦法來彌補。大破壞之後大建設，就如同過去我們為了生活得更好而大興土木，造橋鋪路，興建水庫、電廠而破壞了環境，如今回過頭來為了守護地球，追求節能減廢綠色低碳的生活模式，環保節能就成為非常重要的產業。過去為了建設而顧不上環保，如今為了要生存下去，所有的建設都必須要達到環保要求、符合環保政策，這就是過去破壞的，現在一定要恢復，過去虧欠的，現在一定要彌補。

如果你能夠理解這些事，就會看到相應的機會。只要你能把握了現在的過去，或者看到了未來的現在。意思就是——如果有一些東西是我們這裡發生過了，別的地方尚未發生，就可以把它平

平行轉移，向上提升

行轉移，搬過去；或是別的地方已發生過的，這裡還尚未發展，就可以把它平行轉移，引進到這裡，先卡位，再定位，這就是機會之所在。

平行轉移，向上提升

平行轉移的概念是：此地有的，他地沒有，就可以直接將之複製，並平行移轉到他地；此地成本變高了，他地成本較低，同樣的製程，只要平行移轉到他地，就能降低成本而用更少得更多的取得更高的利潤！相對的，他地有的，如果此地沒有；或者他地成本高的，如果此地成本低；那麼，也可以從他地平行移轉到此地！

例如，有個東西，它在美國市場已經有了，而我知道中國市場還沒有，我會先去中國市場先卡位，再定位，等到別人要進入這市場已經遲了，因為這裡的市場已經屬於我的，就有機會成為這個行業的老大，這就是「平行移轉」。

速食業最早到中國大陸的是肯德基和麥當勞，他們都是在北京、上海、廣州……等這一類一級大城市設立店面，一進入這些地方，都很受歡迎。但另一快速連鎖餐飲店由台商經營的叫德克士炸雞連鎖餐飲，也一樣賺了很多錢，為什麼？因為他們的發展策略是到三級城市設點、設店，由於時間差的效應，在別的地方已經有了，但是在這個地方還沒有，先卡位，再定位，最終由鄉村包圍城市，取得了相當大的戰果。

臺灣以前有一種行業是引進舶來品販賣，當時出境觀光還不是很盛行，有人會去日本買很多東西回來販賣，然而現在相對沒落了，因為現在的網路商店非常盛行，無論你在全世界的哪裡、在幾秒鐘之內，就算沒有到當地，仍然可以買到同款商品。「這裡有那裡沒有，搬過去，那裡有這

裡沒有，搬過來」就是「時間差」的概念，如果別人需要花費時間（無論是交通的時間、準備的時間，還是運作的時間）才能拿到的物品（然而，時間差並不只是只有時間這兩字，也包括了資訊差、文化差等各種差異化的概念），你可以將這些時間節省下來，也就是「彌補時間的落差」，把握差異化，並將其同步引進，就可能成為下一個趨勢。

如台灣的特色飲料珍珠奶茶，引進到東南亞的越南、馬來西亞，引發一股風潮，在當地熱賣狂銷。珍珠奶茶平行轉移到了馬來西亞，大街小巷隨處可見珍珠奶茶店，最著名的要數到雪蘭莪州（Selangor）梳邦（Subang）SS15區的「奶茶街」，一條街開近十五家珍珠奶茶店，讓人嘖嘖稱奇。珍珠奶茶在馬來西亞已經算飽和了，漸漸地柬埔寨，緬甸也到處都有，凡是這裡有，哪裡還沒有就搬過去，就要先去卡位再定位，所以眼光準、手腳快的商人就知道要把珍奶的生意做到加拿大、美國、歐洲……因為已經知道了接下來將會發生什麼，我們就循著在別地發生的軌跡去做相應的安排就可以了。只要注意到這個新的產業的時間差，那麼下一個流行的據點就是在這裡了。我們先引進，就能成為當地的流行者，快速搶佔市場。

向上提升的概念是：面對所有的競爭對手，要努力做到更好，才有機會成功。向上提升就是「用更少得更多」的最有效模式；一個企業如果可以用更少的成本創造更大的營收，用更少的資源整合更大的平台，用更少的人力做更多的工作，用更少的時間帶來更高的效能，用更少的設備生產更多的產品，這樣的企業才是能永續經營並不斷增值的！不論是精選品質更好的原材料，做到更貼心用心的服務，創造更完美的環境體驗，提升更實務的銷售技能，還是給客戶留下更美好的回憶，都可以相對帶來更高的營收！

平行轉移同時向上提升，如今已經不是把珍珠奶茶平移到海外去就能賺錢，你還要能在當地的競爭中脫穎而出。臺灣是珍珠奶茶的發源地，甚至有的店家標榜珍珠奶茶的珍珠要當日現場製作才叫做「珍珠」，當日現場做才能在眾多競爭中勝出，這就是向上提升。三、四十年前臺灣、香港工廠的舊機器都還能轉賣到中國大陸繼續生產，但現在除非你是最好的機器，否則沒有人要接收。所以現在是平行轉移到東盟後段班，到緬甸、柬埔寨、老撾、越南、菲律賓這些地方去發展，你不要想只要把舊機器送去當地就行了，因為全世界的資金現在都在東盟，東盟也是中國大陸最大的外貿發展區域，所以你既要平行轉移還要做到向上提升，你需要把最好的東西搬過去，否則你的國際競爭對手提供了比你更優質的東西，你還有機會嗎？

由於新冠疫情讓大家無法去海外發展，反而讓你可以有機會先試著如何去提升你的品質，把品質提升上去了，做得讓客戶更驚艷，先把這個基本功練好了，未來再出去打拚，機會就相對大許多。

如何運用資源整合

2018年賣珍珠奶茶的日出茶太，當年年終獎金最高竟然可以發到將近12個月，即使餐飲業2021年大受疫情衝擊，「日出茶太」的年終獎金最高也有6個月，並全面調薪5%至15%。它就是一方面做平行移轉，一方面也向上提升，以更瞭解當地，融合當地，用心去參與經營，當然就能賺全世界的錢。

東協的市場原來就是一個正在積極發展的區域，現在的過去再加上全球的資金，那就是未來的現在，可以在這個地方做投資，創造收益跟效能，用這樣方法去做更大的整合，所以我們不能只是平行轉移，還要向上

提升，要麼這裡有那裡沒有就搬過去，要麼要在這裡做，可以把原來的標準做得更好，品質做得更高，達到向上提升。

如果用臺灣的品質，大陸的品牌，進入東協的市場，然後去集合整合全球的資金，就能創造更大的成功，例如珍珠奶茶是臺灣的代表，如果臺灣的珍珠奶茶要到東南亞去開店，會有一點挑戰，因為它的所有的原物料都是從臺灣過去的，由於兩邊沒有關稅的優免，關稅是很高的。但如果在中國的福建承租一片茶園，要求當地的茶農按照臺灣的種茶標準跟烘焙茶的標準來製茶，就能達到台灣的品質，因為是在中國生產的茶，以中國的品牌把它送到東南亞，就少了關稅問題，可以省下百分之十幾二十幾的關稅，成本就低許多了。

東協市場是相對於亞洲四小龍而言發展得比較慢的地區。也是繼中國大陸之後的一個發展的機會，因為東協的現在就等於是中國的過去。所以去東協當地發展，就叫做「現在的未來」（在東協發展台灣模式），就有機會看到它發展的軌跡。進入東協市場時，把生意做好、發展好了，讓大家都來投資，就等於是引進了全球的資金。運用彼此最好的資源、重要的價值，不過任何合作一定要弄懂遊戲規則，在遊戲規則不明確的情況之下，絕對不要貿然去投資。

看趨勢有方法

關於趨勢，我們可以從以下三個方向來考慮，分別是政策、技術和生活方式。

政策

政策是決定趨勢最關鍵的因素，政策就是趨勢，趨勢就是商機，不論做任何生意，若你違背了政府的政策，違背了法律，你就沒辦法去執行。

我們都知道，中國政府決定要做的事，一定是貫徹到底，像多年前推行的「大眾創業，萬眾創新」，幾乎帶動大家都去創業，這就是政策決定了趨勢。中國大陸是一個受政策影響很大的市場，每當一個新的政策推出時，都會引起一波商機。如果你能抓住這個商機，就能站在領頭的位置。

政策就是商機，如果你懂得把握政策方向，在宣導階段，就先行動、先卡位，你的機會就比別人更大。中國大陸是政府決定要做什麼事，老百姓就會往這個方向去做改變。我們來看一下——

政策就是趨勢，趨勢就是商機

在中國宣佈將對加密貨幣實施嚴厲的打擊措施之後，比特幣價格瞬間下跌。在中國所有與虛擬貨幣相關的產業都受到極大的影響。例如P2P網路借

貸，也稱社交借貸，是個人對個人貸款，或者通過平台來做小額借貸，這在中國曾經是合法的，但在2021年4月中國人民銀行出手要求P2P網貸全面關停，因此在4月16日之後P2P網貸就是違法，當政府已經做出決定這個事情不能做，就算昨天可以做，你今天就要立刻清理、立刻停止。又如，在中國本來有很多內部的企業大學學習的單位，比如說海爾大學、聯想大學，但在2021年4月出臺一個新政策，全中國除了正式大學、正式學院外，都不可以叫大學，也不能叫學院，一夜之間全部民間機構都要改名。有個知名的線上學習平台叫做混沌大學，立刻改名叫混沌研習社，就是要配合政策。

因應全球暖化，各國政府相繼提出政策以對應這個全球性的環境問題，才有了氣候峰會，各種綠色政策、環保節能減碳計畫。政策的方向在哪裡，你的創富機會就在哪裡。

一定要多留意任何一個新政策的頒布，因為政策就是趨勢，趨勢就是商機，緊抓政策，也可以創造出另一波新趨勢。

技術

回想一下六十年前的生活場景，如果你想知道有沒有火車去到某個城市，有什麼班次，幾點發車……在那個年代大概就只能走路或騎車去火車站問；到了三十年前，可以打電話去車站詢問車次；到了二十年前可以直接上網去看火車時刻，大約在十二年前我們就已經可以透過手機APP查到什麼時候有火車，還可以知道火車在幾點幾分會到。

每個不同時代的科技改變，都會帶來商業運行方式的改變。APP來了，改變了人們對手機的使用方式及頻率，5G時代來了，改變未來的科技運用方式。任何一個技術，都可能改變一個時代所有的商業形態。

　　2020年在江蘇衛視《一千零一夜》節目，F4睽違七年同台合體！令多少老一輩的觀眾隨之興奮！但真相是，電視畫面才有F4合體，其中三人是透過3D全息投影，電視版是四個人合體，現場版的只有吳建豪一個人在場，另外三人，言承旭、朱孝天、周渝民他們都不在現場，而是透過5G技術下的是3D全息投影。江蘇衛視利用虛擬技術，在現場重新創造四人同台演唱的場景，逼真程度讓人真假難辨。

　　未來，有了3D全息投影，我可以不用再各個城市飛來飛去，學員在哪，我就投影到那個現場，就像在你面前講課一樣，有了這技術，開會都變得更方便，不需要親臨現場，大家就像坐在同一個桌前似地開會。

　　現在，臉書和微軟等大型科技公司都爭相開發元宇宙，也將帶來一波新商機。打造元宇宙也是在開發一個新的經濟模式，涵蓋工作、娛樂休閒、金融銀行業、零售、教育、衛生，甚至是成人娛樂等領域，發展已久的各種產業和市場，都將出現變化。

生活方式

　　生活方式的移轉，是商業趨勢變遷的主因之一，可以從最底層的企業開始討論起。企業發生問題時是因為行業發生變化，巷口的雜貨店老闆一直非常努力地經營，卻在一天早上醒來發現自己失業了，因為在住家附近開了一家24小時便利商店，整個行業發生變化了，這時老闆再認真都沒有用，因為當半夜大家都在睡覺時，24小時便利商店還在營業，還有收入進帳。

　　同樣的，即使你是行業老大也沒用，為什麼？因為如果你是DVD、VCD的製造商，突然有一天，你發現市面上已經買不到DVD播放機了，買不到錄音帶（中國譯磁帶）、卡帶播放機了，整個行業就這樣消失了。

因為商業結構改變了，在新的商業結構裡面，沒有這個行業的位置了，即使你是行業老大，也只能跟著被社會殘酷地淘汰！

商業結構的改變，是因為生活形態產生了移轉！為什麼麥當勞、肯德基都變成24小時營業了，因為生活形態變了，老人家越來越早起，年輕人越來越晚睡，年輕人晚睡就有了吃夜宵的需求，老人家早起就有吃早餐的需求，所以麥當勞、肯德基就都轉型成24小時營業了，所以很有可能凌晨4:00，爺爺跟他的孫子會在麥當勞相遇，一個是去吃早餐，一個去吃夜宵，吃完夜宵的回家睡覺，吃完早餐的出門運動，這就是生活方式變了，所以商業結構就跟著變了。

文化意識的變遷，也會造成的生活形態的移轉。比如說，華人傳統上可以算是喝茶的民族，然而，如今愛喝咖啡的年輕人遠比愛喝茶的人多很多！為什麼呢？因為受到星巴克強勢咖啡文化的影響！有句流行話說「我不在家，就在辦公室，如果不在辦公室，就在星巴克，如果我不在星巴克，就在去星巴克的路上」，短短一句話，道出了全球年輕人都在流行的「星巴克咖啡文化」。

總結來說，企業發生問題，是因為行業發生變化；行業發生變化，是因為商業結構發生改變；商業結構發生改變是因為生活形態產生移轉；生活形態產生移轉，是因為文化意識產生變遷；歸根究柢，文化才是一切的核心。

我們可以確信，未來一定是文化的競爭，這是毫無疑問的。美國是一個建國不到250年的國家，目前卻是全世界最強大的國家，靠的不全是軍事武力，而是因為全世界都在接受美式

商業結構發生改變是因為生活形態發生轉移

文化的影響！看美國電影，學英語，看NBA，傳唱著美國流行音樂，可見文化才是生活當中最重要落地的部分。現階段，中國正在成為一個全世界最強大國家的路上，未來最重要的產業一定是文化產業！唯有文化的競爭才是一切的核心。韓國人口也只有5200萬左右，但其GDP總值，已是全世界前十一大了，除了電子產業靠的就是它的娛樂、文化產業。

　　韓國人對文化產業的重視意識是很高的，曾經向聯合國申請端午節是他們國家的非物質文化遺產，這令全球廣大的華人非常不能理解，為什麼韓國要這樣做，歸根探索，就是「文化高度、遊戲規則、產業標準」這十二個字，如果端午節這個非物質文化遺產被韓國人拿走了，文化高度被掌控了，那麼之後划龍舟的遊戲規則就都由韓國人來定了，全世界包粽子的產業標準也就是韓國人說了算。

　　生活方式的改變經常會帶來可能的商機，因為人們生活方式改變，消費方式也會跟著改變。現在因為所有的人上班行動的改變，人們生活越來越緊湊，導致大部分的人變得越來越累，越來越懶得動，再加上新冠疫情的催生，如今的外賣商機真的是發展得非常神速，全球各地也因為COVID-19疫情持續未能

緩解，加速外賣產業發展，美團的外賣模式在美國、英國等地發揚光大。外賣平台DoorDash類似美團外賣、餓了麼，由史丹佛大學三個華裔學生Andy Fang、Stanley Tang、Tony Xu於2013年創立，2020年12月成功上市，市值高達600億美元。Doordash可以說是外送平台的後起之秀，在Uber Eats、Postmates、Grubhub這些強敵之中，囊括了45%的美國市

場，也就是幾近一半的外送市場都被Doordash獨佔，以前大多是西方影響東方，現在東方也漸漸影響西方。

因為COVID-19人們被迫無法出門，隨著生活習慣的改變，也影響了消費行為。疫情打亂了行為模式，新增了許多限制，改變了原本的消費習慣，例如減少外出頻率就是一種行為改變，而原本能出門在外的消費行為，在疫情影響下不得不做出一些調整，轉向宅內也可以消費的模式。人們幾乎都是盡可能宅在家裡，緊跟而來的是所有宅在家的相應商機，刺激了「宅經濟」的發展——外送平台、影音串流服務、交友軟體等成為熱門產業，科技成為生活的最佳幫手，不出門照樣能觀看電影、享受餐廳美食。

然而，當疫情逐漸趨緩，原本被迫轉型的行為似乎成為了習慣，特別是在電商平台帶頭之下，零售業更逐漸邁向數位化轉型，透過線上線下的虛實整合方式，達成「新零售」的模式，例如，我們可以去店裡面試穿，但是因為線上有優惠，則選擇在線上下單。

當任何一個地方有一種新的生活形態出現，或是任何一個國家的實力強大到成為另外一種主導的時候，你會發現大家都想跟著這麼做，麥當勞剛到臺灣的時候大家都想去排隊吃麥當勞，肯德基剛到北京的時候，大家都去王府井大街排隊買肯德基，而當今天整個中國實力開始強大的時候，當生活形態開始改變的時候，一定也會對很多地方的生活方式帶來改變，多留意商機的平行轉移，就可能在另一個地方創造財富。

針對未來的經濟，騰訊研究院也提出了十大方向，分別介紹如下：

1 新基建

新基建指的是新型基礎建設，是未來經濟的數位基礎設施，指的是科

技端的基礎設施建設，主要包括七大領域：5G基建、特高壓、城際高速鐵路和城際軌道交通、新能源汽車充電樁、大數據中心、人工智慧和工業互聯網。新基建核心體現在網絡、交互、計算、安全的四新，融合基建將加速傳統產業的數實共生。

　　以前的基礎建設是馬路、機場、工廠，現在基礎建設已經變成大量興建5G的基地；以前蓋加油站，現在蓋是新能源汽車的充電樁。關於市場現況、政策分析，以前是用人力來分析，現在是用數據中心來分析、人工智慧，以前地方與地方之間是開車的，坐火車像是城際高鐵軌道交通，而且現在電壓特高的高壓電，又要傳送越來越大的電力需求，所以這些新的基礎建設就會成為重要的方向，如果你是從事與基礎建設相關的產業、事業，這就是機會。

② 新平台

　　平台將更加關注擴大普惠價值，平台的構建方式將長期多元，平台的運營將更多以創新和交易混態運行。

　　各種新的平台都會出現，平台將成為關鍵，為什麼呢？

　　一件事情成功與否，態度、系統和模式一樣重要，態度教你怎麼做人，系統教你怎麼做事，而模式將教你如何打造一個平台。如果今天我是一個對的人，態度很好，我有做事的方法，對的系統，但我沒有一個足夠大的平台，成效可能會差了好幾倍！做事要有完善的系統，如果一個老闆天天需要在辦公室坐陣，那麼代表這個公司是欠缺系統的，因為只要他不在辦公室，公司就會出狀況。有句話說：「百分之九十四的事情成功與否決定在系統，只有百分之六決定在個人」，可見系統非常重要。要有一個完善的系統，才能去做更大價值的開發。例如，你很會做菜，那麼你頂多

只能開一家餐廳，因為你是廚師。但是如果你會教別人做菜，你就可能開五十家餐廳，因為你可以開廚師學院。如果你不會做菜，但是你懂得建置出整個系統，那麼你就可以開三萬七千家的店面，那就是「麥當勞」。

模式是打造平台，打造平台的人，相對會賺錢，而站在平台上的人，只能幫別人賺錢。因為「打造平台，可以決定遊戲規則，而決定遊戲規則的人，通常會賺錢，玩遊戲的人，就只能給錢。」所以創業的人都要成為打造平台的人。舉例來說，如果連鎖加盟總部是我建立的，任何人想要加盟，都得要按照我的方式，照我的規矩來。我只要把一個系統做好，不用自己去執行，都可以獲得很大的回報。努力成為一個平台的創造者，標準的制定者。所謂：「得標準者，得天下。」我們使用的各種電器用品，美國有美規、亞洲有日規，歐洲汽車有德規等等，打造平台者，就是製定規則的人。

③ 新應用

隨著企業IT優化向數字化轉型演變，企業IT投資重心逐步向雲原生應用傾斜，雲原生（Cloud Native）是未來企業應用實現的基礎。簡單來說，雲原生是軟體開發與部署的模式，從開發之始就建立在雲端環境中，且目的是讓開發到維運的流程更加有效率，同時更容易調整。

未來SaaS的運用一定是所有產業基本的標配，軟體即服務（SaaS）讓使用者可透過網際網路連接，並使用雲端式應用程式。常見範例為電子郵件、行事曆以及Office工具。所有SaaS的基本標配非常重要，比如你基於SaaS的原則之下所做的電郵行銷，因為你的CRM顧客的系統，你的專案管理，或者你自動化市場的運作，或者你的語音運用等等，簡單講它會把它的平台一些原始程式碼等等開放，原代碼開放之後跟大家可以做更多

的對接，跟它連結在一起，創造一個更大的運用可能性。

以蘋果來講，以Google來講都一樣，先把平台打造出來，先把蘋果商店打造出來，然後讓最多的人可以來運用這個平台，可以來上線自己的APP，和平台分利。

④ 新組織

新的組織型態會不斷推陳出新。新型態組織包括智慧型機器的協同，AI智慧型機器成為協同的生產力，所以人跟機器之間的人機互動就有越來越多的運用。

未來如果機器可以取代很多人的工作的話，每個員工除非有更大的自驅力，內驅力，要更願意、更主動，否則就會被團隊淘汰；因為大部分的工作都可以被機器取代，所以未來需要更自動自發的員工，未來所有的資料都是共享的，不再有個人的秘密。

當智能機器成為協同生產力，跨時空靈活工作成為新常態，新型數位化職業也需匹配新組織文化與考核方式

⑤ 新供給

原來的商業形態從供給端到消費端，中間可能隔了好多層環節，未來則會更加直接。例如，以前你要買衣服，可能某個大品牌行銷什麼衣服給你，你就去買。後來你可能會去專賣店看看這段時間裡面大部分人都買些什麼衣服；但現在已經不是這樣了。山東青島紅領集團，只要下載APP並輸入你的相關資料，選擇要男裝還是女裝，什麼樣式，哪個版型，然後輸入你的身材尺寸，付款後，紅領集團的生產線就會按照你的需求開始製作衣服，每個客人都可以獲得量身打造的專屬訂製服，七天內可完成。能為

全世界任何一個地方的任何一個人服務。

在新供給已經來臨，任何產品和服務可以直接供給到客戶的手上。數位化推動產品及服務更普及，C2B將全面重塑供給模式，數位化協同供給將成為常態。

6 新消費

新消費時代也來了，從前倚賴的是公域流量，現在將更重視私域流量。你的朋友圈、你的社群、你的私訊、你自己的微信個人號，這些經營的都是私域流量，因為這些至少是你直接或間接認識的朋友，另外像是Line@及企業微信號也越來越重要，私域流量是有情感認同的，是有消費經驗的，是有社群聯繫的，私域流量將成為企業觸達用戶的重要方式。

7 文化科技

文化與科技的融合發展，打破了傳統的科技產業和文化創業產業發展的邊界。「文化+科技」有機融合，進一步拓寬文創產業的發展思路。那些古代的元素，拜科技所賜，如今都可以恢復，如果你曾經去過西安，「變臉兵馬俑」結合了現代的科技，通過掃描遊客臉部的照片，就可以將自己的臉投影到兵馬俑的臉上，非常有意思，只要掃個碼你就會發現出現在城牆上的臉就是你的臉，這就是科技跟文化相連結，文化是古老的，科技是現代的，兩個看起來矛盾衝突對立的元素，結合之後就有機會成為下一個可能的商機。

數位文化消費向深度沈浸式體驗演進，例如，跟博物館交互，面對的不再是一個個冰冷的櫥窗，而是通過數位化虛擬出來的古代世界，通過數位化、VR/AR等各種新技術的應用實現公眾與博物館藏品的高度交互。

所以科技跟文化的結合，文化通過科技得以現代化，科技透過文化得以有內涵，科技助力文化成為生產要素，兩個產業相互賦能連接，可能產生新的發展！

8 未來城市

隨著5G、AI與物聯網技術日益成熟，吸引各廠商投入智慧城市商機。像是汽車大廠豐田計畫在日本靜岡縣打造智慧氫能城市，作為研發自動駕駛、共享運輸和電動化技術的基地。未來最看好的方向之一是未來城市，當你發現網路不通了，手機不能用時，你會覺得相當不方便，找不到停車場，找不到路、無法用手機支付，若正好現金帶不夠⋯⋯，在你要訂車票、電影票時你網路斷網了，會讓你相當困擾⋯⋯這一切在未來城市及元宇宙中，你都可以放心，所有的場景都能被創新，某些在大都市已經做得非常好，但在小地方如二線城市、三線城市、四線城市、五線城市、六線城市，你還有機會平行轉移，未來城市及元宇宙的世界裡，人們連手機都不用帶，虛擬銀幕就在你面前，只要有一個小小的晶片植入在你身體的某一個小部位，就可以完成很多原來無法想像的事情。

9 數位信任

以前企業要向客戶索要個資很困難，客戶會覺得不僅要填很多資料，還要擔心會被有心人士不當使用。而現在是方便到你給對方發個連結，然後對方填手機號後再發驗證碼，就可以順利取得。為什麼客戶會那麼輕易就把自己的手機號給出去了呢？因為我們對於大企業的平台，開始建立了信任，因為未來世界就是如此，特別是區塊鏈的普及運用，數位信任是特

別重要的！

　　未來所有的企業都必須要建立並分析數據。大數據分析可以提高轉化率，大平台越大、大數據越多、轉化率可能會飆高。

　　未來企業需要在安全之上打造數字信任，零信任安全將重塑組織內外的信任邏輯。雲原生安全成為構建數字信任的核心，人工智能和區塊鏈為數位信任注入新動能。

10 數字生態共同體

　　馬化騰認為，在數位化背景下，不同產業和區域的生態之間，開始發生越來越多的關聯。「它們可能將不再羈於行業、地域等因素帶來的條塊分割，緊密地交錯起來，讓跨界地帶產生豐富的創新空間，從而形成一個『數字生態共同體』。」

　　所有的行業從生產面，最後到消費端，這之間的所有關連內容一定會完全連結在一起。舉例：有人到A賣場選購馬桶，看了幾款後並沒有買，而是另外再去B賣場選購馬桶，但最後還是沒買。於是他再去第三個賣場選購時，可能就在這家買了，為什麼？因為在A賣場他看中的產品是售價1000人民幣，去第二家賣場時他出價900，到第三家賣場時，對方直接他一個最好的價格800，店家為什麼要給他開800？因為他從後臺的軌跡記錄一看就知道這個人在某一家店看中1000元馬桶沒有買，在另外一家店賣900元也沒有買，今天開個800元大概是他的心理價位，再加上他過去買的東西類別及價位，就能分析出他的平均消費水平，店家就會以他過去的消費為基準來報出最有效的報價建議。

　　我在12年前就曾舉例形容大數據的運用，我當時就說，當你走在杭

州西湖的某家火鍋店附近，例如杭州西湖大火鍋，你的手機可能會跳進一條消息，通知你說，你吃過重慶的火鍋、成都的火鍋、上海浦東的火鍋，如果你沒有吃你現在路過的這家杭州西湖大火鍋，代表你這輩子沒有吃過火鍋。有人會問，為什麼店家會知道我在重慶吃火鍋呢？可能是你在重慶的時候下載了一個APP，不管是美團或是大眾點評網，雲端就知道你在找吃的，下載之後一打開它，因為是定位在重慶，他就知道你在重慶。當你搜美食時點擊了火鍋類，你又打開過其中20家火鍋店，每打開一次雲端就記錄一次，4+20就有了24次的搜索記錄了，當你終於確定其中一家火鍋店並按了位址，系統就知道你要去哪家火鍋，有了地址你接著打車，到火鍋店門口可能有一個易拉寶，寫著掃碼即送青菜一盆，你又掃碼了，進去之後吃了火鍋，最後你結帳的時候用微信支付，又增加一次軌跡，光是吃一個火鍋，你就被記錄30次左右……可以被歸類為火鍋的愛好客。

　　行業跨界融合帶來創新空間，數字生態共同體孕育出新的產業，所有數據的開放、共創與共享是企業贏得未來的新方向。

　　未來最大的機會，是面對並解決全球性的問題。因為痛點就是賣點，問題就是主題。如果能找出全世界普遍關注的現象，為越多人提供服務，就可以創造越大的價值。

　　目前全球最關注的兩件事，一個叫碳達峰，一個叫碳中和。世界各國都將資源投入到這個方向，所以我們就知道，未來最關鍵的產業要朝向這個方向靠攏！所謂「碳達峰」，就是指二氧化碳年總量的排放在某一個時期達到歷史最高值，達到峰值之後逐步降低。當在一定時期內，通過植樹、節能減排、碳捕集、碳封存等方式抵消人為產生的二氧化碳，實現二氧化碳淨排放為零，也就實現了「碳中和」。

　　碳中和風潮也蔓延至企業界，相繼發表對抗氣候變遷的宣言。蘋果承諾於2030年在供應鏈及產品上實現碳中和，執行長庫克表示，「蘋果不需在盈利和地球未來間做抉擇，若各國共同努力，整個世界可以轉向碳中和經濟。」

　　碳中和瞄準的是減緩氣候變化，關於低碳我們能做什麼？我們生活中的燃料、燃氣、電等大部分來自燃煤電廠，實現碳中和需要經濟社會全面轉向綠色低碳，減少開車多步行或騎自行車，隨手關閉電源，節約糧食，就是減少從種植到加工運輸各環節的排放，誰能在這些方面做得越好，機會就越大！

發現商機，搶先布局

看準趨勢之後，就可以發現更多的商機！以下是我個人整理的一些重大商機：

1 節能減排

「節能環保」在中國未來市場具有成為戰略新興產業的潛力，中國是最大的資源消費國，也是最大的排放國，因此解決能源供應和環保成了首要問題，掌握商機並不能光靠法律和政策，最終需要依靠技術，一旦技術突破了，它就能成為數百兆的商機，成就一個規模龐大的產業。

2 科技的運用

一個新的科技研發出來，就可能立刻改變所有的生活方式，例如3D全息投影改變了演出和會議的樣貌，線上支付改變了人們的消費習慣，應用在汽車上改善能耗的技術等等，誰擁有高新科技、擁有技術，或是智慧產權，都能創造龐大的商業價值。

3 連鎖加盟

能讓人們對你的服務、品質，有一致性、確定性的了解與認識。當消費者在選擇產品或服務時，如果是熟悉的品牌，是連鎖企業，相對能滿足

他們心中預期的結果，能讓顧客產生信賴與安心。例如，假設雞有禽流感，而你又想要吃雞肉料理時，你會去買路邊攤販賣的炸雞，還是你會去肯德基買？相信很多人會選擇肯德基，為什麼？因為你覺得它是有品牌的，比較有保障，你對連鎖企業的中央廚房比較有信心，若真的不幸出了問題，訴請理賠也比較有希望。而連鎖加盟，就是通過系統標準化、科技化、人性化來把事情做好，標準化就是所有項目都有明確的標準，科技化是指各分店之間的資料連結要迅速有系統，最後人性化非常重要，指的是服務的態度親切周到，讓人還想再光顧。

④ 文化媒體

文化才是國與國之間真正競爭的關鍵，具有強大發展動能的是文化產業，任何產業只要與文化產生連結，馬上可以增值。例如，在汐止有家餐廳名叫「食養山房」座落在深山野嶺的，這家餐廳不僅僅只是吃飯的地方，它還具文化氛圍，有著對餐飲文化的尊重，讓人身入其中就能很自然地放鬆心情。又像是台灣的鳳梨酥，它不僅僅只是個點心，同時它還具有台灣農業用心的印象，在鳳梨酥產業中，賣得最貴的是「微熱山丘」，它不僅僅只是賣鳳梨酥，它賣的是「文創」。而文化產業跟新媒體產業的結合更是重要的，直播市場的龐大商機，不僅促成許多新興媒體與素人直播主的快速竄起與知名度累積，更吸引為數不少的知名大型社群媒體與電商平台如Facebook、LINE、TikTok等皆爭相前仆後繼地投入經營線上直播導購。所以每個人都要去學習如何做直播，但不是只學習怎麼直播帶貨，平台是一個工具，每個人都可以運用平台直播，把直播當做是一個基本的生活技能。

⑤ 休閒娛樂

　　富勒博士強調有六大產業可以持續增值，分別是：教育、健康、食物、娛樂、能源、遮蔽。其中最特別的一點是娛樂，當人們心情不好的時候去KTV唱歌，心情好的時候去KTV慶功。在沒有錢時打手機遊戲消遣，有錢的時候還打手機遊戲打怪升級。現在的時代，一切都要標榜好玩、有趣，如果沒有「玩」，就不會有人參與。現代人的壓力大，當你可以放輕鬆時就變得好玩。像我們推出的財富羅盤就非常受到大人小孩的喜愛。當全世界最熱門的元宇宙把一切都變得更好玩時，所帶來的商業價值是非常巨大的。

⑥ 數實共生

　　是指數位技術和實體經濟深度融合，相輔相成，相互促進，一體化發展。傳統產業要通過數位技術改進設計、研發、生產、製造、物流、銷售、服務，創造新業態、新模式，實現產業結構調整和創新升級。對用戶來說，「數實共生」貫穿工作、生活、學習、社交、娛樂等方面，是以人為中心的數位化真實體現。隨著消費互聯網向產業互聯網發展，消費者或生產者，員工或管理者，用戶的身份將更加多元，應用場景更加豐富。

⑦ 社群經營

　　當有大量的同好使用同一個平台，就表示會有更多資訊交流的機會，也會衍生出商機。擁有越多粉絲的人越值錢的人，社群運營最重要是兩個字，是用心，用心就是狠角色。如果只是建個群，光有擁有大量粉絲團人

數是沒有用的，有些人在幾萬人的粉絲平台發文卻不到0.1％的人回應，主要是因為你不常聯繫，沒有用心經營，這個社群就只是數字而已。人們最看重的是那份「感動人心」的感覺，感覺被打動了，一切就被帶動了，當認同及信任感建立之後，才能增加使用者的黏性及活性，才會帶來商機。

8 複合流量

未來是群體流量的共同整合，你幫我，我幫你，把彼此的流量串流起來，大家相互連結，整合彼此流量，建構更大的流量平台，提高彼此的轉化率。

9 精緻服務

把服務做到最用心，做到最到位。當未來的科技可以取代一切的時候，只有兩樣東西不會被取代，一個是人性，一個是創意。這兩樣是無法完全被機器所取代的。持續提供令人感動的「彈性」與「溫度」，讓消費者感受到「價值」，而非「價格」，在原有的需求之外再多做一點，就能轉換成顧客忠誠度，因為越好的服務越能打動人心。

10 醫療健檢

因現代人對自我健康意識的高漲，開始掀起一連串「把科技穿在身上」的流行風潮。健康防護及醫療照護兩大目的，帶動了各種與健康相關的健康管理手環、穿戴裝置等配備，各種能及時知道人們健康狀態的相關產業，一定會成為未來的關鍵產業。高齡化的社會已經讓醫療需求產生改變，未來將有更多專業級的醫療配件陸續問世，而穿戴式裝置的便利性，

必然可以更滿足現代人在醫療與自我健康管理上的需求。

⑪ 教育培訓

　　為什麼美國能成為全世界最強大的國家，一方面是強力的美式文化輸出，一方面是整合了來自全世界各地的優秀人才，各國最優秀的人才大多以留學美國為第一首選，在美國受教育，學成歸國回歸到自己國家發展。美國大學招募學生，第一是看在校平均成績，而不是看你的高考成績，主要看在校的平均表現。除了學習成績，也會看音樂、體育其他各方面綜合表現。第二個是基本語言能力，你要會講英語，才聽得懂課程。第三是看素質教育，素質是指，領導力、溝通、口才、情商，是否有其他特殊專長……等，這些綜合的素質教育才是其中真正最重要的選擇因素。

　　反觀我們亞洲的不少一流大學大多只看成績選才，所以可能會找到會考試的學生，不一定是真正各方面很有才華的學生。如今全球高中畢業後留學的第一名首選是美國，第二名是中國。如果這樣的話，中國面對全世界都在找條件最好學生的時候，素質教育就變得非常重要，實踐家教育集團從二十四年前就開始在素質教育領域布局，我們一直相信素質教育一定會和學科教育一樣重要，現在也的確朝這個方向在發展。

⑫ 民族習俗

　　與種族文化、習俗相連，是由生活方式決定的商機。比如：農曆新年、端午節、中秋節等各種節日，具有強烈的民族文化、傳統和習俗，其商機也是無限的。千萬不要小看，因為某一些風俗習慣所帶動的產值，例如新北市的平溪，光是放天燈祈福就能成為一個產業。我們都曾有過到各

個不同的地方祈福的經驗，像去日本廟宇參拜就免不了要買個祈福的平安符⋯⋯，光是集合一系列的小物件都能成為很大的產業。在中國有一家以民族為主題的精品飯店，五十六個民族五十六間房，每個房間裝修風格不一樣。在飯店裝修設計中融入了濃郁的民族特色，不僅可以讓房客在入住時領略到民族風情，而且還體現了少數民族文化。這次住蒙古族，下次住漢族，再下一次住苗族⋯⋯，光是一家酒店都可能讓你想去體驗五十六次，因為它放進了五十六個民族的元素。

13 宗教跟心靈

台灣每年「三月瘋媽祖」，百萬人參與，創造出逾十億產值。宗教其實也是一個非常大的發展平台，只是大家要往正確的宗教信仰上去發展。像是祈求平靜與智慧的各類書籍，是慈濟證嚴上人的《靜思語》、佛光山星雲大師的《人間萬事》、法鼓山聖嚴法師《正信的佛教》等銷售量從數十萬到數百萬不等。文創商品中，如以祈求平安的法鼓山的「大悲心經典御守」，慈濟大愛的系列環保衣物等，在信仰的驅動下，產值規模是非常大的。

14 能源、環保

全球趨勢！綠能商機大，環保永續也能搶進錢潮。目前全球已有128個國家，宣示2050年達成淨零碳排，同樣的綠能環保上下游供應鏈相關延伸，投資商機無限。因為再生能源發電的不穩定性，透過儲能設備可達到穩定供電，延伸出居家、工業、電動車等儲能商機。實現碳中和需要經濟社會全面轉向綠色低碳，減少開車，多步行或騎自行車，隨手關閉電

源，節約糧食，就是減少從種植到加工運輸各環節的碳排放，因此可以持續關注這些相關產業。

15 樂活慢活

　　LOHAS生活價值觀的興起，帶動了永續經濟、健康生活、替代療法、個人成長和生態生活等相關產業及商機。樂活是越來越多人選擇的生活方式，生活價值觀是以維持地球永續的方法為前提。慢活是生活步調慢慢來，慢城市slow city是有國際標準認證的，花蓮縣鳳林鎮是台灣第一個得到國際慢城市的認證。樂活族標榜健康過生活，崇尚食用有機食品，其中不少樂活族更是素食主義者。樂活族重視環境永續經營，傾向支持環保科技產業，發展替代性能源產業。因應樂活族的興起，樂活市場應運而生，包括永續經濟（如綠建築、再生能源等）、健康生活形態（如有機食品、健康食品等）、另類療法、個人成長（如瑜伽、健身、身心靈成長等）和生態生活（二手用品、環保家具、生態旅遊等）。

16 人工智慧AI

　　AI人工智慧在二十年內將如何改變人類生活？李開復認為：在大量數據和自然語言的訓練之下，未來能讓AI回答我們的問題，例如巴拿馬運河如果再塞兩週，該投資什麼領域？AI將能扮演分析師的角色，在每一種情況下提供最好的投資建議。此外，AI人工智慧的發展方向包括有：全自動駕駛順勢普及；AI醫療創新，增長人類壽命；更透徹的工廠自動化；能源和農業革命，不再靠天吃飯；生產成本下降，進入豐饒時代。

17 5G運用

　　一個新技術的來臨，必定會造成所有的產業都跟著改變。5G具有超快傳輸速率和低時延特性，使智慧城市、虛擬實境、擴增實境之沉浸式協作體驗、自動駕駛車應用成為可能。如5G具備即時性連線功能，可使得裝配保持穩定連線狀態，其中5G低延遲更助於「觸覺應用程式」較靈敏，可有效改善模擬觸覺方式，應用則擴及至機器人手術、遠端醫療、視訊遊戲等。5G的超高速特性可以與電競、擴增實境（AR）、虛擬實境（VR）等應用結合，而低延遲則有助加速遠端醫療、遠距操控、物聯網、車聯網等應用的發展，多連結則是應用端最終的結果，民眾的生活將「無網不在」。

18 數據分析

　　數據分析不再單單只是一項技術，而是在這個資訊爆炸的時代裡，讓我們能掌握商機的好工具。阿里巴巴創辦人馬雲曾大膽指出，未來大數據將會比石油還貴，成為最有價值的事物。如數據分析可以協助行銷人員找出品牌操作上的盲點，更有效率地找出目標客群以及提供更貼近消費者需求的產品，最大化每一分預算的效益。由於智慧行動裝置普及，加上物聯網（IoT）相關技術趨於成熟，各種數據資料快速累積，如何分析數據資料，以進一步提供智慧化服務，已成為業者關注的焦點和未來發展的方向。在對應收費方面，將衍生出所謂「數據銀行」（Data bank）的業者，提供數據資料代管服務，讓個人提供的數據資料創造價值，如同錢存在銀行會生出利息，累積的數據資料也會產生收益。

19 區塊鏈與元宇宙

區塊鏈並不是虛擬貨幣，更不是資金盤。區塊鏈真正的概念是無法重塑，不可逆改，不可篡改，所以最主要是對你的資料做更完整的保護。區塊鏈最大特色就是「去中心化」，透過加密演算代碼，以及不斷增長的數位帳，建立一個獨立、不需中間驗證者，還能防篡改的技術，現在已經應用在虛擬幣、NFT上。未來人類如何把身份跟資產，轉到另個虛擬平行世界，區塊鏈被視為元宇宙一大基礎工程。什麼是元宇宙？元宇宙是整合AI、AR/VR區塊鏈等技術而成。元宇宙簡單說，它是屬於用戶自己的世界，可以快速表達信息、交互資產，並沉浸其中的具體場景。「元宇宙」打造的虛擬世界，不只是娛樂，還融合支付、消費、教育等現實生活場景的完整生態系統，除了AR/VR與遊戲產業外，也帶入5G、人工智慧（AI）、高效能運算等新興科技的技術。

20 複合平台

得平台者得天下，平台與平台之間可以進行更多元的整合，創造出更多樣化的複合平台，不僅可以提高轉化率，增加彼此更高的收益，還可以匯聚更多大數據，才是高平台的價值，形成更完整的生態圈。

了解這二十大商機方向，就能運用平行轉移的原則，把握創富的機會：「這裡有的那裡沒有，搬過去，那裡有的這裡沒有，搬過來」，讓同樣的商機在異地產生更大的價值，並做到「向上提升」，領先市場！

例如，馬來西亞「Mr.Farmer農先生」原是社區型的生鮮超市，農先生生鮮便利店在疫情期間，生意得到了爆發性的成長，這並不是新發明

的產業，其在中國早就已經有成熟的產業鏈，農先生只是直接做個平行轉移的概念引進馬來西亞，打造一個隨處可見的生鮮便利店，隨時可配送到府的線上線下整合超市！所以在全球疫情持續蔓延，吉隆坡更是嚴峻，持續二年鎖國與封城，所有的店家被迫長時間停業，即使是大馬100大企業、餐飲、旅遊業者等都無從招架，將近一年的無收入，卻要支付高額的人事店租等等的支出，再大再強的企業都難以僥倖逃過這場災難，而「Mr.Farmer農先生」是農產品販售，屬於民生必需品，可以正常營業不受限，當所有的商家無法營業，「Mr.Farmer農先生」卻能在這場疫情中前進佈局，發展壯大。

機會留給準備好的人，所謂好運，是當機會來臨時，你已經做好一切的準備。所以看準趨勢還得要認真努力準備！

為應對挑戰做更好的準備

　　我們看到趨勢了，找到了商機，隨之而來的是挑戰。2021年的確有很多的挑戰在你我身邊，經濟活動衰退了，短時間可能沒有辦法回到疫情之前的水準，大家更要去了解如何運用現在的宅商機，利用區域內的經濟迴圈來創造更大的價值，這是我們現在必須要去努力發展的方向。

　　為什麼實踐家教育集團能在大中國發展得既深又廣，多層次地布局素質教育，理由很簡單，因為中國的雙減政策一推出，造成這麼多的教師大量失業，光是能為這些人提供一個適當的出路，適當地將這些資源整合起來，將會非常強大。

　　我們在豐富的海洋裡面需要的是更多面對挑戰的準備，不要去害怕我們現在所遇到的任何一個困難。因為面對挑戰時，我們要瞭解挑戰，接受挑戰，肯定挑戰，喜愛挑戰，進而從挑戰裡去發展出更大的力量，扭轉出不同的未來。

　　人們經常會懷疑自己是不是真的能夠面對目前的挑戰？是不是真的能達成設定好的目標？是不是真的能解決目前的狀況？每個人應該都曾懷疑過現在的我是否有這個能力，可以去完成目前自己正在做、很想做的一件事。然而，其實只要你回顧過往的經驗，每個人都曾經有過某些100%成功的經驗，這些成功的經驗可以幫助我們繼續往前邁進。

　　你不必去懷疑、擔心自己做不到，我一直相信每個人都有能力創造出

屬於自己的成功。可惜的是，很多時候是我們自己忽略掉以前曾經成功過的經驗與過程，忽略了那些讓我們成功的方法其實現在也能使用，只是我們一直以為自己做不到。

你的財富來自 = 競爭優勢 （內在：知識＋經驗）× 商業模式 （外在：人脈＋資源）

知識和經驗造就你的競爭優勢，人脈和資源整合你的商業模式，你的成功跟成就，決定在你的優勢乘上你的模式。好好整理自己所學的知識，回顧自己成功的經驗，梳理自己的人脈，盤點自己的資源，把你的知識加上經驗，乘上人脈與資源才是你真正創造成功的核心關鍵。

過去的知識跟經驗的累積，是你最大的能量來源。我從六歲起想要幫助更多的孩子，到現在五十八歲，五十二年來一直不斷的累積，從十八歲從事育幼院志願者，至今不斷地累積，一路走來成就了今日的我，我建議每個人都可以回頭去看看你自己最想要的是什麼，你的興趣，你的能力，你的天賦，檢視那些你從小到大最喜歡做的事情，有可能就是可以發揮在你事業最大成功的關鍵。

生命經驗的累積都是有幫助的，一方面把好的經驗拿出來發揮，相對地，也要避免掉落在自己經驗的誤區。

每個人都必須要擁有他人無法取代的優勢，才能真正地站穩腳步，讓自己成為無法取代的人。這意思並不是你是天生與眾不同，而是你能做出與眾不同的事情；你的無法取代不是來自於你所擁有的，而是來自於你所付出的，關鍵就在於「你能夠給予別人什麼」。

你的競爭優勢

第一個來自於「對客戶而言非常需要，但是你的競爭對手做不到、不願意做、或者做得沒有你好的地方」，這些可能成為你的競爭優勢。

例如，說到披薩，大家都知道必勝客（Pizza Hut），必勝客披薩在世界各地都相當知名，可是很少人知道必勝客在早期的時候是不做披薩外送的，在必勝客不做披薩外送的時候，另一家叫做達美樂披薩（Domino's Pizza）的店出現了，在臺灣達美樂是只做外送的，達美樂究竟是怎麼做的呢？

在社會經濟程度發展越來越高，交通越來越擁擠，出門塞車的情況越來越嚴重，那麼在這種情況下，你認為「外送」會是短期市場還是長期市場呢？當然，會是長期市場。因為有越來越多的東西有外送服務，顧客需要外送，外送自然是一個長期市場。

那麼如果你要做到競爭對手做不到、不願意做、或者做得沒有你好的地方，要怎麼做呢？達美樂的做法是，他們在早期登陸臺灣時，只要你打電話叫披薩，三十分鐘之內披薩沒有送到的話，就是「免費」或者是「披薩兌換券」，現在則是外送超過三十分鐘未到，贈送一百元折價券。達美樂願意在速度這一點上做得好，優勢就是「比別人快」，就可以因為快而索取更高的價格。因為我的競爭對手可能做不到、不願意做、或者做得沒有比我好，所以「速度快」的這一點就成為他們的競爭優勢，他們只要把「快」做好就成功了。舉例來說，我相信一定有顧客需要的是更好的品質與服務，但是也有人做便宜的產品很成功，例如，在臺灣的大賣場，像是家樂福、大潤發裡面很常有「百元剪髮」的理髮店，新台幣一百元就能剪頭髮，非常便宜，但是會剪得非常精緻嗎？可能不會，因為這樣的店家就

是強調速度和低價，只要我的競爭對手做不到比我便宜、比我速度更快，那麼這就能成為我的競爭優勢。

未被解決的問題，未被滿足的需求，未被重視的尊嚴！

你的優勢也可以來自於未被解決的問題、未被滿足的需求、未被重視的尊嚴！沒有人能解決，而你能把它解決了，你就可以開創一個產業，甚至成為一個平台。

未被滿足的需求，例如一名身有殘疾的人想去旅遊，找旅行社卻四處碰壁，沒有旅行社願意收他，因為怕他個人的行動不便會影響了同團成員的行程。

這名殘疾人士自己有旅遊的需求，他想，別的殘疾人士可能也有旅遊的需求，所以他決定自己開一家旅行社，專辦殘疾人士的旅遊，雖然小眾卻也能創造出一個很大的平台。一般來說，殘疾人士約只占一個國家5%左右的人口。但是不要忘記了「小需求，大市場。」不要小看這個小需求，因為那是一個長期未被滿足的需求，反而是一個更大的市場。

比如說老人家，他們外出工作並非為了生計而掙錢，除非少部分是家裡非常貧困以外，大多數他們選擇退休後再工作，是為了證明自己還有用。所以如果你能提供給老人合適的事業，創造第二春、第三春的工作機會，他們會工作得相當來勁且快樂的，效率自然也很高。

還有你知道青銀共居嗎？廣義的青銀共居可以指在一個社區之中住著長者與青年，彼此互相照料。狹義的青銀共居則是長者和青年互相為「室友」關係，住在同一個屋簷下，平時可能一起吃飯、一起打掃、共同分享某一部份的生活。老人家提供房子，他有三個房間，自己住一個房間另外兩個房間給年輕人住，年輕人付比較少的租金，可以和老人家共同生活，甚至幫老人家處理、解決一些生活上的基本採購等等問題，一起用餐，將彼此的優勢整合，這也是很有價值的發展路徑。

不可被取代的專業能力、非常受歡迎的性格特質

競爭優勢也可能是來自於「不可被取代的專業能力」，或者是「非常受歡迎的性格特質」。有些人會說他從事的工作很普通，很難擁有不可取代的專業能力。其實這是一種誤解，不可被取代的能力並不一定來自於特殊行業，無論你處於多麼普通的行業中，都可以憑藉自己超出眾人的能力而成為不可取代的人。

每個人可以仔細想一想你身上有哪些不可被取代的專業能力，或者非常受歡迎的性格特質？舉例來說，如果你有最強的銷售力，最強的領導力，最強的管理力，最強的研發力……等不可被取代的專業能力，或者你有非常受歡迎的性格特質，如特別積極樂觀、熱情自信，特別喜歡與人為善、樂於助人……等這些都可能是你的競爭優勢。

　　例如大家都希望跟清廉正直的人交往，如果你是這樣的人，就可以擁有比別人更多的合作機會。所以，即使你不具備出眾的能力或才華，也同樣可以憑藉自己優良的性格或品德而獲取更大的競爭優勢。

　　即使只是「人口比較多」這個特色，可能就是一種競爭優勢。例如，印尼人口超過2.7億，為世界上人口第四多的國家，那麼靠著足夠大的人口紅利（demographic dividend，意指：在一個時期內生育率迅速下降，少兒與老年撫養負擔均相對較輕，總人口中勞動適齡人口比重上升，從而在老年人口比例達到較高水平之前，形成一個勞動力資源相對比較豐富，對經濟發展十分有利的黃金時期），就有更多的企業如果是做消費性的產品，他們可能就願意到印尼來投資。正如富勒博士（Richard Buckminster Fuller）告訴我們：「只要你願意為更多的人提供更好的服務，你就能創造更大的財富。」許多人抱怨現代社會中競爭太激烈，機會難覓。其實，機會隨時都可能出現，只是一般人不善於發現。

　　機會在哪裡？自己和他人需要的東西就是我們實現夢想的地方。透過滿足別人的需要，我們也能實現自己的夢想。你在滿足別人需要的時候，就是在給自己創造更大的機會和財富。相反地，有些人對顧客提出的超出常規的要求置之不理，他沒有意識到，他拒絕的正是自己可能開發出的新市場。

　　所以，不要只關注自己的需要，更要關注別人的需求。知道自己缺少什麼，可以幫助我們提升自我能力，而滿足別人所缺少的則可以幫助我們創造財富。任何人只要找到一、兩個競爭優勢，並且認真、努力、全力以赴地去做好它就足夠了，當你把這個優勢做得最突出，那麼別人就會因為這一點主動接近你，你就能夠創造更大的價值效益。

每個人都要問自己：有什麼地方是你可以跟別人不同的；問自己你在做什麼？你在為誰做？你有什麼與眾不同？能回答這二個問題也能找到特別的競爭優勢。

例如，達美樂披薩當時進臺灣的主推宣傳是：全台最快的外賣披薩！以此來分析，我是做什麼的？賣披薩的；為誰做的？想叫外賣的；有什麼與眾不同：我是最快的。

所以找到自己最重要的那一個特點就可以突出你的優勢。

▶ 寫下學習「財富趨勢、發現與挑戰」的收穫。

▶ 你準備如何落實在自己的工作跟生活當中。

▶ 想一想你有什麼樣的知識和經驗，可以成為創造財富的根基？你要如何經營自己的人脈和資源？

Chatper
4

富中之富之
工作有系統

明確願景，帶出高效團隊

不論你是一家企業也好，是個人也好，你都要把自己看做一家企業，你就是自己的CEO，每一個人都是以自己為名這家公司的CEO。不管是個人企業還是幾個人、幾十個人、幾百人、幾千人、幾萬人、幾十萬人的企業，都要先確定使命與願景。

使命（Mission）是什麼？使命是組織（公司）存在的目的，使命是想要解決的問題，要能讓自己知道——我為什麼存在？我存在是為了解決什麼問題？

有了使命之後，還要再看願景（Vision），願景是知道自己是誰以及想走到哪裡去，想要達到的目標與方向。將我想要解決的問題變成企業的目標和方向。

當大家朝著同樣的目標和方向往前走時，而我們是憑什麼往前走，靠著什麼樣的標準往前走，透過什麼方法往前走，這就是價值觀（Values），是企業（組織）前進的方式或方法。

使命：——為什麼存在？我想解決什麼問題？

願景：我是誰？我想到達這個目標跟方向，我怎麼走過去？

價值觀：──企業前進的方式或方法，依循的標準。

再一次強調使命是我為什麼存在，我想解決什麼問題，願景是我知道我是誰，要達到什麼目標來解決這個問題，那是我的目標跟方向。談到願景，實踐家的願景是「把世界帶進中國，讓中國領航世界」；阿里巴巴是「讓世界沒有難做的生意，為中小企業代言，讓小企業也能在平台上獲得價值」。可是我要走到那裡去，我要怎麼走，我要用什麼標準來做這件事情，朝這個方向邁進，所以價值觀就是你前進的方式或方法，你的價值觀決定你的路徑怎麼安排，標準要怎麼訂，怎麼自我要求？價值觀不同，方法當然就不同。例如，我願意幫助地球，我知道自己是地球村的一份子，我明白地球暖化對我的影響非常大，因此我的生活方式，我的企業都願意以更好的低碳環保方式來運行，因此你的企業就更重視ESG，ESG叫做企業永續投資（Environmental Social Governance, 簡稱ESG）。

「使命、願景、價值觀」這三件事情是每一個人或是自己的企業，或你身處的公司，都要先明確清楚了，才能往前走。

阿里巴巴

阿里巴巴是一個擁有電商、雲端計算、數字媒體和娛樂等服務的集團，1999年馬雲與十八位創始人在杭州自家公寓創立B2B電子商務網站──阿里巴巴。馬雲說：阿里巴巴集團的使命是要讓天下沒有難做的生意，阿里巴巴想解決的問題，成為了集團的重要使命。當時他立下的願景是：「我們要辦一家B2B的電子商務公司，目標有三個：第一，要建立

一家生存80年的公司；第二，要建設一家為中國中小企業服務的公司；第三，要建成世界上最大的電子商務公司。」他期望幫助中小企業在網路上發布訊息，促進海外交易。

2019年阿里巴巴集團正式迎接二十歲生日之際，宣佈全面升級使命、願景、價值觀，展開以文化、制度、人才為驅動力的企業傳承。阿里巴巴集團將堅守「讓天下沒有難做的生意」的使命，朝向兩大願景：不追求大，不追求強，追求成為一家活102年的好公司；到2036年能服務20億消費者，創造1億份就業機會，幫助1,000萬家中小企業盈利。將自身的發展目標立足於為全社會擔當責任、創造價值。

阿里巴巴為了達到成為一家能生存102年的公司的願景，要如何做呢？要秉持著什麼樣的價值才能做到這件事呢？就是阿里巴巴的價值觀，圍繞六大元素，統稱「新六脈神劍」。內容如下：

① 客戶第一，員工第二，股東第三

這就是我們的選擇，是我們的優先級。只有持續為客戶創造價值，員工才能成長，股東才能獲得長遠利益。

② 因為信任，所以簡單

世界上最寶貴的是信任，最脆弱的也是信任。阿里巴巴成長的歷史是建立信任、珍惜信任的歷史。你複雜，世界便複雜；你簡單，世界也簡單。阿里人真實不裝，互相信任，沒那麼多顧慮與猜忌，問題就簡單了，事情也因此高效。

中國的騰訊跟阿里巴巴推出了所謂的「健康碼」。每個人都必須透過微信跟支付寶這樣的APP，登記自己的真實姓名和住址，並同意平台自動記錄自己在過去14天的行蹤。如果系統判斷這個人是安全的，沒有被感染的風險，就會在手機上顯示一個綠色的QR Code，稱作「綠碼」；而如果系統判斷這個人有被感染的可能，就會顯示「黃碼」或是「紅碼」。人們在出入社區、商場、或是公共場所時，都必須主動出示他們手機上的「綠碼」，才可以自由通行。人們為什麼要配合阿里巴巴做這樣一個健康碼，這正是因為人們對阿里巴巴有了信任感，信任其後端整套系統的打造。

③ 唯一不變的是變化

無論你變不變化，世界在變，客戶在變，競爭環境在變。如果外在的環境發生改變了，而自己沒有跟著改變，那就活不了102年。我們要心懷敬畏和謙卑，避免「看不見、看不起、看不懂、追不上」。改變自己，創造變化，都是最好的變化。擁抱變化是我們最獨特的DNA。

④ 今天最好的表現是明天最低的要求

因為如果想活102年，我若是沒有進步，隨便別人一進步就會把我打敗了，我就沒機會，所以今天最好的表現是明天最低的要求，在阿里最困

難的時候，正是這樣的精神，幫助我們渡過難關，活了下來。逆境時，我們懂得自我激勵；順境時，我們敢於設定夢想與目標。面向未來，不進則退，我們仍要敢想、敢拼，自我挑戰，自我超越。

⑤ 此時此刻，非我莫屬

此時此刻，非我莫屬——這是阿里第一個招聘廣告，也是阿里第一句土話，是阿里人對使命的相信和「捨我其誰」的擔當。簡單來講，我就在這個位置上，在這個點上，我主動承擔所有的責任，去完成所有相關的任務，此時此刻非我莫屬，就是我自己願意承擔，就不會去推卸責任。

⑥ 認真生活，快樂工作

工作只是一陣子，生活才是一輩子。工作屬於你，而你屬於生活，屬於家人。像享受生活一樣快樂工作，像對待工作一樣認真地生活。只有認真對待生活，生活才會公平地對待你。

你所有的努力就是希望生活過得更好，所以要把生活擺在前面，就像Money & You提醒我們的，不要忘了大多數的人使用生命中大多數的時間在賺錢，而不是在規劃一個值得擁有的生命，所以「值得」非常重要。就算工作，你要快樂地工作，要賺happy money，如果你賺錢不快樂，錢跟著你也不快樂，所以happy money非常重要，要賺到真正快樂的錢。

以上就是阿里巴巴的價值觀，因為他們要做能活102年的企業，所以要認真生活，快樂工作，全公司上下都覺得自己很棒，才會持續參與。如果這工作環境是一個很不快樂的工作環境，那就沒有人願意留下來，也存活不了102年。

麥當勞

再來看麥當勞的使命——我要讓顧客滿意。這是麥當勞想解決的問題，因為一般人都認為速食店就是講求方便、快速，可能就顧不上讓客戶滿意。但麥當勞希望顧客除了可以享用到最快的餐飲，同時還能享受到人性化的服務，而這正是麥當勞「提供全世界最卓越的快速服務經驗」的願景。「人員」「顧客」「組織成長」是麥當勞達成願景的三大策略，而「人員」更是麥當勞最重要的資產，麥當勞的產品是經由「人」傳遞給顧客的，所以麥當勞是個非常重視「人」的事業。麥當勞還要達到令員工滿意，因為他們認為如果員工不滿意，就無法認真努力，真正用心地去服務顧客。

願景是如何達到目標的方法。麥當勞的願景就是——我以優秀員工和高品質的客戶服務，得到廣泛認可，成為客戶首選的公司。因為這裡就是最好，是一個充滿愛的地方，能讓大家隨時想到我。所以麥當勞要找最好的員工，用最好的服務品質，希望能得到顧客的認可，想吃速食就會想到麥當勞。

麥當勞的價值觀是——每個人都要尊重顧客，尊重自己，尊重別人。我要是正直的，每個人要能夠快樂，能夠讓大家更加肯定，讓顧客滿意，那就需要更強、更大的動能，每天做得更加卓越。

Apple Computer 賈伯斯

1997年賈伯斯再度執掌蘋果後，與克勞的團隊一同創造的廣告「Think different」被譽為百年內最偉大的廣告，以下是由Steve Jobs親自配音60秒的廣告詞——

Here's to the crazy ones. The misfits. The rebels. The troublemakers. The round pegs in the square holes. The ones who see things differently. They're not fond of rules. And they have no respect for the status quo. You can quote them, disagree with them, glorify or vilify them. About the only thing you can't do is ignore them. Because they change things. They invent. They imagine. They heal. They explore. They create. They inspire. They push the human race forward. Maybe they have to be crazy. How else can you stare at an empty canvas and see a work of art? Or sit in silence and hear a song that's never been written? Or gaze at a red planet and see a laboratory on wheels? We make tools for these kinds of people. While some see them as the crazy ones, we see genius. Because the people who are crazy enough to think they can change the world, are the ones who do.

向那些瘋狂的傢伙們致敬，他們特立獨行，他們桀驁不馴，他們惹是生非，他們格格不入，他們用與眾不同的眼光來看待事物，他們不喜歡墨守成規，他們也不願意安於現狀。你可以讚美他們、引用他們、反對他們、質疑他們、或者是詆毀他們，但唯獨不能漠視他們。因為他們改變了事物。

他們發明、他們想像、他們治癒、他們探索、他們創造、他們啟迪。他們推動人類向前發展。

也許他們必須瘋狂。

你能盯著白紙就看到美妙的畫作嗎？你能靜靜坐著就譜出動聽的歌曲嗎？你能凝視火星就想到神奇的太空輪嗎？

我們為這些傢伙製造良機。

或許他們是別人眼裡的瘋子，但他們卻是我們眼中的天才。因為只有那些瘋狂到以為自己是能改變世界的人，才能真正的改變世界。

這是1997年蘋果賈伯斯在向這些認為影響他非常重要的人表達致敬的用詞。賈伯斯認為我們應該讚美「Think Different」（不同凡想）的人，他們是推進這個世界前行的人，我們也應該向這些不同凡響的人們致以崇高敬意。在這則廣告裡，出現了一系列標誌性的人物，有政治家，科學家，文學家，社會工作者，藝術人士……各行各業，但他們都有一個共同的特徵：特立獨行，敢於在各自領域裡做大膽的創新、嘗試。他們都是誰呢？其中當然包括我們Money & You的精神導師富勒博士，而蘋果創辦人賈伯斯自己也成為了一個改變人們的不同凡響的人。

賈伯斯曾說過：「蘋果的核心價值觀在於，我們堅信有激情的人能讓這個世界變得更美好。我們一直有機會和這樣的人合作，和軟體開發者，和用戶，和你們，或多或少地在改變這個世界。我們確信，人們能讓這個世界變得更美好。只有那些瘋狂到以為自己能夠改變世界的人，才能真正改變世界。」

有很多人能看到我們自己沒有看到的地方，因此他們可以創造出我們所創造不出來的目標，達成我們沒有辦法達成的夢想。他們的使命比我們強大，他們的願景比我們高遠，他們的價值觀比我們還要堅持，比我們還要自律，他們的做事方法比我們還要與眾不同，所以他們能夠達到我們所達到不到的高度，就像蘋果一樣。

2007年蘋果iPhone手機問市，改變了人們對於手機的想像，如今人

人一手一台智慧手機，時刻離不開手機，而這樣的變化不過才短短十幾年。賈伯斯看到我們沒有看到的，他給出了一個不一樣的方向與未來。2007年至今，這十五年來，因為他的願景讓很多人的生活得到巨大的改變，變得如此的不同，我們現在只要靠手機就可以連接全世界，所以只有瘋狂到以為可以改變世界的人，才真的可以改變世界，賈伯斯真的做到了。

我們個人也一樣，你就是你自己這家公司的CEO。我們看別人只是一個參照，重要的是你也要寫下你自己這一家公司的使命是什麼，願景是什麼，價值觀是什麼？

看看別人想想自己，現在就問自己：你自己個人、你目前所在的公司、或你自己新創的企業，使命分別是什麼？這使命是你從第一天開始，一直堅持到現在的信念，而如今仍然還是當年那個初衷嗎？

以我自己來說，我六歲時候就立下了兩個目標，一個是將來長大以後要等妹妹出嫁後自己才成家，一個是要讓自己身邊所有生活困頓的家庭、孩子，不再被人欺負，這是我願意付出一輩子努力的方向。一路走來，我的使命就是要幫助更多的孩子，隨著時代的改變和能力的提升，我的願景是希望可以幫助更多的人可以過上富中之富的生活。所以，就有了「百萬領航教練，千萬圓滿家庭，億萬財富羅盤」這樣的目標，我們就是這樣一個步驟一個步驟地要求自己，而你也要以同樣的概念來實踐自己的目標。

我們到中國發展時，實踐家的願景是「把世界帶進中國，讓中國領航世界」，從2001年至今二十一年了，我們實踐家認真努力走在這條路上，將海外最好的資訊、資源帶到中國，再把中國最好的資源、資訊帶到海外，所有的團隊依然往這條路認真努力地堅持著。

那麼，你的願景又是什麼？使命要莫忘初衷，而你當初想解決的問題

還在嗎？願景則是那個目標、那個路徑，是你一直想要找到偉大航道，和你的夥伴、員工同心同路同行，只有同心才能走同一條路。問問自己，你的個人，你所在的公司，你的價值觀又是什麼？價值觀是你做事的準則，而這個價值觀有沒有成為你們全體夥伴的共同文化？大家是不是有同樣的觀念，同樣是這樣在做事、做人，你們所做的一切是不是秉持著同樣的價值觀？

理查‧布蘭森

一個真的想要改變世界的人，會受到很多的打壓，你會覺得很奇怪，為什麼電動車這幾年才開始商品化、產業化？其實很早人們就可以把電動車做出來，為什麼不普及，因為涉及到石油能源，這會影響到太多人的利益。可以說，每一個新的突破改變，都要打敗掉許多的既得利益者才有辦法做到。

理查‧布蘭森爵士（Sir Richard Branson）是維珍集團的創始人兼董事長，是我非常尊敬的一個企業家。2021年七十一歲的他，成為人類商業旅行去到外太空的第一人，他從以前到現在始終是一個改變自己，改變世界，並以此為目標的人。當年之所以會有今天的維珍航空，緣由還是因為自己搶不到機票所致，自尊心甚高的布蘭森當然無法忍受，於是他租下了一部波音747客機，開始他的航空事業，為對抗他當時最大的敵手英國航空，布蘭森可說奇招盡出，無所不用其極，除了大玩Cosplay親自上陣服務VIP顧客外，打出了超低票價策略外，更提供了各家航空不敢造次的戰爭救援服務，例如：前往伊拉克救援英國同胞，更讓維珍大西洋航空達到史無前例的高峰。

　　1978年二十八歲的理查‧布蘭森，因為被航空公司取消了他晚上飛往波多黎哥的航班後，被困在機場，因此他做了所有偉大企業家都會做的事，他化沮喪為行動，決定租一架自己的飛機，不過他不準備獨自離開，而是與其他一樣被取消了航班的乘客分攤費用。於是他為他的航班做廣告，經過一段時間的招募，布蘭森正式售出了他的第一趟航班，當時坐在布蘭森旁邊的一位乘客給他一個啟發，他對布蘭森說如果服務服務能再提升，布蘭森就可以進軍航空業了，這個想法引起了他的興趣。

　　第二天他就諮詢了波音公司。當布蘭森和他的創業夥伴討論進軍航空業時，他的夥伴都覺得很荒謬，沒人認同他，認為英國航空在當時是不可撼動的航空龍頭。就連布蘭森也不得不承認，這對他的職業生涯來說是一次巨大的改變，畢竟賣黑膠唱片與挑戰競爭激烈的航空業，不是一回事，但激發布蘭森對航空興趣的不僅僅是一時的熱情，最重要的是他想改變這個提供低劣服務，不合格食物，沒有娛樂、忽視乘客感受的航空業。

　　布蘭森想創辦一個娛樂與商業共存的航空公司，但是購買一架747，即使是二手的也是一種冒險的嘗試，布蘭森成功說服波音公司：同意布蘭森租賃飛機12個月，如果一年後事情未如他所希望的那樣發展，布蘭森可以將飛機歸還波音公司。但由於只有一架飛機，只有一條航線，布蘭森在飛行方面處於劣勢。

　　相比之下，英國航空擁有三百多架飛機，英國航空公司董事長約翰金勳爵曾經評價三十四歲的布蘭森玩搖滾太老了，玩航空又太年輕，但是他說得太早了，維珍公司第一年營業後，布蘭森與波音公司續簽了租約，幾年後又為他的機隊增加了一架飛機。

　　約翰金勳爵感到沮喪的是，曾經被他忽視的競爭對手是一個可怕的威

脅，如果沒有布蘭森，英國航空公司早就享有壟斷地位了，英國航空公司忍受不住了，從英國航空的角度來看，廣闊的天空只能容納一家航空公司，其董事長召開了一次緊急的秘密會議，拋開所有的道德操守，英國航空公司成立了一個秘密的臥底小組進行調查，他們攔截維珍航空的預定，並聯繫競爭對手的乘客，假扮成維珍公司的員工，通知乘客航班被取消了，重新安排搭乘英國航空的航班，約翰金還雇傭了私家偵探來監視布蘭森，甚至在他的垃圾裡搜尋任何能攻擊維珍航空的素材。

布蘭森從代理商那裡知道了英國航空骯髒的伎倆，他需要擊落這樣的卑鄙詭計，一勞永逸，在他把案子上交法庭之前，他需要足夠的財力與英國航空公司的法律團隊周旋，懷著沉重的心情，布蘭森面臨著他整個職業生涯中最艱難的選擇，不是賣掉唱片公司，為自己的官司籌集資金，要不就灰溜溜地退出航空市場，最終他的唱片公司被百代公司以近10億美元的價格收購。有了金援，布蘭森就以誹謗罪將英國航空告上了法庭，事實證明布蘭森的選擇是正確的。在1993年12月布蘭森取得了勝利，約翰金選擇庭外和解，並支付了一筆100萬的賠償金和300多萬的訴訟費。英國航空公司也被要求公開道歉，理查·布蘭森的成功故事告訴我們，不要害怕與現有的體制逆行，要有大膽挑戰現狀的創舉。

布蘭森看到了別人沒有看到的機會，大膽嘗試去解決問題；大部分的人如果飛機被取消了，大都會被動接受這個現狀，但他不僅租了一台飛機，還幫助更多人可以如期飛到要去的地方，這是很不一樣的思維跟做法。而他在面對行業巨頭英國航空竟然做出這麼多令人難想像的不堪行為時，他大膽站出來與之對抗並堅持做正確的事，也給自己帶來更多成功的機會。

　　我想告訴各位，一旦你有一個你想要完成的事情，沒有任何東西是你做不到的，問題是你當時為了什麼而創業，為了什麼而去做這份事業，你是不是直到今天為止，依然是莫忘初衷，不忘初衷，方得始終。

　　青年時期，我曾經去非洲當過志願者；我也曾在河南和安徽當過志願者，幫助過很多的孩子，對我來講，孩子是沒有國和地區的差別的，全世界的孩子都是改變未來最重要的力量，我認為孩子只要有機會獲得好的教育，未來世界就會改變，所以我強烈要求我們的領航教練，都要一對一地幫助每一位窮困的孩子，要讓他改變他的未來。右邊的照片是我在非洲難民營工作時拍攝的，是營區內唯一一棟堪用的房子，是給難民營裡的孩子上課的地方，上面寫著的這段話——我們的孩子是未來希望的花朵，帶給我相當大的震撼！不管環境多艱困，孩子的教育是最重要的！

　　很多人的窮，不是財富的窮，很多有錢人的孩子是心理貧窮，是心靈匱乏，有錢人家裡的孩子，不見得比非洲難民營的孩子快樂，是不是？所以我們希望全世界一視同仁地幫助更多的孩子真正過上更平衡的生活。

　　實踐家教育集團第一個十年專注在企業家和青少年培訓，第二個十年專注在投資學員和青少年培訓，第三個十年我們要把所有資源整合在一起，去幫助更多青少年做好教育，為未來培養更多卓越的青年領袖，因為少年強則國強，少年富則國富。

　　我們為什麼那麼熱忱做教育？我們真心相信教育可以改變一切，教育

可以改變未來。而我們有一群可以彼此幫忙的夥伴，我們有更大的能量和資源，一定可以和大家一起改變這個世界。

　　我真心希望你變有錢，希望你擁有更多財富，因為你有了財富之後，就有了重新分配財富的權利，能用你的財富去幫助更多其他的人，讓這個世界變得更不一樣。

　　我們一定可以的，只要just do it，你要願意去開始，只要你有那個想法有意願，一切皆有可能。我要做的事情是生命影響生命，財富創造財富，一起幫助更多人成為富中之富！

只要目標在，路就不會消失

當我們的使命、願景、價值觀非常清楚之後，就要朝著目標，制訂完整的計畫，持續實踐前行。

目標就是專注的自我引導，只要目標在，路就不會消失。有目標，內心的力量才會找到方向。漫無目標地飄蕩，終歸會迷路，而你心中那一座無價的金礦，也將因不開採而與平凡的塵土無異。所以重點是：只要目標在，路就不會消失。只要你有目標，你前進的路就會永無止境，就永遠不會有盡頭。而達成目標的方法有很多種，設定的路徑也不是只有一條，當我們可以適時地做出修正的時候，反而比一條路直接通到底，更能夠輕易地達成目標；條條大路通羅馬，而不是只有唯一的一條路，過度的執著，不懂得做出修正，反而無法達成原來設定的目標！

目標的重要性

如果你不知道
自己要去哪裏，
今天你在哪裏都不重要！

大多數的人之所以無法達成目標，是因為他們一開始就毫無目標。大家都有看過愛麗絲夢遊仙境吧，故事中的愛麗絲迷路了，她在森林裡遇到兔子，她問兔子說：「兔子兔子，我現在在哪裡？」因為她看不到自己，不知道自己

在哪裡，兔子則反問她：「請問你要去哪裡？」愛麗絲說：「我也不知道我要去哪裡。」兔子說：「如果你不知道你要走到哪裡去，那麼你現在在哪裡一點都不重要」因為沒有目標，就沒有相對距離，你現在在哪裡，一點都不重要。

大多數的人會花時間去辦party、去度假，也不願意去規劃未來的生活，所以他永遠只能享受短暫的快樂，無法擁有明天長遠的幸福。

目標要如何來定呢？以下是制定目標的smart法則：

1. S 設定明確（Specific）的目標

2. M 設定可衡量（Measured）的目標

3. A 設定可達成（Achievable）的目標

4. R 設定踏實（Real）的目標

5. T 設定有期限（Time）的目標

① S是Specific，設定明確的目標

舉例：如果只是設定目標做教育，這就不夠明確。但如果是設定成在北中南東各地一共舉辦50場講座就相對明確了，設定的一定要是明確而且清楚的目標，比如我想出國旅遊，不明確。但如果是說要去加拿大看極光，就相對明確了。

② M是要Measured，設定可以衡量的目標

舉例：如果你說要去走中橫，那只是走路，走幾公里不清楚，但說四天要走108公里就可以衡量了，也相對明確。同時可以再仔細規劃第一天要走30公里，第二天走40公里……，每一天都可以算出來要走幾公里，這叫可衡量的目標。

③ A是設定可達成的目標，Achievable

很多時候我們目標喊得太高了，反而達成不了。我認為訂定超過自己能力10%到20%左右的目標，是可以提昇自己，而且可以有效達成的可能目標。

④ R是要設定踏實的目標，Real

有時候你的目標可能太縹緲虛無了，你現在說你個人立刻想去火星，可能不一定做得到。如果設定的是一個太不著邊際的，可能做不到，連自己都會隨之失望、沮喪。因為絕大多數的失望、沮喪是因為設定的目標沒有做到。

⑤ T是Time，設定有期限的目標

例如設定目標要徒步108公里；可以，但如果沒有設定期限，可能一輩子都做不到。很可能你現在躍躍欲試，但隔天起床你就忘了這件事，因為如果你沒有定下期限，就沒有要完成的壓力，就會一天拖過一天。

目標設定從要能到明確的、可衡量的、可達成的、踏實的、有期限，同時設定有凝聚能力，而且能通過雙贏考驗的目標很重要。丹尼斯‧魏特利（Denis Waitley）博士說：「樹立目標的最大價值在於可以避免浪費時間，避免漫無目的地瞎做，使你能集中精力去達到理想的目標。」

舉例而言，我非常明確地知道百萬領航教練，是可以衡量的，是可以達成的。理由非常簡單，因為我知道生命影響生命的力量。因為我們的「富中之富發現之旅」參加學員已經從每期476人→1111人→2020不斷

倍增，我們很快就能發展成為一個龐大的學習平台，而能這麼多人來學習，就有相對比例的人想幫助更多人改變，他自己因學習而得到收穫後，也會希望幫助到身邊的人。

我相信倍增的力量，我相信從100個教練、200個教練、400個教練、800個教練、1600個教練的力量，我相信路就在前方，我相信我們一起能做到。所以五年之內我們一定可以達到第一個目標10萬領航教練，十年的目標是達到100萬。所以未來十年後的理想生活就是100萬領航教練幫助1000萬個家庭，世界上有億萬人參加「富中之富發現之旅」創造更多的財富，我們一定要幫助上億的人們改變他們的生活，達到富中之富的人生。

知識基礎

有了目標之後，要去找到你的啟蒙導師與你想仿效的對象，每個人都有自己學習的導師，帶領我學習領航教練的老師當然是丹尼斯·魏特利博士；帶領我進入社會服務奉獻的老師是證嚴法師；思維啟蒙讓我看到未來的老師是富勒博士；讓我學習一名老師應該有的風範，也是我的學習標桿，是我的大學校長楊其銑校長。每個人都要想想你最尊敬的老師是誰，找到一個這樣的導師，作為你的典範，用一生去學習。

接著要檢查你的知識來源，當你開始向別人分享的時候，你要發現你分享的資訊來源是對的還是不對的，如果你分享的是錯的，那不就是害到別人了嗎？你要去收集更多正確的資料，整合更多的資源去幫助別人。你要隨時滾動學習，持續學習，持續成長。也要建立你自己的人際網路與影響力，讓更多人跟你一起成長，影響更多人跟你一起來學習。

維克多·弗蘭克（Viktor E. Frankl）是個在二戰時期經歷過納粹集

中營的倖存者，他同時也是一位神經學家暨心理醫生。《活出意義來》這本書是他在集中營倖存下來的真實經歷。從1942年至1945年期間，他曾是奧斯威辛（Auschwitz）和達豪（Dachau）集中營裡的囚犯，他的父母、妻子及兒女都死在其中。

1942年，弗蘭克與未婚妻舉行了婚禮。同年9月，他和家人包括他的新婚妻子一起被納粹逮捕，關押在捷克波希米亞地區北部的納粹集中營，他的父親沒多久就因為飢餓死於波希米亞。1944年和妻子一同被送往波蘭奧斯威辛集中營，其母親也被送至此並死於該地毒氣室。後又輾轉至德國考弗靈（Kaufering）集中營、圖克海姆（Türkheim）集中營。他的母親和兄弟在 1944年被納粹殘酷地殺害。而他朝思暮想的妻子則於納粹投降前死於德國伯根-拜爾森（Bergen-Belsen）集中營。

維克多・弗蘭克在集中營中度過了三年時間，戰爭結束後，他回到維也納才發現他的家人都在納粹集中營死去，唯有他因為醫生身份而被認為有用才倖免於難。他的親人中只有妹妹倖存了下來，她是通過移民澳大利亞而逃脫了死亡。

毒氣室、焚燒爐、非人的虐待、繁重的勞役……這些都是集中營的關鍵詞。而弗蘭克之所以能成為倖存的奇蹟，除了他醫生的身份、樂觀的心性外，更多的是對妻子深厚的愛給了他力量，讓他在這種極端的環境中通過回憶愛人獲得慰藉和滿足。弗蘭克說自己在集中營期間無時無刻不在想念自己的妻子，渴望著有一天能夠與妻子重逢，也正是對妻子的思念支撐著他活了下來。因此，在集中營裡，維克多・弗蘭克想盡辦法努力讓自己活著，憑藉自己是醫生的身份幫助別人。靠著「想活著出去見到自己的家人」這樣的目標信念讓弗蘭克，以堅強的意志力在集中營裡活下來了。

設定目標，不斷修正

你的目標要能讓你高高興興地活著，試著想想，你最希望留給孩子們什麼樣的回憶？也就是你想努力達到什麼境界，你希望你的後世子孫怎麼回想到你，對你留下什麼樣的印象？你最希望你這一生奮鬥到最後，得到的結果是什麼？你希望在後世子孫心目中是怎麼樣的一個人？立下什麼樣的典範？

如果要為你的一生寫一句標題，那會是什麼？──一個改變世界的人，一個金融業鉅子，基礎工程的奠基者……，你希望你的人生標題是什麼？那就是你這一生為之奮鬥的目標，是我們一直在強調的「假裝做到好像是」的成功畫像。然後你要如何做好專注的自我引導，完成你的目標，過好你的人生，活出你自己最想要的樣子。

每一台鋼琴在出廠的那一刻，所有聲音都是調到最佳狀態；然而，在使用的過程當中，甚至長期放著不用的情況之下，絃音都會走偏；因此，需要定期乃至不定期的，一直不斷地修正、不斷地調音。人生的目標也是如此，唯有不斷地修正，才能持續維持在最佳的狀態，最終達成目標！如果沒有持續做調整，只是朝著目標埋頭苦幹，遇到麻煩的時候，不懂轉個方向做個修正，還硬要去衝撞，自然就會浪費更多的時間，而且還無法達到目標！

我們在選擇目標並去做的過程，一定有很多需要修正的地方，會有太多的變數和不同的挑戰，需要我們因應現實的環境與意外的因素，不斷做出調整、

從地球發射火箭航向月球，只有3%的時間在正確的軌道上，另外97%的時間都在不斷的修正。

修正，而我們做的每一次修正都會影響改變，改變我們的未來。

Amazon創辦人貝佐斯（Jeff Bezos）認為掌握七成的資訊就可以做決定了。而且立即修正、調整錯誤的速度也很重要。因為一個錯誤的決定總比沒有決定好，而且從來就沒有所謂的最終決定。若是堅持要等到九成資訊到手再做決策，就慢了。速度在我們這個快節奏的世界至關重要。無論是在工作中還是在家裡，如果你不趕快做出決定，你就會錯過很多機會。你掌握的資訊越多，你就會越猶豫不決。這就是所謂的「決策癱瘓症」，但「70%法則」可以幫助你打破這個困境。

比起做出正確決策，快速察覺和修正壞決策可能更重要，錯誤的代價也比想像的低。貝佐斯說：「如果你擅長修正方向，那麼犯錯的代價可能比你想像的要低」他說自己也不是什麼料事如神的諸葛亮，他承認自己是「在許多錯誤中成長」。亞馬遜的精神也鼓勵員工嘗試，並且願意為錯誤承擔。

就像全球都面臨著新冠肺炎的挑戰時，全世界的醫療團隊、研發團隊，都不斷地在嘗試，不斷地在修正，為了要找出最好的治療方式、開發出最有效的疫苗和治療的藥物！

所以無論你過去經過多少嘗試，犯過多少錯誤，設定多少目標，有的有達成，有的完不成……，都沒關係，只要出發就能到達，只要啟動就能完成，實踐目標的過程或許不一樣，最後到達的樣貌或許有所不同，但絕對不要因為擔心而不出發，凡是出發必能到達。

有關目標設定，問問自己你一年之內一定要達成的事業目標是什麼？

一年之內一定要達成的一項個人的目標是什麼？

問問自己五年以後會過的什麼樣的生活，想做到什麼，成為一個什麼樣的人，成為一個什麼樣的狀態？我真心希望在財富海洋平台上的每一個

海洋聯盟、海洋團隊和領航教練，五年之後都能過得輕鬆自在，享受富中
之富生活的喜悅，成為一個生命影響生命，財富創造財富的人。

➡ **一年內一項事業目標**

➡ **一年內一項個人目標**

➡ **五年以後，我但過得_____，**

➡ **享受_____，**

➡ **成為_____。**

你要把自己的目標很清楚地寫出來，你才能認真的往前走。一年內的
事業目標、個人目標，五年之內的生活樣貌都要清清楚楚、完整規劃，你
的目標要明確，因為你的心智只會處理明確的目標，而不是模糊的想法，
你心裡會不斷重複將那個鮮明的想像視為現實，因為只要目標在，路就不
會消失，因為有了想法就會影響你的態度，影響你的行為，最後得到你的
結果。不要去想有一天我將會如何，把能掌握的現在統統交給了未來，你
一定要真的開始去做、去執行，美好的未來才會來，規劃的同時就嘗試去
做，做了之後再修正，然後持續做與修正，直到成功。

把挫敗當挑戰

通往成功的道路上、走向目標的過程中，無可避免的當然會遇到挫敗，誰沒有遇過挫敗，遇到挫敗怎麼看？遇到挫敗怎麼去戰勝它？我們要把挫敗視為挑戰，這樣你的態度就會是積極的，而且勇於承擔，敢於挑戰。不要害怕挫敗，而是瞭解挑戰，接受挑戰，肯定挑戰，喜愛挑戰，從挑戰裡面發展出更積極、更強大的力量。

我瞭解我目前有一個什麼樣的挑戰，例如，「我被退學」這件事是我內心非常大的自我挫敗感，我「警覺到並接受」，我接受了退學這個挑戰，我肯定在「我被退學」這件事一定是要教會我什麼，因此我知道專心跟學習的重要，甚至我愛上這個挑戰，雖然被退學，我告訴我自己提早半年離開學校，就等於提早半年進入社會，我反而有更多的機會去提早創造自己的事業，所以我才能夠從退學這個過程去發展出更多的力量，最終成為同一所大學的講座教授！

走過的每一步路通通都算數

父母家境清寒只能完成小學學歷，從沒到過我就讀的學校，第一次來就因為兒子被退學。從那時起我狠狠發誓，今後再也不回學校，除非有兩個例外，一是回來當老師，二是接受頒獎表揚。

誓言經過多年終於成真。在被退學第二十八年，我獲頒美國的奧克拉荷馬大學的榮譽企業管理博士，在被退學之後的第二十九年，我回到東吳大學，獲頒了傑出校友獎。

當我「肯定」這個時候發生這件事一定能對我有所幫助，也是提醒我專心讀書真的非常重要，不要只熱衷做社團活動。

再來就是「喜愛」，你會想「怎麼可能？你喜愛退學？」沒錯，你要自己告訴自己：「我被退學了，但是我的大學只要唸三年半，別人要唸四年。」你從好的方向去看待這件事。最後是，「發展」，我才有辦法從一個退學生，到今天成為一個學校的老師、成為創辦學校的人、成為教育的工作者。我不僅實現了原來的目標，而且還超越了它們。可見，生活中挑戰越大，幫助越大。

生活就是要學會和挑戰相處，把挑戰當成好朋友。遇到任何挑戰不要被挑戰打敗，在邁向目標的過程裡面挑戰是必然，從了解挑戰，到接受它、肯定它、樂觀地喜愛它，然後從中發展出更多的力量，才能讓你一步一步創造更大的價值。

面對挑戰的時候，我們應該問問自己，我是不是又沒看到在與眾不同的差異點，可以如何做得更好，可以如何更有力量，更有能量地來面對並創造更大的價值！

馬斯克（Elon Musk）是當今最炙手可熱的科技領袖，是特斯拉創辦人與CEO。三十一歲就成為億萬富翁，製造出世界價格最低的運載火箭和第一輛在商業上獲得成功的電動汽車。馬斯克說過的一句話：「失敗也是一個選項。如果你沒有失敗，那意味著你的創新精神不夠。」

馬斯克說：「有人認為我喜歡失敗。但誰會喜歡失敗呢？失敗是可怕的。但是如果你只做肯定能成功的事情，那你只會做十分稀鬆平常之事，

對不對？」在馬斯克眼中，失敗不僅是一個選項，而且是一個有趣的選項，一個有價值的選項。

馬斯克的想法都非常瘋狂，比如大部分人都不會想製造火箭，因為成功機率太低又燒錢。雖然他知道成功率只有10%，但他還是想去做。2002年，馬斯克在PayPal的收購中賺了1.6億美元。他帶著移民火星的夢想，用1億美元創辦了SpaceX，開始研究如何發射火箭到太空。2006年3月24日SpaceX發射了第一個火箭，但很不幸的不到25秒，火箭便在空中爆炸，這無疑是對SpaceX和馬斯克的重大打擊。之後在2007年和2008年SpaceX又相繼發射了兩個火箭，結局一樣都是爆炸之後掉入海中，這讓公司內外都感到很失望。馬斯克面對在場的員工平靜說道：「我們體驗到了火箭到達地球軌道的艱難，這就是火箭科學。現在我想給大家最重要的信息，SpaceX不會是緩慢向前的節奏。SpaceX必將成功發射，實現可靠的太空運輸。」他依然樂觀，不放棄，宣布公司將繼續進行第四次發射，籌備第五次發射。這次的挫敗讓馬斯克差點破產。幸運的是，SpaceX的第四次火箭發射成功，暫時解除了SpaceX的破產危機。後來，公司從NASA獲得了一份價值16億美元的合約。

由此可以看馬斯克的內心夠強大，並不是無知者無畏的人，而是完全清楚有什麼後果，而且能坦然面對失敗與挑戰，所以馬斯克被人們形容是一個「清醒的瘋子」。

而馬斯克的經營理念，也讓不少創業者腦洞大開，激發出更多的、新穎的經營模式，但對馬斯克來說，賺錢可能只是工具，他不愛錢，他或許只是單純地想用錢來實現他的太空夢，上火星去。如果有一天馬斯克真能做到他想做的這些事的話，我們的生活是不是會到達一個完全不一樣的樣貌？他是不是也在承擔著改變世界、改變未來的工作？

　　失敗並不可怕，真正可怕的是在失敗後失去信心與在挑戰的勇氣。馬斯克的魅力在於，他總能將人們眼中的不可能化成可能，遇到失敗時，也總是第一個跳出來承諾會解決問題，並付諸行動。

　　每個人從自己的工作上也都有機會來改變自己、改變別人，做到生命影響生命，財富創造財富。

　　沒有所謂好運的人，像前文提到的馬斯克的人生經歷是很多失敗和成功交雜在一起，所以不用去擔心，因為一切東西都是積累而來的。所謂好運，是當機會來臨時，你已做好一切的準備。別去羨慕別人的運氣，而是要看清楚自己是否有付出對等的準備。

　　所謂公平是當困境發生時，仍能活出生命的尊嚴！就像馬斯克他遇到各種困難，他是如何繼續堅定地去面對，用成績來說話。所以只要你真的有一個目標在，就算你是一個小孩，一個學生，你依然可以繼續的前進，只要願意去努力去付出，你就有可能改變。

你有多自律就有多成功

　　你是否困擾目標常常換來換去，或是總是做到一半，覺得很辛苦就放棄了，老是「三分鐘熱度」。

　　美國企業管理顧問Ron Alford 認為「一切頂尖的成就都來自卓越習慣的養成。」然而多數人雖然都清楚良好的習慣是什麼，但只有少數人能真正做到。成功沒有什麼秘訣，只不過是能夠堅持而已。

　　想要培養好習慣，就要自律。自律才有自由，所有的癥結都是因為你無法鞭策自己。你要透過反覆的行動，建立自己有效的好的習慣，透過心智最強的力量，每天和自己正面對話，進入勝利的循環，不要掉入負面的循環。

高效能人士的七個習慣

　　《高效能人士的七個習慣》一書是由史蒂芬‧柯維所著，書中談到的七大習慣：積極主動、以終為始、要事第一、雙贏思維、知彼解己、統合綜效、不斷更新。培養這七個習慣可以幫助並且改變我們的生命、豐富我們的生活。

　　知道並不等於做到，只有做到才能讓知道的東西變成具體的行動帶來

明確的結果，行動就是力量！行動的關鍵就是從這七大習慣做起——

☆ 習慣一：主動積極

對待生活、工作的態度主動積極。專注做好你能控制的事，造成影響，不被影響。主動積極的人是改變的催生者，能透過自覺、良知、想像力和自主意志來創造改變，積極面對一切。積極主動不僅僅表現在積極思考上，更重要的是行為上。像前文的維克多·弗蘭克，他積極主動，為自己的命運負責。他明白命運掌握在自己手裡，雖然無法離開集中營，但他可以掌控自己的想法。主動的人只做可能之事。他們瞭解自己能做什麼，然後去做。通過行動，他們可做之事也越來越多。

☆ 習慣二：以終為始

從開始就要清楚知道自己的目標，寫好自己的人生腳本；個人、家庭、團隊和組織在做任何計畫時，均先擬出願景和目標，並以此塑造未來，全心投注於自己最重視的原則、價值觀、關係及目標之上。想像你在自己的葬禮上，別人是如何評價你。你滿意別人所說的嗎？你希望被別人因此銘記嗎？如果不想，那麼請改變。確定自己需要改變什麼，想要變成什麼樣，制定自己一生的任務書，然後堅持到底，令生活充滿意義。

☆ 習慣三：要事第一

次要的事不必擺在第一，要事也不能放在第二。運用20／80法則先做最重要的事。很多人都疲於應對緊急情況，從不肯努力培養規避緊急情況的能力，不能夠「自我管理」。總是將重要性與緊急性混為一談。緊急

性顯而易見，但是重要性卻不容易發現。時間管理、自我管理的關鍵就在於把自己的大部分時間都用在處理重要而非緊急的事情，而不是忙於四處救火。不要讓時間表被工作占滿，要確保你為重要的事情預留了時間。

✪ 習慣四：雙贏思維

雙贏思維是待人處事的原則。人生不是零和遊戲，每個人都可以是贏家。要能做到你好，我好，大家好！「雙贏」使人人受益，目的是更豐盛的機會、財富及資源，而非敵對式競爭。在輸贏關系中，只有一方會勝利，另一方必定受傷。雙贏者把生活看做一個合作的舞台，而不是一個角斗場。高效能人士總是尋求去做雙贏之事，因為世界上許多事並非是非此即彼的，競爭中也有合作，利人才能利己。

✪ 習慣五：知彼解己

知彼解己是有效的溝通技巧。人人都希望被了解，通常急於表達，而往往忽視了傾聽。我們要適時扮演知心人，優先理解對方的立場，設身處地傾聽，才能更深入地了解他人，再讓別人也來瞭解自己。要發展雙贏的關係，就必須瞭解對方所想所需。別自以為是，學會傾聽，在列出自己的目標之前，努力理解別人的需求，然後再爭取讓對方了解自己。這一原則是進行有效人際交流的關鍵。

✪ 習慣六：統合綜效

統合綜效是創造性合作的原則。尊重人我殊異，尋求第三選擇——即非按照我的方式，亦非遵循你的方式，而是第三種遠勝過個人之見的辦

法。它是互相尊重的成果——不但是了解彼此，甚至尊重差異，鼓勵每個人闡述自己的建議和意見，欣賞對方解決問題及掌握機會手法。合作可以倍增個人力量。事實上，「創造性合作」比僅僅是兩方之和效果更好，做到1+1要能夠大於2。

⭐ 習慣七：不斷更新

　　不斷更新是自我提升的原則。日復一日提升自己的能力，然後持續不斷的前進。工作本身並不能帶來經濟上的安全感，具備良好的思考、學習、創造和適應能力，才能立於不敗之地。擁有財富，並不代表經濟獨立，擁有創造財富的能力才真正可靠。人生最值得的投資就是磨練自己，因為生活與服務人群都得靠自己，這是最珍貴的工具。在此分享一個小故事，一位鋸木頭的木匠因工作進展緩慢，整個人筋疲力盡。一名路人看了，建議他花時間磨一下鋸子。但木匠卻說自己不能停下來，正忙著鋸木頭呢！鈍鋸這項工作累人、乏味，而且低效。高效能人士會花時間「打磨」自己的身心，靈魂與思想，這是「自我更新」的時間。

⚓ 自律才有自由

　　任何一個想要達成的夢想、使命、願景、目標、計畫都需要有高效的自律才能真正的做到。我們總是會幻想著未來美好的藍圖，想要達到美好的未來，首先要做的就是：自律。因為自律可以讓你更有能力朝向想要的未來邁進。康德說：「所謂自由，不是隨心所欲，而是自我主宰。」自律是一個人在年輕時可以培養的、最有益的習慣。「自律」是很多自由的基礎，更是成功的關鍵因素。「自律」是世界上許多成功人士的共同特點，

有研究指出，有七成的富人堅持每天有氧運動三十分鐘以上，也有一半以上的人每天至少在工作前三個小時起床，這正是自律的某種體現。

自律是一種自我管理的本領，自律的人都想讓自己變得更加優秀。真正自律的人不會刻意展現給別人看，無論在什麼時候都能堅持要求自己，為了自己想要的生活奮力地去追逐，為了能遇見那個最好的自己，他們全力以赴。

再來，為了達成這個目標，你要建立的習慣是什麼？要養成什麼習慣來達成設定的目標。

自律就是在還沒有到達目標之前，就默默在練習了，我們先養成了習慣，然後習慣就會造就了我們，習慣很難被戒除，所以我們要做的事情是建立一個新的習慣來取代一個舊的習慣。你可以不斷觀察模仿那些已經做到的人，去模仿、重複再建立起更好的習慣。有時候你明明知道有些事情不對，有些習慣不好，為什麼你還會去做？你明明知道這個不對，卻還是去做，是因為你過去十年、二十年學會了這件不好的事情，而這件不好的事情已經成為一種習慣，讓你不斷地重複。所以你要開始願意去做改變，才有可能做得更好。

當你知道：我需要改變，我需要變得更早起，我需要變得更規律……等等，任何一個開始都好，任何一個生命當中不好的習慣，戒煙、戒酒都好，只要你有需要，並且接受改變習慣的責任，然後用新的習慣去取代舊的習慣，至少花費一整年以上的時間，才有可能真正建立起一個新的好習慣。

從此刻開始，先找到那些想改變的壞習慣，如戒煙、戒酒、拖延、懶惰……，每個人想改變的習慣不同，先找出你的壞的習慣，再瞭解為什麼

你會有這樣的壞習慣，是工作壓力太大，自己就忍不住想抽煙等等，瞭解引發這些壞習慣的原因之後，再列出一個如果建立好的習慣之後，會達到什麼樣的優點，壞習慣持續下去，最悲慘是什麼樣的境況；好習慣持續養成將會如何美好，這樣就有了美好成功的畫像，擁有好習慣之後，成功的畫像如果是我想要的，就要去找那些已經做到的人來幫助我們，你可以從他身上學習。接下來就遠離那些容易引發壞習慣的環境，像是想要減肥的人就不要到處看到巧克力，就不要天天去吃西式自助餐，用一年時間不斷堅持，就能得到相對不錯的結果。

一旦目標明確了，你所要的最後成功的畫像、成就的圖像，就是你為之付出持續努力的原因，用正面的態度不斷朝你要得到的結果邁進，而在設定你的成功的畫像、成就的圖像時，要用更正面的方法來描述它，是個人的、正面的，是現在的，而不是很遙遠的，是明確的、是可能做得到的，是能強而有力地、精力十足地去完成它，這非常重要。

成就的圖像
想像未來成功的6個P

Personal 個人的　　**P**recise 明確的

Positive 正面的　　**P**ossible 可能的

Present 目前的　　**P**owerful 有力的

自我分析一下自己的每個目標是不是你自己的、正面的，現在的、明

確的、可能達成的、強而有力的，如果是，你可以再往前走，否則的話就要先做修正。

我們要改變是消極、負面、悲觀的用詞和思想，如我記憶力不好，我太胖了，可以改成這樣——把我記憶力不好改成我的記憶力很好；我太胖了，用正面描述是我正在接近我的理想體重 ＿＿ 公斤。你希望能有多少公斤，就把它設定為目標；我是百萬富翁，改成我正在接近我的目標收入，100萬、1000萬⋯⋯就是有效的、現在的數字，能讓你進入一個正面的迴圈。

例如每位跳水選手站在跳水臺上時，都會自我想像該怎麼跳起來、每一個空中的動作，然後對自己說：我是最棒，我能做到。接著按自己所想像過的圖像去跳，跳了之後浮出水面，不管結果是不是有10分、9.9、8.5，都告訴自己：我還可以更好，告訴自己：是的，我正在成為更好的道路上，我正朝著10分靠近，因此第二跳時還是會一樣自我想像等一下要怎麼跳、怎麼轉，然後就去做了，即使之後這個結果不理想，沒關係就繼續修正，所以所有的都是一直從想像，自我對話，做了之後的結果即使是負面的結果，也都開始學會用正面的對話引導自己，再往下一個更正面的方向不斷前進。

不要空有目標，卻沒有辦法去做或者做不到，就太可惜了。參與非常重要，因為唯一的失敗是不參與。當你養成卓越的習慣了，習慣就會從蜘蛛網變成鋼纜那麼堅定。如果你練習的時候就很認真努力去做，現實中一定會做得更好。熟不能生巧，熟只能生根。完美的練習能帶來完美的結果，所以你只有不斷地演練再演練才能創造你真正的價值。

▶ 寫下學習「富中之富工作系統」的收穫；以及將如何落實在自己的工作中？

▶ 你的使命、願景和價值觀是什麼？

▶ 你一年內一定要達成的一項事業目標是什麼？一項個人目標是什麼？

▶ 為了達成目標，你一定要建立的習慣有哪些？

富中之富之
理財有方法

財富海洋等於優勢乘模式

　　要讓自己變得更富有，可以從兩個角度來努力，內在優勢要提升：就是提升知識和經驗；外在的模式要強化：就是強化人脈和資源。一個人最貴、最有價值的正是這四大部分，財富海洋等於優勢乘模式。

　　每個人都是一家與眾不同的公司，你自己就是一家值錢的公司，內在是你的知識跟經驗，整理過去我們所學會的以及我們所做到的，就是我們最強大的「優勢」，外在是你的人脈與資源，就是「模式」，內在的知識跟經驗以及外在的人脈跟資源，這兩個相乘起來才有辦法創造更大的價值，成就你最大的財富。

財富海洋＝競爭優勢×商業模式

　　內在的競爭優勢和外在的商業模式，是你的財富基本盤，穩住你的財富基本盤，你的財富之路可以走得更遠。

內在：知識和經驗

　　如今是知識經濟的時代，最大的財富就是「知識」，知識的力量是非常強

大的。

教宗若望保祿二世在1999年對世界發布的文告裡說：「人類生產的決定因素，先是土地，然後是資本，到如今已經移轉到人類所具有的知識。」知識的重要性無論多麼高估都不過分，而知識所創造的財富價值遠遠高於土地和資源給我們帶來的價值，可以說知識的價值和力量是不可限量的。

知識的優勢更在於不會像其他資源一樣，會因為使用過而失去本身的價值。舉例來說，在農業經濟時代，如果你擁有一片價值兩百萬元的土地，你透過耕作、收成來創造財富，但是如果需要將這片土地賣掉時，那你最多只能收回它的原有價值：兩百萬元，而且再也不能從它那裡獲取新的價值了。

在工業時代，假設你在價值兩百萬元的土地上，投入兩百萬元的資金興建工廠，當遭遇經濟不景氣，需要出讓的時候，可能連原來的成本都無法收回。但是在知識經濟的時代，你的腦袋不會因為曾經創造過一個很棒的點子讓自己賺過兩百萬，之後就變得不值錢，事實正好相反，你的腦袋反而會變得更加值錢！

關於經驗，以我為例來盤點一下。我從十八歲開始立志做志願者，直到現在一直都是，這些經驗對我來講很重要。因為我在六歲的時候，曾經期許自己長大以後可以幫助更多窮困的孩子，所以在大學時期就不斷累積經驗，後來進入基金會工作也持續累積，之後自己創業，更陸續捐贈成立了四個基金會，多年不斷積累，我在慈善公益領域的經驗就越來越強大。

我和郭老師兩個人從事商業教育培訓工作都已超過三十年的時間，

1998年實踐家剛創業時，我們的招牌課程就叫曼陀羅超級行動學，當時主要教的就是怎麼在工作、理財、健康、人脈、家庭、休閒、心理、學習這八大領域要過得更加均衡。經過至今二十四年的驗證和強化，我們整合出了可實踐的、更強大系統的富中之富發現之旅！

過去二十四年來應用我們所教授的方法與持續不斷修正和行動，實踐家從一家小公司成為今天一個跨國的企業平台。經過二十四年的驗證與強化，二十四年的修正與實踐，自然會比二十四年前還要強大。

我們現在教導給你的都是你能做到的，因為這些方法我們自己不斷落實到今天，創造出今天的價值，而如今升級的富中之富發現之旅，不僅是十個早上、十三個晚上的線上直播，更是一個非常有價值的跨國性社群平台。因為兩年多以來的疫情，也倒逼做我們做出及時的轉型。

外在：人脈和資源

我們要利用自己的人脈、資金、經驗，共同創造未來。俗話說：「多一個朋友，多一條路；少一個朋友，多一道牆。」企業經營是需要朋友的支持，所謂「在家靠父母，出外靠朋友。」不同的人脈就會有不同的相互作用關係，例如有：資金方面、訂單來源、像啦啦隊般的朋友能為你打氣加油……等等。盤點一下自己的朋友之中，有誰會是支持你的人呢？在資金方面可能會支持你的，往往是你的父母、兄弟姐妹、親戚；至於你的啦啦隊，就是你最要好的同學、朋友，在你事業遭遇挫折時，晚上有朋友陪你喝酒、唱歌，做你的啦啦隊、垃圾桶；每個人都需要有各種不同類型的人脈。

印尼的富豪李文正先生（印尼最富盛名的銀行家，素有印尼錢王之

稱）曾說：「在我年輕時，因為沒有足夠的信用，借不到錢，所以我就找一位比自己有信用的人來替自己背書，也就是說，找一匹有信用的馬，騎在這匹馬上，立刻就變得馬上有信用了。」我曾請教他，如果你的公司規模到達某個階段，原來這匹馬的信用不夠力時，又該如何處理？他說：「就再找另一匹馬，然後再騎上去。但是要給原來的馬很好的待遇，給予足夠的糧草、照顧牠的晚年，讓牠能夠好好退休。」當時我問他：「那您現在呢？」他說：「我現在是別人的那匹馬。」伯樂與千里馬的關係，創業者成為別人的伯樂，要積極發現最好的千里馬，只要伯樂看上千里馬，這匹千里馬就有機會發揮。剛開始，你比我厲害、有信用，我就請你幫助我，等到有一天，我有成就了，也應該幫助別人，投資別人的企業。

右邊的照片是我和中國皇明太陽能董事長黃鳴先生，是我第一次到皇明太陽谷時拍攝的。我是在一次演講場合認識了從事生產太陽能相關產品的皇明集團老闆黃鳴先生，聽到了他們介紹太陽能產品，以及如何對待自然環境、天然資源……等等，我非常認同他們的理念，也了解到黃先生是一位極富有社會責任的人，他說皇明集團的願景是「為了子孫的藍天白雲，你可以不要用皇明的產品，但你一定要使用太陽能產品。」這個願景感動了我，我當下覺得非常有使命感。從那一堂課開始，每次上台我都主動分享皇明太陽能有多棒，主動呼籲大家做到低碳有多重要，在課堂上不斷告訴大家皇明公司有多麼大的價值，請大家都來瞭解皇明太陽能，一起努力創造更大的價值。

黃鳴董事長並不知道我持續在做這件事，兩年多後，有一天黃董事長打電話給我：「林老師，我聽很多人跟我講，你在每一場會議都提到我們皇明公司。」我說：「因為我覺得你很棒，應該讓大家都知道。」他對我說：「可以請你幫我忙嗎？」原來他想聘請我當皇明集團的獨立董事。

因為我一直不斷向別人分享皇明公司很棒，分享它的太陽能世界有多麼強大，我一直跟別人講這就是未來，這就是世界，是我們每個人都必須前進的方向，因為我不斷宣傳，以致於後來這件事傳到黃鳴董事長耳裡，

令他覺得不可思議，原來有這麼一個人是這樣支持他，主動當皇明的發聲人。一個只見過一次面的人，居然比起領有薪水、股票紅利的員工還要熱愛皇明、認同皇明的企業文化，於是邀請我擔任皇明集團的獨立董事。

我經營人脈的方法沒有別的，就是主動幫助身邊更多人。當我主動幫助身邊更多人的時候，我可能就有機會將身邊更多的資源、機會連結在一起，創造更大的價值。

有一本書叫《6個人的小世界》，書中說每一個人和世界上任何一個你想見的人中間，頂多只相隔六個人。用心就能連成一片天，但如果你不用心的話，就無法連接出去。

當人們願意幫助我們，是因為相信我們，信任是人格最重大的資產。所以我們要隨時問自己，是不是站在一個真實的角度上，讓一切說到做到，言行一致，才能讓我們累積到更多的人脈。

　　證嚴法師教導我們說，對人如果有疑心，就無法愛人；對人如果有疑念，就無法原諒人；對人如果有疑惑，就無法相信人，所以她說天下無我不愛之人，無我不原諒之人，無我不信任之人。人性之美莫過於誠，所以人與人之間的相處，人脈的連結不都是來自於誠嗎？「誠」為一切善法之源。人性之貴則莫過於信，「信」乃人生世事之本！

　　證嚴法師同時教育我們「行善要誠，處事要正，做人有信，待人要實」，所以「誠、正、信、實」才是我們能否贏得信任的關鍵。

　　你是一個什麼樣的人，決定你能賺多少錢，因為你就是錢，錢就是你。你不「誠、正、信、實」別人是不會與你做生意的，所以心念無私天地寬，與人相處互為信。

　　有信，你會發現你的世界越來越寬廣。另外，再轉送一句話給大家，縮小自己才能放大別人，也才能放大空間的價值。

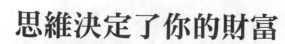

思維決定了你的財富

你可能經常聽到人家問：賺錢比較重要，還是理財比較重要？我們認為：都重要。有很多人很認真、努力在賺錢，可是他並沒有好好地去理財，導致他賺的錢可能跟不上通貨膨脹的速度、跟不上物價的飛漲、跟不上時代的變化。

還記得前文有提到如果我們要創造更大的財富，絕對不能只是做一名E象限普通的上班族。不管你目前是處在哪個象限，都一定要同時擁有投資者的身份，才有辦法去創造更多的未來價值。

看過「富爸爸」系列叢書的人都知道，在這個世界上根據賺錢方式的不同可劃分為兩種人，一種是90%在「慢車道」上的普通人，他們儘管很努力地工作，甚至取得了很高的學歷和各類證書，卻擁擠在一起彼此競

爭，最終才共同擁有全世界財富的10%；而另一種是10%在「快車道」上的富有人，他們甚至是更輕鬆地工作，卻擁有世界財富的90%。這個巨大的不同，實質上是因為一個很小的差異造成的，就是這兩種人所接受的金錢知識的教育不同，所以思維方式不同。普通人為金錢而工作，而富有的人則是讓金錢為自己工作。

因為思維決定了你的財富，所以從思維改變開始做起是關鍵。我們總埋怨上天不公平，每天努力賺錢還是月光光，總推說是時機和運氣不夠好，可是真的是這樣嗎？還是因為自己的觀念錯誤？以下分享一則富人與窮人的故事——

一名窮人向神明祈禱說，富翁只不過是運氣比較好罷了，如果神明給他跟富翁一樣的起點，他也可以成為有錢人，於是神明滿足了他的要求，把一名富翁變得和他一樣一貧如洗，然後各自給他們一座一模一樣的礦山和開採工具，讓他們自謀生路。

第一天窮人和富人都揮汗如雨地挖了一整天的礦，最後把挖出來的礦賣了賺50元，窮人當即就拿著這筆錢大吃大喝，而富人只花了5元買個饅頭，用剩下的錢買了一套開採工具。

第二天窮人依舊揮汗如雨地工作，賺了50元，他用這筆錢給家裡添置了一些東西，而富人以25元一天的價格雇傭了兩個人來幫他幹活，所以挖了100元的礦，富人什麼都沒做就賺了50元，於是他又買了一套工具，第三天、第四天、第五天……窮人每天都把賺到的50吃光用光，所以他依舊很窮，而富人的礦山早就經營得有聲有色，每天都有大筆金錢入

帳，已經在盤算著買下第二座礦山，繼續擴展生產規模。

　　一年之後窮人依舊是窮人，而被神剝奪了財富的富人，再次變成了有錢人。以上故事告訴我們，貧窮和富有，與運氣無關，賺錢的思維才是關鍵。

　　故事裡的富翁，在起步之初不得不咬牙忍耐過上一段清貧又難熬的日子，但是只要忍過去了就能得到豐厚的回報，而貪圖眼前的享樂也是典型的窮人思維，現今線上消費日益方便，隨時隨地購物讓我們享受到了一時的幸福感，最終結果卻導致財務壓力過大，買了一堆可有可無的物品，喜歡物質沒有錯，愛好享樂也沒錯，但想要擺脫窮困，首先就要克制自己過分的欲望。請不要在把自己的財富揮霍、浪費光了之後，還在哀怨地說，比你有錢的人都只不過是運氣比你好而已。

　　如果你沒有正確的財富思維，即使樂透中了大獎27億，可能一年、二年、三年後就全被揮霍光了。但有正確的財富思維，懂得去運用，就可能會為你帶來200億、1000億的財富，所以你的思維決定你的財富大小。

　　投資理財應該是安全與效益都要兼顧。請記住，凡是不受法律保護的集資和存款，不論其收益率有多高，都不宜盲目參與。一旦上當受騙，將血本無歸。

　　以下列舉普遍的資產流失現象：

① 家庭理財核算觀念不強

　　俗話說吃不窮穿不窮，算計不到要受窮。很多收入不菲的人，在理財當中沒有樹立正確的核算觀念，用錢沒有計畫，沒有注意各種細微的節

約，任意支出，胡亂花錢，導致每個月的收支不能平衡，該節省的錢不知不覺就流失了。

② 是把錢放在家裡

隨著收入的增加，有些人受「錢財莫外露」思想的影響，或圖方便，習慣把錢存放家裡。這種浪費和損失當時看起來也許並不起眼，但日積月累的結果卻足以證明這不僅是投資之大忌，金錢價值跟不上通貨膨脹的速度，而且不安全，一旦被盜，就是一筆數目不小的損失。

③ 存款不當而倍受損失

有的人由於缺乏儲蓄存款的知識，不懂得存款的技巧，使存款利息收入大為減少。許多人為圖支取方便，將大量資金存成活期。活期存款的利率很低，而且一存就幾個月、好幾年，造成不必要的利息損失。

④ 過度負債累及家庭生活

「花明天的錢圓今天的夢」越來越成為一種生活時尚，許多人抱著「不貸白不貸」的心理而「先花了再說」，結果一些貸款數額較大、盲目超前消費的貸款者，將錢花得差不多之後，還款的巨大壓力日漸顯現，只得「勒緊褲腰帶過日子」。

⑤ 參與民間借貸活動

由於儲蓄存款的收益較低，民間借貸便在一些地區日漸活躍。但是民間借貸行為不規範，缺乏必要的法律保障，這就使社會上一些不法分子有

機可乘，逃債、賴債的情況時有發生。像台灣某位藝人就是借了高利貸，連自己的房子都賣掉，家人跟著過上苦日子，不知道何時才能夠賺回這些錢。

6 盲目炒股使得血本無歸

不是不能投資買股票，而是一定要經過正確的判斷。投資股票者需要具備一定的經濟實力、相當的專業知識和較強的分析判斷能力，可是有的股市投資者對股票的基本知識和運行規律一無所知，看到別人賺錢就心動，盲目炒股，結果把幾年來的積蓄填進了股市的「無底洞」。

7 不當擔保使債務纏身

近年來，人們在辦理貸記卡、住房貸款、個人消費貸款、貨物賒銷等經濟活動中，往往需要找擔保人，但如果對擔保所承擔的責任不瞭解，或礙於情面盲目擔保的話，將有可能給個人或家庭帶來較大的經濟損失。不是說不能擔保，有時候你免不了要為公司、好朋友幫忙，但一定要小心，如果你不明白、不瞭解，而且無法承擔風險的情況之下，不要貿然承擔。

你的真實財產狀況？

　　很多人很努力，很想要變有錢，但是他賺錢的方法只有存錢，僅憑存錢只會讓自己越來越窮，為什麼？因為利息只有一點點，根本趕不上通貨膨脹的速度。

　　很多時候，你以為的資產其實可能是負債！你可以用現金流的概念來分辨，那些能為你將錢帶進來的才是資產，把錢帶出去的都叫負債。你要看的是它能不能再為你創造更多的收益，才能算是資產。

　　資產與負債最大的差別是什麼？「資產」是在你沒有工資所得的情況之下，依然會養你的，就是「資產」，而「負債」則是在你沒有工資所得的情況之下，還會吃你的，就是「負債」，謹記，「資產」是會養你的，而「負債」是會吃你的。

　　「資產」是在你沒有工作所得的情況之下，它要把錢持續地放到你的口袋裡，而「負債」是在你沒有工作所得的情況之下，它還不斷地把錢從你的口袋拿出來。舉例來說，你買了房子，這個房子你用於出租，每個月要繳的貸款是一萬元，你的租金收入是兩萬元，這個就是「資產」，因為即使在你沒有工作所得的情況之下，你的房子每個月會幫你賺到兩萬元，扣掉貸款一萬元，你還有一萬元，就算在你沒有工作的情況下，這個房子可以養活你。

　　但是，如果你買了房子，一個月雖然只要繳五千元的貸款，但房子是

自住的，當你沒有工作，沒有辦法每個月領到工資的情況下，你還是要繳交這五千元的貸款，這就是「負債」。

每個人都要自我檢視自己的收支分配，你的收入，除了工資收入外，有沒有非工資收入，是否創造更多的被動收入來支付你每個月的總支出，你每個月的支出有哪些地方是可以省下來的嗎？你有哪些資產可以不斷累積並創造更大的獲利嗎？有沒有哪些負債是應該更積極去面對和處理的呢？

要清楚自己目前是富人還是窮人其實很簡單，只要分析一下自己的收支流程就會非常清楚。到底我們的錢是如何流出的？我們的錢是怎樣使用的？我們不但要學習錢是怎麼賺進來的，還要了解錢是怎麼樣花出去的，因為我們的支出方式將對我們的資產帶來重要影響。

第一種人，我們稱為窮人，如果你每個月所賺的錢，從收入進來之後，都去支付了支出，支出完就所剩無幾了，那麼我們只能說你是窮人。因為你的收入只夠你的支出。你努力工作，但每個月賺的都正好花完，沒有機會累積你的資產。

第二種人，我們稱為一般人，錢從收入進來之後，先償還了負債，再支付支出，這種人充其量只是一般人。例如很多人的家庭都有房屋貸款、汽車貸款要付，這就是一種負債，還有的人使用信用卡先消費，但最後還是要付錢的，若是沒有如期繳款還會被加計利息，所以也是一種負債。

第三種人，我們稱為富人，是真正有錢的人，這一類人的行為模式與前兩者是不一樣的。他們會將每個月的收入，大部分用於投入資產，讓資產創造收入後又將其投入在新的資產中，再產生收益。這種能讓自己的錢在資產和收入之中不斷循環的人，就是我們所說的有錢人。就像實踐家集團在亞洲各地的辦公樓，自有資產能創造更多被動收入，被動收入繳付支

出後的餘款，又去累積創造更多的資產，帶來更多的被動收入。

有人會說：「我的收入很少，勉強只能維持收支平衡，怎麼可能累積資產？」實際上每個人都可以在現有的條件之下，創造更高的收入和財富，關鍵是取決於你是否清楚瞭解自己所擁有的資產價值，以及你要如何運用它們來創造最大的效益。

請自我檢視一下你目前是處於以上三種行為模式的哪一種？當你開始朝著富人的方向去調整，你的生命會開始變得不一樣。

在資產和收入的循環當中，有一個非常重要的關鍵就是知識。以資產來說，人脈就是錢脈，時間就是金錢，很多人都知道這個道理，所以人脈是你的資產，經驗也是你的資產，但這些資產並不是馬上就可以創造收入，而是需要你用正確的方法經營、運用，才能產生實際的價值。善於利用時間的人可以在同樣的時間裡，創造出比其他人更多的價值和財富。我們每一個人同樣擁有很多人脈，可是如果在這方面缺乏足夠的知識，不知道妥善管理和經營人脈，許多可以創造財富的機會可能就白白浪費了。

你認真看過自己的損益表嗎？把你目前的主動收入、被動收入算清楚之後，一定要開始去減低你的負債，增加你的收入，否則即使你一直努力地賺錢，可能也不夠去支付你的負債。

資產除了有形的資產以外，還有無形的資產，包括你的智慧，專利、版權、系統，這些都是無形的資產，你的人脈、家庭幸福、健康、休閒、心靈、學習，也都是無形的資產，你要把這些無形的資產都平衡經營好。

「正的現金流」是可以幫你創造更多的收益並進行投資，同時創造被動收入。

工作、理財、健康、人脈、家庭、休閒、心靈、學習這八大領域的無形資產是應該要平衡的，也要從現在做起的，例如，健康這件事不是等到

有錢才上健身房，是現在就可以多走路或去慢跑，既不用多花錢，效果還比上健身房好。如果健康是財富，豐盛的心靈是財富，學習成長是財富，人脈是財富，那麼除了追求有形的財富之外，有沒有在工作、理財之外的這六大領域去累積呢？因為這些也都是財富，你就是錢，錢就是你。當你實質的財富不夠時，這些無形的財富是可以變現為實質財富的。

生活是不需要比較，也不需要計較的，有些人退休了，到山上買一塊地，蓋間農舍，日子也過得很快樂，宜然自得，吃山中野菜、養雞，就是他最好的生活，如果你實現了，那你就是自己的富中之富，所以實現理想或者完成大家共同的夢想，或者你有能力之後可以通過公益奉獻來幫助更多人，或是通過投資創投致富，投資別人的企業，成為別人的小股東來創造更多的財富，這四種都是完成自己富中之富的成功圖像。

百分比與倍數是貧富的根源

在創造財富的時候，有人賺的是百分比，有人賺的是倍數，你如何走在賺倍數的道路上，而不是賺百分比的道路上。

百分比與倍數的差別，先看以下這四種情況，你屬於哪一種？

❶ 自己本身擁有企業的，企業大小不限。

❷ 還沒有開公司當老闆，可是想過要創業的。

❸ 沒有想過創業開公司，是一般的上班族。

❹ 已經獲得財富自由，基本上不用工作，靠投資獲得被動收入。

請問你這四種人之中，哪一種人比較好呢？只要是你自己選擇的，那就是好。只是其中有一種人是用百分比來創造財富，而其他的三種人有機會創造倍數，那麼，你知道誰是用百分比來創造財富的嗎？答案是在公司上班的人。

如果你是單純靠領薪水的上班族，每一年的調薪可能是3%、5%、10%，所以財富增加的只是百分比。但那些開公司的企業老闆收入是有機會今年比去年、前年倍數成長的，而對一般上班族來說，今年就算比去年多付出一倍的努力，老闆應該也不會加一倍的工資，最多可能也只是調薪10%、5%，所以為企業服務的人財富比較可能是在百分比成長。雖然

薪資成長的不如倍數快，但其實你的收入分兩種，一種是表面的工資，一種是在工作過程裡面知識累積而帶來的經驗。要看在這份工作上學到多少東西，有多大的價值，工作過程當中所獲得一切的經驗的提升，知識的增加，也都是「收入」的一部分。

如果你是創業者、企業家，如果你已經財富自由，平日僅靠投資就能賺錢的，就有可能賺到倍數的財富！如果是企業主，有可能企業做的比原來好很多倍，如果是創業者有可能從0到1，如果是投資者有可能投資一家新藥上市的公司，只要上市了，就能獲得5倍或10倍、20倍的報酬。

當然，並不是說上班族就不好，若是你能成為老闆不可或缺的左右手，那麼要比自己當老闆還要好。因為你不用投入那麼大的成本，老闆就願意把他所賺到的與你分享，你有機會創造倍數收入的生活，有些人雖然是領薪水的上班族，但擁有期權，擁有一些股權，而這些股權回報的收入會遠遠大於他十年、二十年的工資。

百分比與倍數是貧富的根源，也就是說，貧者越貧，他可能都在百分比的圈子循環；富者越富，他是在倍數的圈子當中來創造財富。

我們賺到的錢一定要用來創造更多的倍數。當你在百分比累積了一定的收入之後，一定要想辦法去創造你的倍數。

賺百分比的人，不要去花倍數

假設營業額1000萬，利潤100萬，這是10%，賺的是百分比，如果你只有賺到100萬，卻買了300萬、500萬的車，這叫花倍數。我的意思並不是說300萬的車就不能買，而是要看自己的所得，如果你的營業額有10億，利潤1億，買台300萬的車子，當然是沒有問題的。百分比賺的錢不要拿去花倍數，因為追趕不上通貨膨脹的速度。

利潤才賺100萬台幣，你就買了300萬的車，這個就是花了倍數。再請問300萬台幣的名車經過二十年之後，這車還剩多少價值呢？大約也就30萬，或許更少，所以你看創造了1000萬的營業額才賺100萬的利潤，就買了300萬的車，結果二十年後這台名車可能只剩餘30萬的價值，花倍數購買，最後卻只剩百分比。

我們家買的車一開就是十年、二十年。如果你也是開了二十年車的開車族，試問：在過去二十年內，你換過幾部車？有人可能換過二部，有人可能都換了四、五部，但我們也就同樣一部車，承載著我們家許多美好的回憶，所以，善用就是資產、使用就是價值、捨不得就是浪費。

百分比賺的錢一定要投倍數

小生意靠努力，大生意靠福氣。之前我們提到投資，可以為我們創造被動收入，包括有：斜槓投資、金融投資、房產投資、企業投資，還有智慧投資。在此特別針對房地產投資、企業投資、金融投資來分享。

希望能夠達到富中之富人生境界的人，在經濟的富足上要靠更多的被動收入才能實現。

讓我們來思考一個問題：如果時間重回二十年前，你會如何選擇？你會不會把買車的300萬拿去買北上廣的房子？

2003年，距離現在十九年，實踐家集團在北京、台北同時買了辦公室，當年頭期款只需幾十萬人民幣就能買，因為當時首付只要20%左右，而70萬人民幣大約就是台幣300萬，就是一部名車的錢。如果過去

十九年，我少換一部名車，就等於擁有了北京的辦公室，十九年後，同樣的房子房價就漲了好幾倍。

當初我在北京買的房子，之後是租給北京的實踐家作為辦公室，於是我有了租金收入，用這個租金收入去支付銀行貸款，房租扣掉貸款，其實還有剩餘的錢，就是我的被動收入，又可以再去做其他相應的投資，之後等房子的貸款繳完之後，每個月的租金所創造的被動收入就更多，這被動收入累積起來又可以再去創造更多的資產。

我們在台北的辦公室，也是同樣的做法，當初買是4580萬，頭期款是500萬，如今它市值是1.5億台幣。如果以500萬來看的話，500萬的頭期款大概能買幾台雙B名車？不到兩部車，然而500萬變成1.5億是30倍，和北京同樣地，在買了台北的房子後，我們租給臺北的實踐家，然後用這筆租金來繳銀行貸款。

所以，如果你過去二十年少買兩部名車，就等於多了60部名車的概念，這就是我一再強調的百分比賺的錢真的不要花倍數，百分百賺的錢一定要投資倍數，你的生命就會變得越來越不一樣。

每個選擇都有機會成本

我要你知道面對未來的每一天，今天將是我們財富最少的一天。

為什麼？因為當你從今天開始，懂得更正確去做選擇的時候，你所創造的財富跟收入，每一天都會比昨天更多，你不會再做胡亂地選擇，你百分比賺的錢不會再去花倍數，你的百分比會去投倍數，財富當然有機會可以一直不斷地增加再增加。

從今天開始告訴自己一件事情，每個選擇都有機會成本，所以不要輕易做出選擇。以買車或買房為例，如果用70萬人民幣買台名車，而不是

用來作為房子的首付款，你真正的成本是多少錢？是2170萬，為什麼？買車本身的人民幣70萬再加上如果買房少賺的2100萬，所以你的機會成本是2170萬。如此一算，那部車還真是全球最貴的車。

每一個選擇都包含：直接成本＋機會成本。不是只有表面的直接成本，一定要把機會成本一起核算進去。

假設我選擇去創業的話，我可能有機會賺到400萬，但我也可能虧錢，然而我用富人的思維正面、積極、樂觀，努力往好的方向去行動，就可能賺400萬。所以焦點在哪裡，成功就在哪裡。當你確定要投入的時候，你就會用更好的方法不斷去落實，你可以通過不斷地學習，來降低你的失敗率！這樣你的虧損率就會下降，成功率才會上升，知識到哪裡，財富就到哪裡。現在最大的問題是很多人因為都是負面的思維，擔心損失而怯步，不敢開始，因此永遠只能賺百分比。

「選擇讀大學，沒有選擇創業」這個決定的成本是多少？假設選擇讀大學四年約要花費100萬，如果去創業也許能賺400萬，所以讀大學的總成本就是500萬，讀大學的花費100萬，加上創業可能會賺到的400萬，就是500萬。

請注意，我並不是主張不要讀大學，而是希望你能了解選擇讀大學的機會成本，這樣你讀大學就會更努力、更專注，因為你是投資500萬在讀大學，至少學習後要能創造出1000萬的價值，這才對得起真正的成本！

所以，請記住這個概念：省下面子，賺到裡子，省下車子，賺到房子。建議你可以用這樣的角度來看，很多人很重面子，其實你撐著面子，在人前光鮮亮麗，一身的名牌，回到家裡只能啃麵包、吃速食麵，你有照顧到你的身體、你的健康嗎？為了面子壞了身子，你覺得這樣值得嗎？

投資賺錢的黃金定律

定律1：進入得夠早，堅持得夠久

投資買股票，如果你是選擇一個對的標的長期投資，像投資可口可樂進入得夠早，堅持得夠久，也一定能賺幾十倍、上百倍。

買房子買在早期剛發展的區域，在該地區剛發展時或之前就進去卡位，進入得夠早，堅持得夠久一定能收穫你要的價值。

舉例，大陸最貴的股票之一是茅台，位居中國最貴的十大股票排行榜榜首，以酒業生產為主，它也是中國最古老的十大名酒之一，其近期股價最高達到了一股1700人民幣，位居A股市場第一名。1700元就是一張股票17萬人民幣的概念，我太太是在幾十塊的時候買的，大家一定很羨慕吧。但大概在100元左右她就出手賣了，因為我們真的很難理解跟想像，一支賣酒的股票會有這麼高的股價。如果當時我們選擇放著不賣的話，到現在已經賺多少倍數了？

投資都是長期的思維，要做到長期的、分散的、定期的，投資不是一個突然的行為，是持續性的行為，所以時間是最大的槓桿。

定律2：去比你有錢的地方賺錢，去比你還窮的地方投資

試問三十年前，你到美國紐約的餐廳打工，和你在臺北、上海、吉隆坡餐廳打工賺的錢，哪裡賺得多呢？美國紐約的餐廳給的薪水一定高於當時臺北、上海、吉隆坡的餐廳端盤子打工賺的錢對嗎？你有可能賺到三倍、五倍的錢，問題是當你賺到三倍、五倍的錢時，你接下來怎麼做？你將如何運用這筆收入？

不論大的投資也好，小的投資也好，一定要記得去比你還窮的地方投資。去比你有錢的地方賺錢，因此賺的錢是你所在地公司的倍數，而你賺了這個倍數的錢就去比你還窮的地方投資，賺的就是倍數，因為你主要是賺——時間的複利，發展的紅利。因為時間是最大的槓桿，在發展的過程裡面你就會得到最大的紅利。

如果你懂得投資，二、三十年前有買房地產、物業的，以大都市來講，現在至少都是千萬身價，如果三十年前你將在美國打工賺的錢存下來，用來買上海或北京的房子，保證到今日你能賺到更多的倍數，因為你是去比你有錢的地方賺錢，賺的是倍數，然後去比你所在地相對成本低的地方投資，賺的也倍數。若是在中國大陸來講，就是前往一線城市賺錢，然後在六線城市投資，也是一樣的概念。

賺錢黃金定律二：
去比你有錢的地方賺錢，
去比你還窮的地方投資.

之前和各位分享過十九年前我省下買一部車子的錢作為投資房子的首付款，就可以擁有北京的辦公室，也可以擁有我們臺北的辦公室。1994年，我買的第一個房子是在台北一棟公寓的四

樓，價格是1280萬台幣約320萬人民幣左右，而在同一個時間，大約是三十年，買北京的四合院只需要大約20萬人民幣，所以如果這筆320萬人民幣，我聽當時北京朋友的建議去買四合院，而如今北京四合院最少多少錢，最少要一個億起跳。人民幣320萬是20萬的16倍。試想，在三十年前16倍你可以在北京買16間四合院，等於如今你就至少有16億人民幣的資產，這就是對地點選擇的重要性。

因為我過去不懂而錯過了，所以現在當我們有機會再出發時，自然就會記取教訓，不再犯二次錯，我們就知道要去看、去關注那些相對發展遲緩一點的地區，好好把握。

你現在所在的地方大部分只剩百分比了，那你要如何賺到倍數呢？就是去比你有錢的地方賺錢，去比你窮的地方投資，你才有機會賺到倍數。例如，今天緬甸人均GDP水準是2004年的中國；今日柬埔寨人均GDP水準是2005年的中國；今日寮國人均GDP水準是2006年的中國；今天的越南人均GDP水準是2007年的中國，今天菲律賓人均GDP水準是2008年的中國。也就是說中國大陸2004年、2005年、2006年、2007年、2008年走過的道路，現在的緬甸、柬埔寨、寮國、越南、菲律賓都正在進行當中。

2021年的緬甸	2004年的中國
2021年的柬埔寨	2005年的中國
2021年的寮國	2006年的中國
2021年的越南	2007年的中國
2021年的菲律賓	2008年的中國

財商：讓錢為你工作

　　賺錢重要還是理財重要？都重要。檢視一下你的資金是否是用在創造更多有效的資產上，而不是存放在銀行，不要只有把錢放在那裡不動，因為沒有現金的流動是不會創造更多的財富的。

　　金錢是最富於流動性的，我們所擁有的財富數量隨著收入和支出每天都在發生變化。如果你希望自己的財富能夠安全並持續地增值，就要學會管理自己的金錢。我們在賺錢的同時，時時刻刻也在花錢，同時錢自身也會因受環境的影響增值或貶值。

　　不去妥善管理自己的財富，賺到的錢可能就會在不知不覺間流向了別處，而如果學會聰明理財，財富則會自動發生增值，就是俗語所說的「錢會生錢」。所以，賺錢固然重要，理財同樣重要。

　　如果你有賺到錢，就要開始去增加你的收益，有各種的斜槓，你有一些收入後，用比較小的金額去購買股票基金或債券，你要開始懂得用它來建構其他的資產，有了資產之後要如何透過你的努力去錢賺錢，因為商業行為還是要持續前進的，可以投資別人的企業，成為一個投資者來創造你的收入，因此被動

收入才是你重要的方向。

理財方式一般有以下三種不同的模式：

➡ **第一種是安全型的理財**：把錢都存起來，把錢放在銀行裡。

➡ **第二種是舒適型的理財**：把錢都花掉，也就是說花了很多不該花的錢。

➡ **第三種是富有型的理財**：就是既要享有基本的富裕，又要投資部分的收入去創造未來的財富。要懂得把部分的收入放在可以創造未來的財富上，要有財商FQ。

財商就是理財的智商FQ（Financial Quotient），是指管理金錢的能力，是人們能否管理及利用現有財富的能力。財商高低不同的人決定財富不同，就像前文說的故事，把富人變成窮人，讓他也去挖礦，卻還是有辦法讓自己成為有錢人，因為他有財商，懂得運用和管理金錢的能力。

管理金錢的能力從基本定義來講，包括以下幾個方面：

➡ **能否管理現有的財富；**

➡ **能否利用這些財富為自己帶來更多的效益；**

➡ **能否利用錢賺錢的方法讓自己的財富增值；**

➡ **能否保存這些財富；**

➡ **這些財富能否給你帶來歡樂，而不是負擔？**

你要問自己是否能管理現有的財富，再來是你能否利用現有的財富為自己帶來更多效益，像是你的房子、辦公樓等，或是你的才華。第三是你可否利用這些賺錢的方法，用錢賺錢，讓自己的財富更加增值嗎？你是只把錢放在那邊不動，還是同樣這個錢你可以讓它增值。第四個是你的財富升值之後，你是否可以保存這些賺到的錢，能不能留得住？第五，是這些財富給你帶來的是不是歡樂，而不是負擔，這件事很重要，你不要忘記了

happy money，快樂的錢才能留得住，不快樂的錢是會離你而去的。

賺錢和理財的目的就是為了更好地享受生活，只有懂得享受生活的人才能夠更好地創造生活。但如果只懂得享受，沒有讓自己的能力獲得保障和提高，那麼在未來就會因喪失創造財富的能力而陷入困境，正確理財可以有效避免這樣的情形發生。理財並不複雜，掌握了合理的分配方式，我們就能夠充分而持久地享受生活的快樂，並為未來的成功打下堅實的基礎。

財商包括兩大能力：一是正確認識金錢及管理金錢的能力；二是正確應用金錢的能力。

學習可以提高自己的財商，如金融知識和最新的理財技巧等。有些東西是需要學習才能提升的，在不懂的情況之下就不去碰，不要忘了投資鐵律「不懂的不做」這五個最關鍵的字。

其次，在實踐中提升財商。就是「學到，要去做到，做到再去賺到。」這三個步驟。經驗有了能夠賺到錢了，再去學更多的東西。我們每個人都在不同程度上進行著財務的規劃和安排，隨著財富的累積，年齡和經驗的成長，我們的FQ也在不斷地提升。具備了一定的FQ後，我們參與理財的程度更深了，得到的回報更大了，更加提高了我們參與理財實踐的積極性。

最後，觀念或習慣是影響FQ的最重要的因素。譬如說你從小養成揮霍的習慣，或者你已經習慣了把收入的大部分存入你經常去的那家銀行，或者你的收入主要花費在購買化妝品或者玩樂上，而人的這些習慣一時是很難改變的。所以一定要改變你的想法、態度與習慣，慢慢地修正才有可能會做好。

 理財五大關鍵

觀念1：記帳不是女朋友的事

每個想財務自由的人都應該記帳。每天要花幾分鐘來記帳。

觀念2：拒絕各種誘惑

不良理財習慣可能會使你兩手空空，面對消費型的社會要拒絕誘惑當然不是那麼容易，要對自己辛苦賺來的每一分錢都具有完全的掌控權，就要先從改變理財習慣下手，不要為了面子而失了理智。

觀念3：沒人是天生的高手，能力來自於學習和實踐經驗的累積

那些「我沒有數字概念」，「我天生不善理財」，這些都是藉口，資產除以負債要大於一才叫基本的財富自由，所以負責任的程度大於找藉口責罵人跟否認，你才有辦法正視，並對你的財富健康做出更好的改變。

觀念4：不投資等於浪費，投資越早越好

不投資等於浪費，因為錢放著，利息是跟不上通貨膨脹的速度的，有些國家都已經零利率了，所以越早投資越好，做到「進入得夠早，堅持得夠久。」

觀念5：管理好你的時間勝於管理好你的金錢和財富

每個人每天的時間是固定的，如果能做好時間管理，就能過上八大領域平衡的生活，管理時間就是管理財富，在同樣的時間裡更有效能地提高自己的價值，累積無形的財富，或是有形的財富。

在開始制定理財計畫之前，請先問自己以下幾個問題——

問題一：我的財務現狀如何？

弄懂我的財務現狀，認真面對自己的收入支出、資產負債、現金流。

問題二：我能承受的風險程度多大？

問問自己你所能夠承受的風險到底有多大？有的人可以承受高風險，有人中風險，有人低風險。低風險的人不要去做高風險的事，因為對你來說，那不是在你可以負荷的範圍，反而會讓投資變成一種負擔，那是沒有意義的。

問題三：我的理財目標是多少？

問自己你的理財的目標到底是多少呢？你自己的目標是什麼？為自己的目標達成而努力，而不是為別人的目標。

問題四：我要求的投資期限有多長？

問自己投資期要多長，你如果錢只能用一年，卻拿去做一個三年期的投資，可能還沒賺到預期的收益就要先退場，要先確定自己的投資期限才開始。

房地產的投資

　　有關房地產的投資，以下將分享羅伯特・清崎的房產無限回報投資心法，羅伯特先生是Money & You畢業生，也是Money & You的講師，寫過一系列的《富爸爸》書籍而聲名大噪，也是富爸爸公司合夥創始人，財商教育的領路人。其財商觀念與投資心法改變了很多人的理財認知。

　　每說到理財和投資，羅伯特都會反覆強調「財商」一詞。他認為財商是人們彼此之間拉開財富差距的重要因素，擁有高財商，就能在最大程度上實現無限回報，那麼什麼是高財商？什麼是無限回報？普通人要如何才能獲得無限回報呢？

　　接下來我們就通過羅伯特房地產投資的案例來看看財商高的人是如何投資房地產，並從中獲得無限回報的。

　　首先什麼是無限回報？人們投資都是為了能夠獲得收益，那麼什麼樣的回報才算是好的回報？10%、12%、20%……，甚至很多人覺得市場這麼不景氣，只要不把本金賠進去，即使有個位數的百分比投資報酬也好。而羅伯特・清崎所推崇的無限回報則是一種100%收回成本，賺取高回報，同時獲得穩定現金流資產的投資無限回報。接下來就從羅伯特的投資經歷來了解如何實現無限回報的核心。

　　2004年羅伯特的合作夥伴邀請他投資在亞利桑那州的圖森市的房地產項目邊木公寓。邊木公寓是一處擁有144套公寓的高檔社區，並已興建

完成，想要獲得這塊地產，羅伯特和他的合夥人需要投資710萬美元來購置這144套公寓。這個社區附近還有一塊10英畝的建築用地，價值50萬美元，羅伯特想一併投資下來，所以這項投資總計需要的金額為760萬美元。

羅伯特與合夥人向銀行貸款了490萬美元，那麼還差270萬美元，於是羅伯特夫婦投資了100萬美元，其他合夥人投資170萬美元。羅伯特和他的合作夥伴看好這個房地產項目就在於這144套公寓有強大的吸金能力，這批公寓若能全部出租出去，就能為羅伯特團隊帶來源源不斷的現金流。此外，羅伯特團隊還投資那塊10英畝的建築用地。他們打算深挖這塊土地的獲利價值，於是撰寫了一份在這10英畝土地上加蓋100間公寓的提案，從而能獲得翻倍的現金流，這個提案為他們爭取到銀行500萬美元的建築貸款。到目前為止，羅伯特團隊共獲得了銀行貸款990萬美元。

一年後羅伯特團隊在這10畝土地上建造了108間新的公寓，擴大了原始資產。於是邊木公寓項目共計擁有252套公寓，隨後他們又花了大約一年的時間把這些公寓全都出租出去，在這兩年期間他們陸續償還了70萬美元的貸款，在他們完成這些後，羅伯特團隊向銀行申請重新評估，準備二次申請貸款。

之前他們自銀行那裡貸款990萬美元，期間償還了70萬美元，還有920萬美元的貸款。這次的二次貸款，銀行對他們的地產做出了市值1570萬美元的評估，隨後向他們提供80%的貸款，也就是1250萬美元的貸款，利用這筆新貸款，羅伯特團隊還清了上一次貸款的920萬美元，所以1250萬減920萬，剩下的330萬美元就是他們的淨收入。

這筆淨收入填補了羅伯特夫妻100萬的個人投資以及其他投資人的170萬的投資，至此所有的投資人就都已經回收了投資成本。還剩下的60

萬美元，就大致按照比例分成，其他投資人大致獲利40萬美元，羅伯特夫婦獲得了約20萬美元的投資回報，也就是20%的回報率。

以上就是羅伯特房地產投資獲得無限回報的案例，他們透過二次貸款，獲得高回報率的收益。不僅如此，他們還獲得了252套不斷為他們賺取現金流的高檔公寓，每年為他們帶來30萬美元的淨收入。成功收回全部投資本金並獲得高額回報，這只是羅伯特高財商投資的第一步。

第二步就是如何支付最少的稅金。富人們的投資動輒就是幾百萬、上千萬，如果不能成功合法節稅，可能「一頭牛被剝好幾層皮」。羅伯特的好搭檔，湯姆・懷克萊特是一名稅務專家，有三十多年的稅務經驗，根據他專業的介紹，節稅重頭戲之一就是房屋折舊。羅伯特夫婦通過投資房地產，每年獲得的30萬美元的房租收入可以透過折舊抵消掉，就無需額外支付稅金。不僅如此，他們通過銀行獲得的120萬美元也不需要繳稅，因為這筆錢是貸款，貸款即是債務，債務是不需要付稅金的。同時他們還能夠獲得政府對投資的現金鼓勵，有朋友可能會覺得為什麼政府不收羅伯特的稅反而還要給獎勵金呢？

第一個原因是羅伯特的投資為當地提供了大量的住房。第二個原因是羅伯特和他的合夥人使用了銀行貸款，這就刺激了當地的銀行功能，良好的銀行功能是一個國家或一個地區財政和社會經濟健康的重要指標。第三個原因是羅伯特和他的合夥人投資這麼大的一個地產專案能為當地提供大量的就業機會。

這就是政府為什麼會發獎勵金去鼓勵羅伯特這樣的人貸款做生意了？很多人認為這樣的好事是不是只有美國才有，其實很多國家都有不同的政策來鼓勵投資，雖然力度和具體要求可能有所不同，但本質上都是一樣的，想要越來越有錢的朋友們一定要好好研讀當地的相關政策。

就銀行的貸款利息來看，臺灣算很低，1%不到，算是非常划算。如果你擁有房地產，當你遇到困難時，在臺灣要借錢的利息成本是很低的。

你會問羅伯特將1250萬的貸款都支付出去了，還分紅給合夥人，那怎麼還有錢去償還銀行，那1250萬要怎麼還？這是一點問題都沒有，因為貸款是要靠那252套房子的租金收入來支付的。所以真正有財商是思考如何創造更多的被動收入，並更合法、合理地運用稅務來降低自己相應的支出。

實踐家在中國買的第一個辦公室其實不是在北京，是在上海，當時的首付款比較低，我們只要支付20%，當時2003年左右房價幾百萬人民幣就算很多了，而首付款就是幾十萬人民幣，所以我們買了辦公室之後，然後招入團隊成員，我們努力創造業績，用每月的營業收入去支付辦公室的租金，因為是我買下上海的辦公室租給上海的實踐家公司，所以上海的實踐家公司每個月要付給我租金，而租金就可以用來支付房貸。其實收到的租金減掉房貸還有剩餘，那就是我的被動收入。

所以我的被動收入可以分成兩個部分，第一部分是收到的租金，第二部分是租金收入減掉房貸的錢，是我賺的額外現金。而這筆現金再經過一段時間的累積，我又能去買深圳的辦公室去買北京的辦公室，而購入的北京辦公室有北京團隊支付租金，深圳辦公室，有深圳團隊支付租金，所以我就有三份租金收入。這些租金收入付完每月房貸，又會有額外的現金流，就可以讓我再去買大連，買天津……，當你有第一個之後第二個、帶動第三個，我們的回報就一直持續向上。可以說當時買的第一個辦公室是真的拿出一筆首付款（啟動資金），有了這第一筆首付款之後，後來所買的房子幾乎都是靠被動收入累積來成為首付款的。我們所有的物業都是這樣子一直不斷的發展下來，這也是一種持續迴圈的投資概念。

瞭解、認識當地

目前東盟各國家的確有很多機會，到了海外考察市場時一定要去相信、瞭解、認識當地人，先聽當地人士的一些建議，而不要相信在當地的外國人。例如，你在柬埔寨的飯店遇到三個人，一個美國人，一個俄羅斯人，一個馬來西亞人，還有柬埔寨當地人，你想知道柬埔寨當地有什麼小吃最好吃等等，你應該問美國人、俄羅斯人、馬來西亞人，還是問柬埔寨當地人呢？自然是問柬埔寨當地人。但如果假設你是馬來西亞人，同樣的情況你去問柬埔寨當地有什麼小吃最好吃，美國人、俄羅斯人、馬來西亞人，還有柬埔寨當地人，你會問誰，我想很多人可能就會選馬來西亞的，這很正常因為大家直覺都會想問自己人，而同是馬來西亞人自然是自己人。但是你不要忘了馬來西亞人雖然和你是同胞，但在柬埔寨當地他還是外國人，不是柬埔寨本地人。

如果有人跟你說柬埔寨的房子一平方米是5000美金，約是3萬多人民幣，說這地方就是未來上海的外灘，就是未來香港的維多利亞灣，……你一聽那些地方現在都是幾十萬，你是不是就覺得真的很便宜？但其實你忽略了當地的人均所得才1800美金，所以你以為便宜，其實真的是貴了，因為你習慣問和自己同國籍的人，因為覺得是自己人，而自己人也不是真想要騙你錢，而是因為他先買貴了，不得已才會賣更貴給你。

很多時候最忌一窩蜂全部沖進去，就很難買到合理的價位，而且你買了之後真的很難賣出去。所以一定要注意當地的狀況，而且不能只是以投機的角度去看待它。

關於理財，我們就是要去比你有錢的地方賺錢，去比較窮的地方投資，去比你還窮的地方投資的時候，不能夠用高價格，要用當地合理的價

格，你用當地合理的價格才會賺到未來發展的紅利。

　　所以，去當地投資一定瞭解當地、要聽當地人的建議與評估，不是聽當地的外國人的話，我們是要用現在的價格去買未來的願景才有倍數、有獲利的可能，注意是要用當地現在的價格買未來的願景才有價值。

　　如果當地的人均所得一年才1800美金左右，但這裡的房子一平米就要5000美金，那大部分一定都是外國人在買的，因為當地一般人也買不起，試想得要賺多久才能夠買得起這個房子？

　　房屋的價格要看你買的是現在，還是未來，你如果是用現在當地的價格去買未來願景就有機會，但如果你是用你未來的價格在買未來的回報，你已經花了好多倍於現在的價格了，你現在預付那麼多，當然不划算！

　　所以，去海外投資要深入瞭解當地，要用當地的角度來思考，不要帶著你所在國家地區的角度去思考，否則你覺得很便宜的投資，其實都算是很貴了，只是你不知道，你花了太多不該花的成本，而且連自己都不明白，真的很不值得。

金融投資：不懂的不做

　　金融投資是另外一種可以創造倍數收入來源的方式之一。金融也是商業行為的最高的表達形式。

　　在我們談金融投資之前，先理解金融到底是什麼？金融是一種思維方式。美國最大的公司奇異（英語：General Electric Company，簡稱GE，中國譯作通用電氣），它的創辦人是誰？GE一開始的創辦人是科學家愛迪生（Thomas Edison），卻因為他沒有金融思維，今天GE是愛迪生家族的嗎？是與他們有關的人嗎？完全沒有，因為1892年，老摩根出資把愛迪生通用電氣公司、湯姆遜豪斯登國際電氣公司等三家公司合併成立通用電氣。握有電燈、照相、電力傳輸等專利的愛迪生黯然出局，而湯姆森休斯頓電氣公司原來的負責人查爾斯·科芬成為新公司的CEO。投資公司拿走一切了，被投資公司收割走了。

　　金融是一種思維方式，金融是商業行為的最高表達的形式，一個好的想法、創業、產品，一個很棒的計畫想要去實現，如果沒有金融支持是無法完成的，所以，金融是一種工具，是槓桿，也是孵化基地、孵化器，是全世界每一個「風口」推動的源動力。

到底什麼是金融：金融是一種思考方式

因新冠疫情警戒升級，為降低群聚感染之風險，民眾大多選擇宅在家，避免出門外出，因此線上學習變得重要，所以市場上就有大量的錢投入線上學習、遠距教學領域，這就是風口把它推上去的，助長了它的發展與成長。

當然金融市場有很多種不同產品，外匯、證券、基金、債券、期貨、期權、保險、黃金、保險、信託……等。金融投資的原則，就是「不懂的不做」，就這五個字。你懂外匯才做外匯；除非你真的懂信託才做信託，如果你完全不理解、完全不懂，就投錢下去，不就跟賭博一樣嗎？

如果你要參與理財，至少要有最簡單的觀念——定期、分散、長期的投資概念。

定期就是每個月固定投資。購買基金對不懂投資理財的人來講是比較簡單。不懂理財的人，至少要知道財富是長期累積的，進入得夠早和堅持得夠久，定期不斷地每個月固定一個時間，分散購買基金，好處是基金幫你投資好幾個不同的股票。例如，東盟國家高科技成長基金，這基金的概念就是1.投了幾個東盟國家；2.投了幾個高科技產業，所以它的風險是分散的。

再來是長期投資，就是長期放著不動它，就可以創造時間的基本複利，不需要你為了投資而煩惱，不用每天盯著盤市，守著股票的瞬間漲跌，你只要專心在自己的本業上。

成為千萬富翁的八個步驟

　　大多數人沒有意識到富裕與否不在於你賺了多少錢，重點是你留下了多少錢？真正的富人不需為錢工作只會讓錢為他工作，以下是成為千萬富翁的八個步驟：

第一步、現在就開始投資

　　這裡有一個基礎概念，就是將每月所得做五大分配，每個月的所得假設是一百元，建議可以先存下四個十元，剩下的六十元才作為花費。而這四個十元，一個（也就是10%）放在「保障」，一個放在「學習」，一個放在「投資」，剩下的一個放在「公益」，最後的60%才是用來生活的。為什麼要這樣分配：

✪ 第一個10%是「保障」

　　保障是什麼？保險。因為意外和明天，你不知道哪個會先到，所以你需要「保障」，生命要保險、財務要保險、智慧要保險，一切的東西都要保險，所以請你將薪水的10%放在「保障」，這看起來是小錢，但是它卻能夠在關鍵時刻避免你損失大錢，還可以為你帶來足夠的錢，讓你去應付關鍵時刻的困難生活。

✪ 第二個10%是「學習」

很多人不願意去上課、或者不願意看書、不願意做一些知識的增長，這是很可惜的，誠如我們前文所說，只有你更懂得理財，才有辦法去創造財富。因為不懂得理財、沒有這方面的知識，所以一百萬能買房子的時候沒買，等到一千多萬的時候再買就太可惜了，因為十幾年的光陰很難讓你賺到一千多萬，可是房子一下子就漲到一千多萬。所以知識的提升是必要的，事實上也是需要靠知識來幫助你創造出更多的價值。

✪ 第三個10%是「投資」

投資，是量力而為，你只要適當地進行投資，這個投資是能為你累積財富的。所以你省下一點錢，就是在為你創造未來的財富。小錢慢慢累積，經過了複利的效應，就可以創造出更大的價值。所以我說「今天省小錢，明天變大錢，今天不願意投資小錢、不願意儲蓄小錢，你明天就要虧損更大的錢」。

✪ 第四個10%是「公益」

一定要記住再辛苦也要用收入的10%做公益累積福報，這個世界，誰助人越多，誰的財富就越廣大！比爾・蓋茲捐獻了90％的財富，巴菲特捐獻了92％的財富，李嘉誠捐獻了70％的財富……這些數據，正說明了誰回饋了自己的財富，便得到了全世界回饋的財富。

理財分配的重要性：

投資、學習、
保險、公益、生活
（缺一不可）

建議「貧中之貧」的朋友，經濟匱乏、心靈困頓的朋友，可以這樣子來規劃，收入的10%放在投資，收入的10%用於學習，投資可以增加未來的財富，學習可以提升擁有財富的能力，10%用在保險，越是辛苦的朋友保險越重要，否則一旦遭逢變故，生活將陷入困頓。但一定要記住再辛苦也要用收入的10%做公益累積福報，最後60%再用於生活。

如果你是「貧中之富」，經濟一般、心靈豐富，可以增加一點投資比例，收入的15%放在投資，15%放在學習，加速提升你的能力，10%用於保險；10%做公益，小生意靠努力，大生意靠福氣，最後50%才是用來生活，這是給貧中之富的朋友們的建議。

處於「富中之貧」，經濟富足、心靈匱乏的朋友，因為經濟富足，所以收入的20%用於投資就夠了，10%放在學習，10%放在保險，但是要將收入的40%用做公益，因為你成為一個富有的人之後，要懂得去分享更多的財富。中國大陸現在最新的政策是共同富裕，就是有錢的人要運用自願而且奉獻的方式，對整個社會進行回饋，進行財富的再分配。

如果你是「富中之富」，經濟富足、心靈豐盛的朋友，你需要創造更多收益的投資。因為一方面要維持你不錯的生活，二方面你在投資別人的時候也是在幫別人創造財富，所以是收入的30%用於投資；10%用於學習；20%用於保險；30%用來做公益；10%用於生活。所以越有錢的人越要從事慈善公益的志業。

第二步，制定目標

這個目標不管是準備用於小孩子的學費、教育基金，可能是買新房子，或者50歲之前要金錢無虞地退休，任何目標都可以，但是必須要定下一個目標，因為只有目標在，路才不會消失，你才會全力以赴朝定好的

方向前進。

 ## 第三步，把錢花在買股票或股票基金上

俗話說：買股票能致富，買政府公債只能保住財富。從長期趨勢來看，股票每年平均報酬率是11.9％。你剛開始有斜槓收入，後來你有股票、基金，再來你有房地產，接著就有企業投資，這是一般人學習投資的路徑。

 ## 第四步，先求一壘打（別眼高手低）

棒球選手如果只想打全壘打，其結果是被三振的機率會高於只想擊出安打的球員，股市投資的道理亦然。所以百萬富翁並不是因為投資高風險的股票而致富，他們投資的是通常都是一般績優股，持續長期持有才有大獲利的。

 ## 第五步，每月固定投資

投資必須成為習慣，成為每個月的功課，不論投資金額多小，只要做到每月固定投資，就足以使你超越大多數人。我們講過分散和長期的投資概念，所以每個月固定的投資成為一種習慣，成為每個月固定的功課。金額大小不重要，它如果已經是一種習慣了，就已經開始時間的複利累積，不要忘記了，我們說過最大的複利有四種，教育、時間、人脈、平台，越早開始去做，你的複利累積越有機會變大。

 ## 第六步，買了要抱住，還要再抱住

如果你買股票的話，買了就要抱住，還要一直抱住。巴菲特說：「如

果你不願持有一檔股票十年,最好連十分鐘也不要持有。」股神巴菲特是個長期投資的信徒,原因出自於他十一歲時的第一次投資,他買了一檔38美元的股票,沒多久就漲到40美元,他很高興地將它賣出,沒想到那支股票漲到200美元,反而讓巴菲特反思,進而發展出他信奉一生的投資宗旨「價值投資」。而調查顯示約四分之三的百萬富翁所買的股票至少都是持有五年以上,因為時間是最大的複利。

第七步,把國稅局當作投資夥伴,善用之

把國稅局當成自己的投資夥伴,注意新稅務規定,善於利用免稅投資理財工具,使國稅局成為你致富的助手。而你只是把你少繳的稅合法地拿去創造更多的財富,幫助更多人。

第八步,限制財務風險

「得意忘形」是有錢人漏財的主因。一有了錢,就忘了自己是誰,深怕別人不知道自己很富有。其實,百萬富翁大多過著很乏味的生活,他們不愛換工作、通常只結一次婚、不搬家,生活沒有太多意外或新鮮,穩定性是他們的共同特色,很少會讓自己陷入風險中。

巴菲特的投資建議

你不理財，財就不理你！學會「投資理財」則是讓自己的資金膨脹，在通膨的壓力下維持一定的購買力。不管是理財或投資，越早開始就越能享受到甜美的果實。為什麼要提早開始？因為愛因斯坦曾說：「複利的威力遠大於原子彈。」

股神巴菲特（Warren Buffett）是股市中唯一被稱為神的人；他是創下三十二年投資零虧損紀錄的人；他白手起家締造一個千億規模投資帝國，被譽為唯一一個真正懂得美國資本市場奧妙的人。

香港《信報》月刊發表文章寫到，巴菲特創下了前無古人的投資成績，他的投資成績每年平均複息成長24%，保持達三十多年之久。假如你在1956年將一萬美元交給他，四十年後這筆錢就已經超過一億四千萬，當中已扣除了所有稅收和有關一切的交易費用。

以下是巴菲特提醒投資人投資時要遵守以下原則：

原則 1 正直的經理最重要

巴菲特說當要研究一個生意是否值得投資時，首先要深入了解這個生意好不好。其次就要研究管理這家企業的人風評，他的選股標準提醒我們：投資公司要慎選誠實和正直的CEO。當巴菲特選擇合適的經理人時，最看重的素質有三點，能力、熱情和正直，而這三點中「正直」是他

最看重的，沒有了正直，能力和熱情就都不重要了。巴菲特曾經開玩笑說，如果一個經理是不正直的，你又如何相信他說他自己是有熱情、有能力呢？正直的經理在溝通中會更加真誠，他們會始終如一地以身作則，始終以積極的心態面對工作。想要找到一位正直的經理，巴菲特會通過試用期來考察新經理人選的言行，來驗證他們的言行是否一致，正直的經理會對自己說過的話和做過的事負責，只有這樣的人巴菲特才會放心，讓他們參與到自己的投資決策中。

一個經營有方、管理者值得信賴的公司，它的內在價值一定會顯現在股價上。所以你要找出那些真正優秀的公司和優秀的管理者。

原則 2 投資要基於事實

巴菲特說投資要基於事實，而不是只看消息面，不能感情用事，堅持獨立思考。他說，即使聯邦儲備局主席格林斯潘在他耳邊秘密告訴他未來利率的去向，他也不會因此改變任何投資計畫。這跟大多數買股票的人不一樣，都覺得買股票就想聽消息面，而不是長期的擁有。

很多投資者都無法擺脫自己人性的弱點，看到牛市來了，就一股腦地往市場衝，哪怕借錢也要買進，或者說看到別人投資某一檔股票賺了錢也不做任何調查，就匆忙跟買。還有一些投資者看著一檔股票在過去幾年直線上漲，或者是去年同期漲幅不錯，就覺得肯定還會複製歷史，盲目追高，這些都屬於感情用事，違背事實。

巴菲特從不去預測股份，也從不相信所謂的預測，他只相信自己對企業的了解，他對自己看中的公司有絕對的信心，不看短期價格波動，等待企業的內在價值體現出來。

一旦你過於關注短期價格波動，看到市場波動而認為有利可圖，那麼

你的投資就變成了投機，這就和賭博沒有什麼區別了，沒有什麼比賭博心態更影響投資。

原則 3 選擇好的股票，而不是便宜的股票

選擇好的股票，好的股票再貴都值得，因為它會賺錢。但是便宜的股票不一定能夠賺到錢。

《1988年巴菲特寫給股東的信》裡說到：好股票不長期持有，就好比砍花朵來當小草的肥料 ，今年我們做了兩個重大決定，就是大筆買了聯邦家庭貸款抵押公司和可口可樂。急著賣出表現好的股票以實現獲利，卻不肯出脫表現差的股份的那群人，就好比砍花朵來當小草的肥料。

巴菲特說低價買入便宜的股票，就好像是在路上撿別人抽剩下的雪茄，雖然是免費的，但只能再抽一口而已。這樣的股票能讓你獲得一些蠅頭小利，但無法獲得更高的回報。他建議投資者用心去選擇優質的股票，然後耐心等候，在價格相對較低時買入，而對於那些業務水準一般的公司就算股價再低、再誘人，也不要買進。巴菲特說：「如果你認為，市場將會變好，而要等到更好的時機點才進場，那你就是犯了嚴重的錯誤。」只要買的是好公司的股票，長期趨勢就是往上走，確立了長期投資、分散配置的操作法則後，根本不用刻意挑選進場時機。

原則 4 找到自己的能力圈

中國有句古話叫「生意不熟不做」，巴菲特也有一個習慣，不熟的股票不做。買股，就是要選自己熟悉的公司。找到自己的能力圈，不懂得不做，瞭解自己的相關領域。「不懂不買」：巴菲特不買科技股，因為科技變化太快，難以捉摸。他在2017年開始買進蘋果公司股票是因為它的事

業已經很成熟穩定，而且轉向以服務為主，會有穩定的現金流。

巴菲特強調投資者要找到自己的能力圈，畫出邊界，然後專注於該能力圈，以獲得遠勝於他人的競爭優勢。在做任何一項投資前都要仔細調研，自己沒有瞭解透、想明白前不要倉促決策。他強調一個投資目標，就是先求保本。只有在這樣的基礎上，才有穩定增值的條件。

巴菲特說你不需要成為每家公司的專家，只需要能夠評估你能力範圍內的公司，能力圈的大小不是關鍵，重要的是要清楚它的邊界。對於投資而言，就是要永遠只在自己熟悉的領域內投資，不管你的能力圈有多小，堅持自己能夠理解的範圍，只做自己理解的企業，在投資外擴展你的能力圈，在投資中守住你的能力圈，如果你不瞭解這個行業，你有兩個選擇，學會瞭解或者回避投資。

原則 5 抓住機會

巴菲特說自己一生犯的最大的錯誤就是曾經有一個在自己能力圈的投資出現在他的面前，但是他沒有珍惜，等到他失去的時候才後悔莫及，這個錯誤就是波克夏公司（Berkshire Hathaway）收購房立美的買賣經過，當時他本來有機會不費一絲一毫就拿下這筆買賣，但是就在他猶豫的過程中機會稍縱即逝，波克夏損失了至少50億美元，巴菲特說我們的一生中沒有多少次可以做大事的機會，所以機會一旦來了，就一定要去盡全力把它抓住，因為同樣好的機會基本不會再出現了。

原則 6 長期投資，不輕易賣出

巴菲特有一句很經典的話：「如果你不願持有一檔股票十年，最好連十分鐘也不要持有」，有人曾做過統計，巴菲特對每一檔股票的投資沒有

少於八年的。我們不妨算一個帳，按巴菲特所說，某檔股票持股八年，買進賣出手續費是1.5％。如果在這八年中，每個月換股一次，支出1.5％的費用，一年12個月則支出費用18％，八年不算複利，靜態支出也達到144％！

有人說巴菲特成功的奧秘有很多，其中最突出的一點就是長期持有作為長線投資的典範，巴菲特選擇投資時從來不會把自己當做市場分析師，而是把自己視為企業經營者。他非常反對短線交易，認為那是浪費時間及金錢的行為，而且會影響到操作績效。他說：我從不打算在買入股票的次日就賺錢，我買入股票時總是會先假設明天交易就會關門，五年之後才又重新打開恢復交易。巴菲特曾在1972年以1060萬美元買入華盛頓郵報股票，到1999年時已經增值到9.3億美元，在二十七年內華盛頓郵報股票成長了86倍，儘管在這二十七年美國股市大盤幾經沉浮，華盛頓郵報的股票也曾大幅震盪跳水和飆升無數次。最後的事實證明，長線和耐心為巴菲特帶來了可觀的收穫。

原則 7 以低於內在價值的價格買入股票

用低於內在價值的價格買的股票公司是值錢的，只是目前的市場方面還不理解，沒有看到它的價值，因此當你看到這個價值了，真正賺到了錢，才能夠在股票上有真正的回饋，股票給你的回饋是他們賺到錢之後的回報。在股市大跌時反而是最佳買進時機。人棄我取，巴菲特曾 ：「一般人犯的投資錯誤是『該恐懼時貪婪，該貪婪時恐懼！』」如果想要在股市賺錢，你必須在別人非常貪心的時候非常害怕，在別人害怕的時候貪心。你要常常去體察周圍的環境。當你感受到環境越來越貪婪時，就要勇於說「No」；反之，你要勇於說「Yes」。因此巴菲特不在意市場的短期

波動，只專注在股票的長期回報上。巴菲特認為所謂投資不過是以較低的價格買入，然後以較高的價格售出。

巴菲特對內在價值的定義很簡單，內在價值是一家企業在其餘下的壽命中可以產生的現金流量的貼現值，巴菲特認為投資者進行投資決策的唯一標準不是企業是否具有競爭優勢，而是企業的競爭優勢能否為投資者的將來帶來更多的現金，所以內在價值的評估原則就是現金為王。

巴菲特在投資一家公司的股票時，會考慮以下三個因素：

❶ 你在多大的程度上能夠確定會有收益產生？

❷ 收益什麼時候會產生？

❸ 有多少收益會產生？

如果你能回答出以上三個問題，那麼你將知道這個公司股票的最大價值是多少，以及你現在需要投資的最大數量是多少，才能收獲你期待的回報。

 ## 原則 8 把雞蛋放在一個籃子裡

當很多投資者認為「不能把所有雞蛋放在同一個籃子裡」的時候，巴菲特卻認為，投資者應該把所有雞蛋放在同一個籃子裡，然後小心地看好它，因為他覺得：在時間和資源有限的情況下，決策次數少的成功率自然比投資決策多的要高，集中看管一個籃子總比看管多個籃子要容易，成本更低。就好像獨生子女總比多子女家庭能得到更好、更周到的照顧。其概念是說我這筆錢如果決定做這個事的，我選可口可樂就會一直投放在可口可樂這裡，不會一下子可口可樂，一下子拿出來投到別的地方，而是每一筆錢都要長期的持有，每一個投資是長期擁有。

不要因為想賺錢就去碰金錢遊戲，不要去玩非法的虛擬貨幣，也不要

去碰資金盤，因為金錢是數字的交換，財富是價值的創造，真正創造價值的人會想辦法真正創造收益，而不是紙上的遊戲。

富中之富的理財之道，建議你股票賺的錢可以拿出來建構一些資產，而資產是要能夠為你帶來被動收入，而有更多的錢之後，可以再透過投資別人的企業，又可以創造收益，靠回饋這個社會，讓社會變得更好、更有福氣，創造更多的價值。

投資企業，看未來的價值

　　請問上市公司跟非上市公司最大的區別是什麼？就是一個有本益比（英語：Price-to-Earning Ratio，縮寫：P/E或PER，指每股市價除以每股盈餘，中國譯市盈率），一個沒有本益比。

　　一家公司所賺到的價值有沒有可能大於它的營業額？一家公司的整體市值，有沒有可能大於它的營業額？當然有可能，為什麼？對非上市公司來說，營業額減成本就是你的利潤。營業額1000萬，成本900萬，利潤是100萬，所以利潤是小於營業額的。

　　但是，如果是上市公司有本益比，股票上市是為了表現更好，不是為了騙錢，上市公司的市值可能會大於你的利潤。舉例，股票去年利潤賺一塊錢，在本益比20倍的情況下，股價就是20元，如果去年才賺10元，股價300元，就是30倍，這就是倍數。

　　所以企業投資，你買的是未來的價值，不是昨天的價值，昨天的價值跟你無關，你買的是未來的價值。

　　本益本：股價/每股淨收益，P/E，又叫股價收益率，所以營業額1000萬，成本900萬，利潤100萬，可是上市公司每賺100萬，如果它的P/E是20倍，對公司來講是增加了2000萬的價值，如果100萬股票賣掉就能拿2000萬進來的概念。

　　企業投資又可分為二類：第一是成為大企業的小股東。第二是成為小企業的重要股東。大企業的小股東：最簡單就是買股票；小企業的重要股

企業投資：
大企業的小股東，
小企業的關鍵股東。

東，就是取得股權。股票投資初期得到的是百分比的獲利；股權投資，你未來得到的可能是倍數獲利。股票每天的漲跌，是百分比的概念，但是你卻無法去控制這家公司的發展及未來，因為你沒有擁有那家公司的控制權。

股權投資是一種新興的投資型創業模式。它不需要太大的資金，也不用太多的技術，更不需要你費心去管理。你只要找到一家擁有一流管理團隊的一流企業。然後，放心地把資金交給他們，為什麼投資他們，因為他們比自己更優秀、更好，讓他們利用你的資金為你創造財富。股神巴菲特一生從來沒有投資過實業，他的財富都是透過產權和股權投資來實現的。

投資企業所能獲利的數字是成倍數的回報，若你投資的是青創企業，從小規模做到大規模時，就是倍數的成長。阿里巴巴當年1元的原始股，現在變成161422元！2014年9月21日，阿里巴巴上市不僅造就了馬雲這個華人首富，還造就了幾十位億萬富翁、上千位千萬富翁、上萬名百萬富翁。騰訊當年1元的原始股，現在價值14400元！2004年6月16日，騰訊上市，造就了五位億萬富翁、七位千萬富翁和幾百位百萬富翁。所以，投資一般的傳統企業，所得到的回報可能是百分比，投資好的新創企業，所得到的回報可能是就倍數發展。

投資企業主要是投資「人」的，你要看重該企業創辦人或領導人是否具備以下兩點：一是心地善良，不會做壞事，二是使命感強烈，會持續堅持。

每個人其實都是一家企業，一個公司，那麼你自己有沒有給自己這個

公司本益比，你要為這家企業創造出你的本益比！

　　一家好的公司為什麼人家願意投資它？因為商業模式是對的，因為未來計畫是感人的，因為公司團隊是強大的，因為看到的商機是正確的。所以人家才願意投資。

你不知道的事情並不代表不存在

　　每當你遇到有挑戰時，不要忘了，我們常講的「知識到哪裡，財富就到哪裡」我們要一直不斷地累積更多的知識，才能應對環境的改變。試想，如果我們所學的東西不足以應付這個時代的東西，我們如何在這個時代創造財富。此外，做投資時，一定要放下自己的成見，多看看這個世界所發生的事情，因為你不知道的事情，並不代表不存在。

　　這個世界，不是坐在家裡可以理解的！你要走到當地，實際了解當地的狀況，你將會發現：不知道的事，並不代表不存在！你走過的路，是另一群人正要去的地方！

　　在資金有限的條件下，若一筆資金用做自己創業可能不夠，但若是投資到別人創造好的企業上，其所能獲利的數字可能就是倍數的回報，由於我們的培訓課程有接觸到老闆級的學員，所以從2010年起，我們實踐家教育集團開始投資學員的企業，因為投資的是青創企業，從小規模做到大規模時，就是倍數的成長。

　　阿里巴巴當年1元的原始股，現在變成161422元！騰訊當年1元的原始股，現在價值14400元！所以，我們不僅要利用自己的智慧、知識去投資別人，同時也要利用你

的資金，去投資別人。

右圖的照片是我們柬埔寨孵化基地的總經理，Thul Rithy他帶領團隊開發出有別於市面上常見Windows及iOS系統的筆記型電腦「KOOMPI」，KOOMPI用的是自

行開發的KOSMOS系統，能有這麼棒的創業成果，全都來自這位柬埔寨青年渴望改變自己的人生。

實踐家團隊投資成立KOOMPI的目的就是打造價格適中的筆記型電腦，所有軟體系統都是自行開發的，一開始瞄準的客群是從未使用過電腦的學生，現在則是定位在為下一個世代的年輕人、工程師、問題解決專家和探索者提供一款完美設計、功能強大的筆記型電腦。這款電腦的品牌名為「KOOMPI」，在高棉語的意思是「知識之書」，由實踐家柬埔寨團隊設計生產的筆記型電腦KOOMPI，甫一推出，就造成轟動，改變著柬埔寨年輕世代的未來！

KOOMPI目的就是打造價格適中的筆記型電腦，專門面向學生市場。他們看準的就是智慧手機的生產力問題，隨著東南亞國家人民無論就教育或工作而言都逐漸仰賴科技，而筆電的生產力仍遠高於智慧手機，因此筆電仍然有市場需求。KOOMPI生產的筆電只要369美元，採用免費的開源Linux操作系統，可以節省Microsoft Windows或其他軟體授權費用，配備的軟體都是免費的，包括WPS Office套件和圖形編輯器Gimp。這就是為什麼「KOOMPI」能賣369美元這麼便宜的價格，因為裡面的作業系統KOSMOS是由Thul Rithy帶領孵化基地的夥伴自己寫出來的。

這個電腦現在柬埔寨有很多的學生在用。我要提醒各位，這名年輕人

展示我們未來真正的競爭對手，越是相對滯後的地方，孩子們越努力，其成長的速度跟空間倍數就會越大。

很多東西當你到另外一個地方的時候，你打開思維就會發現各個環境不一樣，會因此得到很多新啟發，有很多舊環境思維在新世界是會被淘汰的。

時代的發展是有一個不同的進步軌跡的。所以我也一直在提醒，你家的孩子最大的競爭對手是經濟相對落後地區的這些孩子，真的，他們因為生活條件辛苦，很多是孤兒，所以更想要拼搏，想要去改變自己的人生、自己的命運。

做好自己的工作，成為別人的股東

成為別人的股東有兩種，一種是大企業的小股東，一種是小企業的大關鍵股東。用你的資金買別人公司的股權，別人賺錢，你也可以分得利潤。或者是，將你公司的股權賣出一部分，把你所賺的錢分給別人，這就是股權投資的概念。

「股權投資」的好處是你確確實實地擁有某些公司的股權，而只是買一張股票，百萬分之一、千萬分之一、一億分之一，這對那家公司沒有什麼影響力。所以如果你擁有一定能力的時候，就可以學習、嘗試去做「股權投資」。

當年，美國可口可樂公司剛起步時，也發行了上市前的股權轉讓，可是認購的人們並不多。巴菲特卻獨具慧眼將手中的全部資金投入買下股權，而且上市後不拋售，現在他每年單是從可口可樂公司的股權分紅，就高達幾千萬美元。股神巴菲特並不炒股，他是選出優質公司並長期持有，這是他成功的核心，巴菲特所投資的公司，都是看中它的長期價值，這是

股權投資邏輯，與股票投資完全不一樣。

成為大企業的小股東，最簡單方法就是買股票，好的東西買股票，它的發展我們跟著一起分享，所以成為大企業的小股東，或者成為小企業的關鍵股東，像我們在很多東盟的創業基地是在相對滯後的地方，小企業5%我們就是一個關鍵股東了，那5%的資金真的只是一筆很小的投入就有了。

當然，投資落後地區的新創企業，你有可能會失敗，因此我們建議你把投資當獎學金來看待，如果成功的話，就能賺到倍數，如果不成功就把那筆資金當做是做功德，為自己累積更多的福氣，因為這個福氣是來自於你幫助了這麼多年輕人，如果幫忙之後，不斷地修正，後來有可能做得更好，再回過頭來創造更大的財富，所以把投資當做獎學金，成功賺倍數，不成功就當是做善事。

如果你的一筆錢要賺十倍、二十倍，甚至更高，「股權投資」是風險最大，同時也是獲益最大的。「股權投資」有幾個基本原則：第一個「投資自己」，投資自己的回報是最大的；第二個：「投資合作夥伴」，多一個合作夥伴，就少一個競爭對手；第三個：「投資好賺能幹」，就是行業很有賺頭、老闆很能幹，就可以做為一個投資的方向；第四個：「投資大數據」，任何小數據的連結都會成為足夠的大數據。那什麼樣的方向才是正確的投資方向呢？你可以再回過頭去參考前文「看準趨勢、發現商機」的篇章，再複習一下未來的投資方向！！

時間是最大的槓桿

你有試算過自己的時間到底值多少錢嗎？我們都知道時間管理很重要，但有兩件事是人力無法操控的，那就是「時間」與「因緣」，所以把握時間、掌握因緣，及時去做，才是有價值的人生。

富蘭克林說時間就是金錢。時間是最無情的，也最公正的，不管貧富貴賤，每個人一天都只有24小時，但是時間對智者而言，就像鑽石一般珍貴，對不懂運用的人來說，猶如泥土一般的毫無價值。所以我們一定要用有限的時間來做最多的運用，用有限的金錢來創造最大的財富。

時間管理不只是管理時間，更是生命、事業與生活的管理。把時間管理好了，生命就會好，事業就能步上有效、有系統的正循環。

時間是正向槓桿
也是負向槓桿

每天工作8小時×
每週5天×
每年工作50週
＝2000小時
年收入／2000小時＝收入／小時

　　試著算一算你最近一年的時間價值，傳統的演算法是：一天工作8小時，每週工作5天，每年工作50週，平均工作大約就2000小時，再將你去年的收入除以這2000小時，就能算出你一個小時值多少錢？例如，年收入60萬，除以2000小時，一個小時就價值300元；去年年收入若是200萬，除以2000小時，每小時價值1000元。算出你每個小時的價值是多少，這樣你就不會輕易去浪費時間了。

　　但同時，當你今天一個小時價值300元時，一定要用遠高於你公司所得的態度與行動去付出，才有機會賺到更多的錢，獲得更高的工資！

每天工作8小時×

每週5天

每年工作50週×3年

＝6000小時

3年總收入／6000小時＝收入／小時

　　我們再來算最近三年的時間價值，三年的工作時間是6000小時，三年的總收入除以6000小時就是一個小時的收入；以此類推工作十年，所以十年是工作2萬小時，所以十年的總收入除以2萬小時就是一個小時的收入。二十年是工作4萬小時，所以二十年總收入除以4萬小時就是平均一個小時的收入。……然而，這是過去的演算法，只是這樣計算，時間的價值並不等於時間的「淨值」。

　　我在90年代學過一套丹麥的時間管理系統叫time system，時間系統，告訴我們時間淨值比時間價值重要。

　　具體做法如下，要先算出資產總值，資產總值是你擁有的全部資產，

若在今天全都賣掉變現,會價值多少錢,這叫資產總值,就是你的全部資產若在今天完全售出的所得!你的房子、車子、手錶、珠寶,甚至手機、包包一切可賣、可變現的全部賣掉,會拿到多少錢?就是你的資產總值。

再來算出負債總額,指你積欠的全部負債,在今天完全償還的總額!房屋貸款、汽車貸款、信用貸款、卡債、消費貸款,將這些借貸今天還清,需要多少錢?這個叫負債總額。再把剛算好的資產總值減去負債總額,這才是你真正的資產淨值。

每天工作8小時×

每週5天

每年工作50週×工作年數

=總工作小時數

資產淨值/總工作小時數=創造淨資產/小時

算一算你工作到現在為止的總時數,從正式工作到現在有多少年了?十年的話就是2萬小時,四年是8000小時,十一年是2200小時,三十年是6萬小時。所以你的資產淨值除以總工作時數,才是你每個小時真正的資產淨值。

資產總值:自己擁有的全部資產,在今天完全售出的所得!

負債總額:自己積欠的全部負債,在今天完全償還總額!

資產淨值:資產總值-負債總額

時間淨值:資產淨值 除以 工作至今總時數

很可能這個資產淨值算出來的數字是負數的，當然，也有的人數值很高，有的人可能一個小時的淨值就只有幾百元，幾十元甚至是個位數。你會很驚訝地發現，自己工作那麼久才真正累積到那一點點的資產，試想，你接受這樣的事實嗎？你滿意這樣的數字嗎？你想要改變這結果嗎？

如果你想要改變這樣的結果，只有認真面對自己的現狀，你才有改變它的可能。

時間既是正向槓桿，也是負向槓桿！

前文我們說過「教育是複利，無知是負利」。今日開始走在正確的道路上，讓時間的正面的複利來幫助你，股神巴菲特就他自身的經歷總結道：最好的投資就是學習、讀書，總結經驗、教訓，充實自己的頭腦，增長自己的知識與智慧，培養自己的眼光。請從現在起，把每天所學的東西開始落實地去執行，堅持地做。就像英國億萬富豪，維珍集團董事長布蘭森（Richard Branson）說：雖然我喜歡冒險是不爭的事實，但冒險之前的學習，才是真正最具有魅力的地方。每次的冒險他都不是貿然而魯莽的，他在每次冒險前都做了足夠的準備與學習，如為了上太空的夢想，他會去學習要如何漂浮，如何自在地在太空艙活動。

你從今天開始到底會賺多少錢？就是看看你如何利用今生所剩餘的時間，應用已經學習的東西，在既有的財富加上未來的時間去創造出更大的價值，這是你未來會賺到的錢，也就是，在未來剩餘的時間中，你要如何運用既有的財富去做出不同的改變，將會是你未來財富真正的總額。

你這一輩子的財富從現在開始算是怎麼創造的？

財富總額＝剩餘時間✕既有財富

時至今日為止的既有財富，加上剩餘的時間，就是你這輩子剩多久時間

現有的財富和未來的時間及運用的方式，就是你未來的財富總額。

　　每個人都要開始為自己的MONEY跟YOU設一個綜合帳戶，要有實質的帳戶也要有虛擬的帳戶，實質的帳戶是工作賺到的錢，理財賺到的錢，倍數跟百分比賺來的錢。工作理財以外，健康、人脈、家庭、休閒、心靈、學習也都要分別設立帳戶，不要忘記了你就是錢，錢就是你，餘生很長，你值得過得更好，而你未來的重點如果是在幫助更多人變得更好的情況之下，你就會更強大。你過得更好，你身邊的人也值得過得更好，富勒博士告訴我們，服務的人越多，效能就越高。

　　愛因斯坦說：複利的威力比原子彈還大。就投資理財這個角度來看，其實你只要固定地、重複地做著同樣的事情，你的回報有時候是遠遠超過你的想像的。

　　如果你用10元開始投資一個年複利10%的產品，三十年後這10元會變成174.494024；六十年後會變3044.81641；九十年後變53,130.2262；一百二十年後變927,090.68；一百五十年後變16,177,178.2；一百八十年後，變成282,282,092。

10元起投，10%年複利
30年後　174.494024
60年後　3,044.81641
90年後　53,130.2262
120年後 927,090.682
150年後 16,177,178.2
180年後 282,282,092

我們當然是不可能活到一百八十年。但很簡單，只要把投資10元變成100元，放在一個年複利10%的地方，三十年後這個錢就變1744元，六十年後經過連續10%的複利，它就變30,448元；九十年後就變了531,302元。

100元起投，10%年複利
30年後 **1,744**.94024
60年後 **30,448**.1641
90年後 **531,302**.262
120年後 9,270,906.82
150年後 161,771,782
180年後 2,822,820,920

如果你還是覺得太慢了，你可以改投1000元，三十年後就是17,449元；六十年後就是304,480元，因此如果你只放1萬元或者一年只放10萬，當一年放10萬的時候，數字就是現在的幾倍？百倍，這100倍乘起來，光是六十年內30萬100倍都已經是3億多。所以我們才會說複利的威力是很巨大的，因為你的複利是每一年的「本金」再加上前一年的「本金加利息」合在一起計算，到了第五年的時候，你是第五年的本金，再加上前面四年的「本金加利息、加利息、加利息」乘起來的結果，它是不斷往上乘的結果。

1000元起投，10%年複利

30年後　17,449.4024
60年後　304,481.641
90年後　5,313,022.62
120年後 92,709,068.2
150年後 1,617,717,820
180年後 28,228,209,200

　　我們要提醒各位，時間是槓桿，因為有複利的效應去幫你創造更大的價值，連愛因斯坦都說複利是人類的第八大奇蹟，複利的威力比原子彈大，而複利是靠時間累積起來的。

　　以一般不是很會投資的人來說，個人的投資者最簡單的方法，就是「隨時買、隨便買、不要賣」。「隨時買」是定期買的概念，每個月來買；「隨便買」是分散的意思，你不要只有投資一個東西，要分散來做投資。最後是「不要賣」，「不要賣」不是真的不要賣，而是要你長期持有的意思，長期持有自然就會有複利的效益，最簡單的工具之一就是購買定期定額的基金。

平台是最大的槓桿

我們先來看以下的故事。

有一天，小和尚來請教禪師說：「師父我人生最大的價值是什麼？」禪師說：「你到後花園搬一塊大石頭拿到菜市場賣，假如有人問價錢的話，你不要說話，只伸出兩個手指頭就好了。假如他跟你還價，你也不要賣，師父就告訴你人生最大的價值是什麼。」

第二天小和尚抱著一塊大石頭到菜市場上販賣，市場人來人往，人們都很好奇，一個婦人就走過來問說這石頭多少錢，和尚伸出兩個手指頭，婦人說：「2元？」和尚搖搖頭，婦人說：「那麼是20元？好吧，好吧！我剛好拿回去壓酸菜。」小和尚一聽，心想「這石頭一文不值，既然有人出價20元！」於是小和尚沒有賣，樂呵呵地回去見師父，告訴師父說：「今天有一名婦人願意出20元來買我的石頭，師父您現在可以告訴我人生最大的價值是什麼了嗎？」

禪師說：「不急，你明天一早再把這個石頭拿到博物館去，假如有人問你價錢，你一樣伸出兩個指頭，如果他還價，你也不要賣，再抱回來。」第二天早上，在博物館裡面一群人好奇地圍觀並竊竊私語，一塊普通的石頭有什麼價值能擺在博物館，既然這塊石頭擺在博物館裡面，那一定是有它的價值，只是不知道是多少而已。這時候有一個人大聲地問：「小和尚你這塊石頭多少錢」小和尚沒出聲，只伸出兩個手指頭，那個人

說200元，小和尚搖了搖頭，那個人於是說：「好吧，就2000元，正好我可以用它雕刻一尊神像」小和尚聽了，非常驚訝，但他依然遵照師父的囑託，把這塊石頭抱回了山上去見師父：「師父，真有人要出2000元買這個石頭，這回您總要告訴我，我人生的價值是什麼了」，禪師再次大笑說：「你明天再把這個石頭拿到古董店去賣，照例會有人還價，你就再把它抱回來。這次師父一定會告訴你你人生最大的價值是什麼？」

隔天一大早小和尚又抱著這塊大石頭來到了古董店，依然有一些人在圍觀，對這塊石頭品頭論足，猜它是哪個朝代的？終於有一個人過來詢問：「小和尚你這塊石頭賣多少錢？」小和尚依然淡笑不語，伸出兩根手指頭，對方說：「2萬元？」小和尚睜大眼睛，張大的嘴巴驚訝不已，那位客人以為自己出價太低了，連忙改口說：「20萬。」小和尚一聽，立刻抱起石頭飛奔回山上見師父，氣喘吁吁地說：「師父，師父，這下我們可發達了，今天的施主出價20萬買我們的石頭！現在您總可以告訴我，我人生最大的價值是什麼了吧？」

禪師摸摸小和尚的頭，慈愛地說：「孩子啊，你人生最大的價值就好像這塊石頭，如果你把自己擺在菜市場上，你就只值20元錢；如果你把自己擺在博物館裡，你就值2000元；如果你把自己擺在古董店裡，你值2萬元！平台不同，定位不同，人生的價值就會截然不同！」

是的，平台是關鍵，離開團隊你什麼都不是，所以這個故事是啟發你對自己人生的思考，你要怎麼定位自己的人生呢？就是把自己擺在什麼樣的人生賣場去拍賣自己，要為自己尋找一個什麼樣的人生舞臺，不怕別人看不起你，就怕你自己看不起自己。誰說你沒有價值？除非你把自己當作破石頭放在爛泥中，沒有人能夠給你的人生下任何的定義。你選擇怎樣的

道路，將決定你擁有怎樣的人生。

　　每個人存在於這個社會，都有自己的價值，每一個產品、每一個服務，也都有它存在的價值。有時候我們會說：「哇！那個東西價格太貴！」但是其實不是如此，問題在於它的價值被塑造得不夠好。

　　例如，同樣是一塊牛排，如果你將它擺在王品牛排館裡，是一客賣一千多元，但是如果你將它擺在夜市的路邊攤裡，應該就是一客賣一百多元。我們拿這兩種牛排來比較，夜市的牛排並不一定真的就比王品牛排來得不好吃，只是王品牛排善用了許多邊際效益來創造牛排更大的價值。

　　舉例來說，你一想到王品，就會覺得那是一個服務很好的地方，是一個很貼切瞭解客戶需求的地方，那麼這些就是王品真正塑造出來的價值，因為王品對顧客價值的認定、提升對顧客價值的肯定，所以顧客也願意回過頭來為這個企業創造更多的價值。

　　然而，「價值」是相對的，當你越重視對方時，對方越重視你；你越重視顧客時，顧客越看重你；你越強調產品的品質，產品回過頭來就會幫你說越多的好話，這個就是「價值創造」非常重要的基本觀念。

　　當然，我們在創造價值的過程裡，第一點：首先要明白「你自己的東西都是有價值的」。我認為這個態度非常重要，因為大多數人都習慣自我否定，他會想：「唉呀，我不夠好，我學歷不夠高，我資金不夠多，我資源不夠廣……」第一個動作你得先去除掉這樣的負面思維。

　　第二點：你要能理解「價值是相對創造的」。當你願意去為對方創造價值，對方就會願意為你創造更多的價值，這是相對的，也就是「你好，我好，大家好」。在談「商業模式」的時候也是相同的，我們說「當你滿足顧客的價值，就可以創造自己的價值」，所以價值是一種「雙贏」，而且是共同存在的概念。

　　還有第三點，非常重要，那就是要「分享你的價值」，當你越願意分享，你的價值平台就會越大；當你越不願意分享，你的價值平台就會越小，所以你必須「主動去分享」。

　　價值是要分享的，只要你願意與別人分享，你就有機會因共享而變得更強。富勒博士也告訴我們，在這個世界上每個人都有獨特的天賦，每個人都有給的能力，如果大家都願意敞開心胸貢獻付出，那麼這個世界就會更加的和諧。

　　我們所處的藍色行星地球表面積70%是被海洋覆蓋的，所以科學家認為海洋就是有生命的起源，所以為什麼我一再強調要當豐富的海洋——我是豐富的海洋，海洋什麼都不要，只要去給！就像我以前帶一群大學生志願者舉辦一場饑餓三十援助非洲的活動，後來我到非洲難民營去工作，那年我二十六歲。當時因為戰爭的關係，很多的建築都被摧毀了，在整個難民裡面唯一一棟勘用的房子上面寫了一句話，「我們的孩子是未來希望的花朵」，是的，我們的孩子是未來希望的花朵，我們希望實踐家教育集團所做的一切的教育改革都能幫助到需要幫助的小孩，造福更多的孩子。

　　人們最大的喜悅是你的付出，通過連結可以有更大的價值去成就這個社會，你幫助的人越多，你的價值就越大。

▶ 寫下學習「賺百分比與投資倍數」的收穫

▶ 如何開始改善自己的財務現況？

▶ 計算出自己的每小時創造淨資產價值，分析對此數字的看
法？

▶ 在投資、學習、保險、公益和生活支出這五大項目的目前
真實比例各是多少？從這個月開始要先調整成什麼比例？

Chatper
6

～財富背後的秘密～
健康、人脈與家庭

沒有健康，你什麼都沒有

健康猶如數字1，事業、家庭、地位、錢財是0；有了1，後面的0越多，就越富有。反之，沒有1，則一切皆無。

現在的社會很多人為了追名逐利，不斷透支自己的健康，並不知道健康正在悄悄遠去，直到生命戛然而止。

我們時常在感嘆一個生命過早離開的時候，才知道健康是人類最大的財富。因為你永遠不知道有什麼事情會突然就來了，本來希望獲得更大的保障，卻沒想到有可能遭受另外一場挑戰。所以平常就一定要不斷訓練、提升、培養，不斷讓生命可以有一個更大的防衛能力，讓自己更健康。

身體是革命的本錢

當生命這些事情發生的時候，再一次為我們鳴響警鐘。事業、投資、理財固然重要，但不要忘了，一定要同時關注到健康，因為身體是我們革命的本錢，有了健康我們才能去追求自己的事業，才能與所愛的人共享天倫，感受人世間所有美好……健康是1，其他是1後面的0，沒有健康，一切都是空談。

有一地區對工作四年以上的五百名企業經理進行健康檢查，被檢查者年齡於二十七至六十歲之間都有，平均年齡為四十三歲。據檢查結果，這

五百名企業經理主要有六大病症，依次為高血脂47.9%、胃病41.2%、脂肪肝26.5%、冠心病18.7%、膽囊病15.3%、高血壓15%。其實不管是身處何種職位，我們每個人都或多或少會有各種病症，只是工作壓力可能會使得病症較易找上門來，但如果我們平時能有良好的健康習慣和健康投資，就能讓情況轉好，甚至可以得到預防的作用。

測測自己的健康狀況

　　以下每個問題都有五個答案，請選擇最符合你的感覺和生活方式的選項，然後把你每題答案的得分加總即為最後得分。每個題目的答案，分別為：是/總是10分，經常7分，曾經如此5分，難得3分，從不1分。

1. 每週至少進行3次20分鐘以上的有氧運動。

2. 軀體活動包含伸展和屈曲運動，每次運動是否都有做這些相關的動作，讓自己身體先拉開，免於運動傷害。

3. 進行劇烈運動時，事前事後有熱身和舒緩兩階段，假如你運動後沒有做適當的舒緩動作來恢復，可能運動效果不彰，反倒帶來更多的傷害。

4. 每週至少進行兩次耐力型鍛鍊。

5. 依我的年齡，我的身體狀態是優秀的。

6. 依我的性別，我的體脂率符合標準值。（體脂率參考，男性約10～18%，女性約18～25%）。

7. 定期進行體檢，根據檢查數值與醫生進行討論和諮詢。

8. 我固定接種疫苗，如流感……等。

9. 我對近親的家族病史有所追蹤。

10. 我有妥善記錄體檢日期並保存每次檢查報告。

以上共10個題目，試著加總一下自己的分數為何？

☆ 86～100分，優秀

如果你的分數落在86至100分，恭喜你，身體狀態十分優秀，當前你的行為跟面對健康的態度，表明你有一種健康的生活方式和較高的生活品質，如果你的得分在這個範圍內，你足已成為眾人的楷模。

☆ 70～85分，良好

你的態度和行為有益於你的健康和取得較滿意的生活品質，得分較低的題目，就是你要改進的地方，那麼你將獲得更多的收益，如果你的落在這個區間，顯示你對自身及生活的關注程度。

☆ 50～69分，一般

你應該是那種不認真考慮自己行為後果的人，但現在是認真考慮你的生活方式、生活品質、以及安排你自身現在和將來發展的時候了，你或許可以透過一些可行的積極行為，來改善你的生活品質。

☆ 30～49分，低於一般水準

分數落在30至49分的人要加油了，因為你低於一般水準，你可能缺乏有關行為和態度的健康資訊，多汲取這方面的知識有助於你增強身體健康，並提高生活品質，現在你應該開始學習那些能夠改善你生活的積極變化。

⭐ 低於30分，你需要改進

　　你能夠參加這次測試，即代表你關心自己的健康問題，這是一個好的開始，雖然成績不盡理想，你的行為和態度已對你的健康產生不利的影響，所以你要立即採取行動，改善身體狀況，才能迎接更美好的未來。

　　什麼是健康的投資？它是你為了自己及家人的身體健康，而進行的健身、運動、醫療保險、健康體檢、醫學知識指導、營養保健品的購買等各方面在金錢、時間或精力上的支出。

　　有時候健康是這樣，知道自己的身體有一些小毛病，但一直沒有去處理、正視這些問題，你可能覺得是小問題，又或者是害怕治療，要治好可能要花很多錢，但你有沒有想過一個問題？有時候很可能就是因為沒有及時處理，才導致病情越來越嚴重，產生更大的變異，最後反而要花更多醫療費來處理它。

　　你也可以檢視一下自己的醫療保險是否足夠，否則一旦生病，積蓄可能因此全部花光，那真的是工作了輩子、努力一輩子，但是生病生不起了。所以健身運動、醫療保險、健康體檢、醫學知識、購買營養保健品等，與健康有關的，不是投入金錢就是投入時間、投入精力，而這些支出都可以算是你的健康投資。

　　有位經濟學家格羅斯曼（Grossman）曾以經濟學的角度這麼解釋健康：「每個人透過遺傳獲得一筆初始健康存量，每個人出生後的健康存量都差不多，而這些存量將隨著年齡漸長折舊，但也會因為健康投資狀況的不同而有所增加。」

　　我們每個人本來的健康狀態是差不多的，除了天生遺傳性的問題外，並沒有什麼大的疾病，可是隨著年齡增長慢慢折舊，而身體是會折舊的，

它會因為你的身體不活動而折舊，但也可能因為你的健康投資，使健康存量增加。現在就有很多七、八十歲的長者非常健康，手腳勇健，這全是因為他們年輕時做了很多健康投資，因此，投資在健康上，不管耗費多少時間和精力，換算下來絕對是划算的。

當一個人生了重病，就要不久於人世，這時讓他花費他所有的財富去贏得多一年的生命，他也會很願意的。可惜的是再多的金錢也買不回健康。

健康，是你人生最划算的投資

　　健康會隨著時間漸漸減少，可是如果我們能適當地為健康投資，減少的速度就會開始變慢，以下總結出健康投資能帶來的好處：

1 可有效降低患病風險

　　經由健康投資，能使你更容易預測或及早發現疾病的蛛絲馬跡，以採取進一步檢查或治療措施，排除隱患。有研究指出，絕大多數的癌症，如果患者能在初期便發現惡性腫瘤的話，治癒率可達九成。

2 可有效降低醫療支出

　　研究顯示，每個人健康投資與否，呈現出90%和10%的數值，即接受健康管理的人，醫療費用會低於原來的10%；反之，對身體健康不管不顧的人，其醫療費用將上升90%。

　　舉例，美國自推行《醫療保健者消費指導》一書後，全國求醫人數下降7.5%，而麻省理工學院學生接受保健指導後，二年內的醫療費用也節省約34.63萬美元。

3 可有效降低危險行為

　　研究表明，大量吸煙、過量飲酒、過勞、習慣性熬夜等不良生活方

式，是發生疾病、死亡的主要原因。

　　而現今社會之所以經常出現此類生活模式，主要與人們對上述行為的危害性和嚴重性存在誤區，或是對這方面的資訊不足，但也有些人是因為自我控制能力較差導致。

　　我本身非常自律，今年已經五十八歲了，從小到大都沒有碰過煙酒，這是我相當引以自豪的事，光這個部分就讓我避開許多可能對身體產生的危害。有時候是我們認知不足，需要透過教育和引導，甚至及時的干預，逐步提高自我對風險的認識，讓自己慢慢從一個行為改變成另一個行為，培養良好的生活方式。

　　在過去一世紀中，人類的平均壽命增加了三十年，也就是說，現代人跟前世紀的人相比，可以多活三十年。其中，進步的醫療設備其實只延長了五年的壽命，對人類的健康存量貢獻不大，最主要的原因在於觀念的改變，現代人明白健康的重要性，積極進行健康投資，因而使現代人比前世紀的人多活二十五年！

　　報章雜誌、電視、廣播、網路上，經常出現與醫學健康相關的報導；無論是早上、中午還是晚上，都可以看到男女老少在公園、空地慢跑；健身房、游泳池及各式球場也充滿著想運動的人，其實只要停下觀察，你會發現大眾對健康的觀念確實有很大的改變。

　　美國國稅局甚至允許民眾在報稅時可以申報戒煙、減肥、健身的支出，折抵一定比例的稅金。現今世人相當看重健康和生命，健康投資的概念已滲透至社會每個角落，不管是個人還是家庭，都積極投資健康，從小養成良好的健康習慣，增進全民健康素質，如此一來才得以促成整體社會的健康長壽。

　　現代科學研究也顯示，預防投入1元，除可以節省8.59元的醫藥費

外，也可相應節省約100元的重症搶救費。所以說，預防不僅能節約醫療資源，更重要的是能提高健康水準，減少發病率，延長健康壽命，而健康投資就是最好的預防。

　　還有一項調查結果顯示，65.2%的受訪者認為健康投資「非常必要，應作為家庭的固定支出之一」，其中有62%的人會優先考慮投資健康，勝於添購生活用品、旅遊、娛樂、社交等支出。

　　各項調查數據都顯示出，大多數人已體認到健康投資的重要性，認為健康才是最具價值的投資，的確如此，因為如果你沒有強健的身體，也不能去玩，沒有健康，娛樂支出實在沒有意義，因為你會沒有心情玩樂。

　　所以，從現在開始養成良好的健康觀念吧，替自己DIY一個健康的身體！「健康DIY」將是新世紀人們的新思潮，也唯獨擁有健壯的身體方能有所作為、為所欲為，擁有自尊。準確來說，有健康才有尊嚴，你有沒有想過生病的時候，可能沒有辦法像現在這樣正常吃飯，連上廁所都不能自理，必須躺在病床上任人擺布？你再厲害、再強大，只要是躺在病床、手術台上就是任人宰割，因此有健康才有尊嚴。

健康DIY怎麼做？

⭐ 策略1：從小養成健康DIY的習慣

　　不管是你自己還是你的孩子、家人，都要養成健康DIY的習慣。二十來歲年輕人的健康投資，即便只是每天做幾次深呼吸，如果能堅持下去，就可以減緩肺活量下降的速度，一般七十歲男性的肺活量為二十歲的1/3，大約下降60～70%。但如果你能從十九歲便開始投資健康，那麼七十歲的時候，僅會下降20%左右，所以健康投資不是到緊要關頭的時

候才投資，它應該是一種自然而然的生活習慣。

✪ 策略2：天天實踐健康的營養觀

　　人體的健康，在於充分攝取營養來維護身體體內的平衡，因此平時要注意自己的飲食，透過均衡飲食來維持身體能量，你也可以適量攝取保健食品，以彌補部分不易從食物中攝取到的必要維生素。

✪ 策略3：規律且持之以恆的運動

　　體育署推廣的體適能333計畫，一星期最少運動「3」次，一次最少「30」分鐘，每次運動的心律至少達到「130」次以上。你可以選擇快走、慢跑、跳繩、游泳、太極拳、跳舞等較不劇烈的有氧運動，有氧運動可使人體吸入比平常多幾倍的氧氣，使肌體營養物質充足，讓肌耐力和免疫力都獲得強化。

　　我以前很害怕跑步，總是有很多藉口，但後來認真開始跑步後，發現跑步對人體相當有益，我也因此愛上跑步，甚至參加了三次的半馬比賽，所以態度跟習慣的養成非常重要。

✪ 策略4：定時定期健康檢查

　　健康檢查是自我保健的重要手段。目前美國約有70%的人口都在健康管理的服務範圍內，70%以上的人每年都至少會進行一次健康檢查，試以中國與西方國家相對照，中國參加健康檢查的人數不足總人口5%，主動檢查的人甚至不到0.3%，東西方如此大的差距引人反思。

　　我奶奶七十幾歲的時候，第一次去做健康檢查，檢查結果有一個指數比較高，後來進一步檢查發現竟然是直腸癌，奶奶她勇敢地接受了這個事

實，積極接受治療，成功戰勝病魔，之後奶奶活到九十多歲才離開。可見定期健康檢查真的很重要，因為你根本不知道身體內部可能產生什麼變化，一旦檢查發現異常，立刻就處理，就能為自己延續了十幾二十年的生命。所以，任何事情都可以省，唯獨健康檢查不能省。

✪ 策略5：適當的休息

睡眠與休閒是緩解壓力的良方。日本人下班之後會和朋友相邀去小酌一番或上健身房運動紓壓，西方人則會選擇路旁咖啡館喝咖啡、看書報，週末全家從事休閒活動、出遊度假……活動性質不大相同，但目的無非是要維持身心健康。

✪ 策略6：追蹤醫藥保健類媒體

追蹤一些醫藥保健類的媒體，網路上有很多的小程式和健康相關的社群，FB上也有很多社團，平時多瞭解醫藥健康常識，無病早防，有病早治，「看了少生病，病了少花錢」。有的雜誌還提供讀者免費的專家諮詢。訂一份權威的醫藥科普雜誌，就能得到上百位名醫的健康指導，這是回報率最高的投資。

實踐家集團也有投資健康——國賓國際弗瑞雅健康醫療中心，由中國大健康第一股國賓體檢創始人周雅芳女士、著名神經外科教授、原華山醫院副院長徐偉民先生等多位專家，眾人對全球醫療動態及健康管理科研進展持續跟蹤、研究，共同成立一個國際級的健康管理的機構。

並結合著名生物學家，集美國科學院、工程院、醫學院、科學與藝術學院四院院士為一身的生物醫學界傳奇人物萊諾·伊·胡德（Leroy E.

Hood）提出的4P醫學理念。

1. **個性化（Personalized）**
2. **預測性（Predictive）**
3. **預防性（Preventive）**
4. **參與性（Participatory）**

希望每個人都能做到這4個P，讓身體產生不一樣的變化，所以請認真去面對、正視自己的身體健康。當然，運動方式只要按照自己的步調即可，不用過於勉強，你喜歡的就是最好的，毋須盲目的跟風。

聖嚴法師是我非常尊敬的大師，他是一個文學博士，他針對健康有另外一種不同的說法，認為現代的養生除了進補外，也要運動，最重要的是調養自己的心理狀態，這些都是養生的原則。比如有的人養成長跑的習慣，每天早上固定跑幾公里；也有些人每天要游泳，即便寒冬也堅持去游泳；又有些人每天要唱歌，只要唱歌心情就會平靜，身體就會好。

站在佛教徒的立場，以佛法的角度解讀，其實並沒有明示一定要怎麼養生，生命是遵循自然法則的，有人盡心盡力調養，但時限到的時候，自然就要離開，若執意要透過外力續命是不可能的，只能延緩生命離去的時間。

因此佛教叫我們心要平靜，身體要經常的勞動，生活要簡樸，飲食要節制，然後行有餘裕的話，最好能夠進行奉獻的工作，以歡喜心來做佈施的工作，用很愉快的心情來奉獻給所有的人，能夠活一秒鐘也歡喜，兩秒鐘也歡喜，非常感謝歡喜，感謝自己能夠擁有生命，這就是聖嚴法師對於長生健康的原則，用心來調整身體狀態，如果我們身體很疲倦，心情很愉快，也還是健康的。

所以，你看很多做志願者的，不論是佛教的老菩薩或者天主教的修

女，或者從事志工的基督徒，在年紀大的時候他們通常會去做各種奉獻，奉獻會讓自己保持更好的生命的狀態，可以有能力去幫助更多更多人。樂觀的心情，積極的態度，正常的生活來做更多的事情，來做奉獻，為自己和社會創造更大的價值。

　　每個人從今天開始都要認真努力地寫一份自己的健康資產負債表，檢視自己有哪些行為正在累積健康資產，如跑步、健走，又有哪些行為正在增添自己的負債？

　　你要不斷累積健康資產，避免健康的負債，回想你過去的一個月，有哪些健康的負債？熬夜、晚睡嗎？抽煙嗎？大吃大喝、暴飲暴食嗎？ 認真列出你健康的負債，隨時隨地刪去你健康的負債，把它寫下來，要做一個每日健康帳戶的儲蓄計畫。

　　你可能會說都是為了拼事業，才導致熬夜、三餐不規律……但這些都是在侵害更大的健康財富，時間是有成本的，準確來說是機會成本，你以為自己多拼了三分鐘，其實是浪費了三年的生命，你對自己的健康毫不在意，不斷揮霍健康的存量，是很有可能提早離去，無法看到子孫未來的幸福。

創造你的「人脈複利」

　　我們都知道人脈就是錢脈。前美國總統羅斯福（Franklin D. Roosevelt）曾說：「成功的第一要素就是懂得如何搞好人際關係。政治是管理眾人之事，就是人的事，人就是其中的核心。」

　　有一項統計指出，一個人事業的成功，80%歸因於與別人相處，20%才是來自於自己的心靈。做投資人更是如此。為什麼？因為投行界的一句名言是：「投人、投人、投人」人才是投資者最看重的因素。

　　如果你給別人留下很好的印象，大家對你的風評都很不錯，當你真的提出了投資方案，別人就會優先考慮你、選擇你。有人說人脈是世界上最厲害的乘法，所以人脈資源也可說是一種潛在的無形資產，是一種潛在的財富。

　　曾任美國紐約中央鐵路公司總裁的A‧H‧史密斯（Alfred Holland Smith）說：「鐵路的95%是人，5%是鐵。」這句話給我們很大的提醒，鐵路實際上靠的是人，即使你有再強大的結構，只要稍微沒有控制好，一樣會出問題，嚴重點甚至會翻車。美國鋼鐵大王跟成功學大師卡內基經過長期研究得到一個結論，他說：「專業知識在成

保持联系，
祝福赞美，
帮助他人。

積累人脈資產，去除人脈的負債

改善：
心有亏欠的名单，
关系不善的名单。

功的要素中只占15%，其餘的85%取決於人際關係。」所以人際關係對我們而言非常重要。

卡內基大中華區創辦人黑幼龍老師，同時也是實踐家品學網的顧問，他就提到了有關卡耐基的人際溝通法則，分享如下。

人不能常常都覺得自己不對，因為你要充滿自信，但如果認為什麼事情都是對的，也可能產生隱憂，因為你會因此不再進步。哈佛大學進行一項長達七十五年的大型研究計畫，找來兩名受試者，一個是精英分子，相當會唸書，他的家庭環境、經濟狀況、社會地位都比較好；另一個是貧民窟裡的不良少年，幾乎可說是社會邊緣人。研究計畫就這樣一直追蹤調查了七十五年，發現一個人的快樂和成功，跟他們的名望、財富、學歷毫無關聯。

我們反而應該多跟別人交往，與人社交你的身體會產生化學作用，較易於感到快樂，對你的事業、工作也比較有幫助。但有許多人常常希望任何事都要速成、易達，甚至希望不要付出，不要花時間和心力，就可以得到這樣好的人際關係，這樣的觀念是不對的，以下提出來二個卡內基最重要的原則。

第一個你要有良好人際關係的話，要做到三不原則——不批評、不責備不抱怨。人一次只能專注在一件事情上，我們多專注在別人做得好的事情，留意別人的優點，別人的美德，少看別人的缺點，少看別人的毛病。

例如你告訴某個人你很欣賞他什麼優點，你會發現他的另外一個缺點，例如凡事愛拖延，總要拖到火燒眉毛的這個毛病，會被慢慢改正，這是經過驗證過的。

洪蘭教授在一場演講上告訴大家：「抱怨就像騎木馬，讓你有事做，但卻不會前進半步！」丹麥哲學家齊克果（Soren Kierkegaard）說：

「生命只有走過才能了解，但是必須往前看才能活得下去。」意思是指，形塑我們的不是經驗，是我們回應經驗的方式。

有近代心理學之父之稱，美國的心理學家威廉‧詹姆斯（William James）曾說：「思想（態度）決定行動，行動決定習慣，習慣決定性格，性格決定命運。」把自己從那些批評、責備、抱怨、抽離出來，你會發現人際關係變好了，心情開心了，更影響到周圍的人。

多看別人的優點，只關注對方好的那一面，是我們人際關係變好的第一個重點，很多的人可能不被欣賞，未被其他人看見，你是唯一一個懂得欣賞他，你可能因此受到更多的重視，為什麼？因為你看到別人的好，別人就會看到你的好。

在人脈經營的原則上，最重要的觀念當然就是人之所欲，要施於人；要設身處地的為他人著想，用平等心對待每一個人很重要，人之所欲，施之於人，別人需要什麼？我就用他能接受的方法去跟他相處，而不是用他不能接受的方法。設身處地為他人著想，就是要換位思考，對每個人付出同樣的溫暖，而不是對這個人好，對那個人差，而那個被你差別對待的人，可能才是未來能幫助、改變你的人。助人於危難間，就是在別人最辛苦、最困難的時候，你可以施以援手幫助他，這時候就是人脈最好的連接。

最後，堅持原則會獲得什麼？那就是信任。是的，一個堅持的人能獲得信任是可預期的，因為你的堅持會讓人覺得你是說到做到的人，始終如一，所以能獲得他人的信任。而這不也是廉正之人的表現嗎？所以廉正就是可預期，因此，廉正的人就可以獲得更大的信任。

靜思語說行善要誠，處事要正，做人有信，待人要實，所以心念無私

天地寬，與人相處互為信，就是指四個字「誠、正、信、實」，做到這四個字別人才願意跟我們交往。所謂一言為重，千言無用，言重則信重，信重則有大用，信任是人格最重大的資產，良好的人際關係也是從此而來。

Money & You裡經常提到，信任是人格最重大的資產。言重則信，信重則有大用，誠信的精神是最關鍵的。以下和大家分享卡內基的四個人際關係法則，讓你不再被人忽略變成落單的那一個。

第一、不批評，不責備，不抱怨

前美國總統林肯（Abraham Lincoln）年輕時相當喜歡評論是非，甚至會主動寫信去諷刺別人，這種充滿挑釁的性格惹怒了當地一位政客，要跟林肯來場賭上性命的決鬥，要不是有人出來做和事佬，美國史上可能就沒有林肯這號人物了。

事後林肯吸取教訓，終其一生不再嘲諷別人，並把這句話當作座右銘：「你不論斷他人，他人就不會論斷你，任何人只要被別人批評，為了維持自尊、面子，他們可能會採取攻擊的手段。」所以批評跟責備只會造成更多衝突，要做到不批評、不責備、不抱怨有以下兩種方法。

- ➡ **左腦運動法：**左腦掌管邏輯，右腦掌管情緒，當情緒上來時不妨數一數房間裡有幾種顏色，強制使用左腦可以抑制右腦的機制。
- ➡ **學會讚美他人：**習慣批評抱怨的人可能是因為內心深處沒有自信，而不喜歡自己，先學會讚美別人就不會經常動怒。

你不論斷他人，他人沒事就不會論斷你，但難免還是會有心裡不舒服的時候，當你情緒快上來時，趕緊用左腦運動法來恢復理性。平時也多加讚美他人，當你看到身邊都是優點的時候，你就比較能包容他人的缺點，就像黑幼龍老師說的，你一直讚美一個人的優點，他就沒有機會去展現他

的缺點。

 第二、給予真誠的讚美和感謝

讚美別人會讓自己變得更受歡迎，就像打靶射箭一樣，如果射出去的箭矢擊中最外的圈就是外在表現的讚美，像是你好美，你今天穿得好漂亮，往內圈慢慢讚美對方的成就，比如對方的事業成就或是教養孩子的成績，更內圈則是更具體的讚美，直至中心。最高深的讚美，是讚美一個人的潛力，如果是對方自己都沒有察覺到的潛質，因為你觀察而被發現了，他一定會深受感動。記住，讚美要趁當下不要延誤了時機。

總結來說，讚美有分幾個層次，第一個是讚美對方的外在表現，然後讚美對方的成就，再來讚美對方的人品，對方的行為更重要的是看到別人沒有看到的地方去讚美對方的潛力，讚美對方的潛力，你發現了別人沒有發現到的，你鼓勵了他，那他就可能會越做越棒。

 第三、引發他人心中的渴望

打個比方來說就是，面對客戶時不能只是一味的推銷產品，說產品有多麼好，功能有多麼強，價格多優惠，而忽略了客戶內心的想法，因為人都是站在自己的立場去看事情，希望別人來配合，通常都無法獲得預期的結果。只有從對方的利益去考量，明白他真正需要的是什麼，才能說服別人達成你所期待的目的，所以你要轉換成對方的角度思考，這樣難題就會解決了。

而想要知道對方想要的就要從傾聽開始，日本經營之神松下幸之助，曾細數自己養成的數種寶貴習慣，包括了臨危不亂，決定果斷、習慣聆

聽，其中他認為聆聽最重要，你不單單要聆聽而已，而是要習慣聆聽，聆聽有分假裝在聽，用心積極地聽，而積極聆聽有一套技巧，那就是——LADDER。

- **Look**：看著說話的人集中注意力
- **Ask**：發問可以代表一個人對話題感興趣的程度。
- **Don't Interrupt**：不要打斷別人。
- **Don't Change The Subject**：不要突然改變話題。
- **Emotion**：在交談時，任何情緒都會影響對方傾聽跟訴說的意願。
- **Response**：反應包括了聲音、表情、動作和姿勢。

當你明白了聆聽技巧，接下來就要應用在日常生活之中，形成積極聆聽的習慣，你可以使用刻意練習來掌握這一套聆聽法則。然後引發他人心中的渴望，一名正在講話的人看到有人願意聆聽，他就會有興致不斷講下去。

再總結一下LADDER的聆聽技巧，第一個就是一定要專注（Look），將注意力放在講者身上，注視著對方，不懂的地方就請教（Ask），過程中記得不要去打斷對方（Don't Interrupt），有時候話講一半就被打斷，是溝通最大的障礙。

再來是不要去改變正在談論的主題（Don't change the subject），有時候人家還沒講完，你就立刻換一個話題把別人引開了，會讓人覺得不被尊重，然後是情感（Emotion），別人在講話你要有情緒，整個談話過程是否有熱情投入，對方是能感受的，最後給予回應（Response），就是做事情的時候，講話的時候要有什麼回應，若一個人說了半天沒有任何的回應，他就不會再說下去了。

第四、衷心讓別人覺得他很重要

有位朋友在學生時期，參加了一場企業倫理講座，講師是統一集團前總裁林蒼生先生，演講結束時，他寫了一張紙條，請工作人員拿給總裁，上面寫著自己對這場演講的心得，並附上自己的E-mail，沒想到兩、三天後，林蒼生先生回信了，讓他非常感動。

出社會之後他成為了一名主管，團隊中有一位女組員因為反應比一般人慢，較缺乏信心，但她非常努力工作，想勤能補拙，每次都會詳細記錄上司所交辦的事。有一次她沒把事情做好，他鼓勵那位女生說：「在這四、五十人的團隊裡面，妳是當中最努力的，要相信自己多練習幾次就一定能學會，我對你很有信心。」說完這女生的眼淚就流了下來，她說出社會那麼久，從來沒有人肯定過她。

每個人都希望可以得到別人的尊重，強化自己的存在價值，但你有沒有想過，要取得尊重，那我們可以先試著重視別人，任何一個小舉動都會深深的鼓勵和影響到對方，最終回到自己身上。

以上提到的四個小技巧，不批評、不責備、不抱怨；給予真誠的讚美和感謝；引發他人心中的渴望；讓別人覺得他很重要，這些方法其實都環繞在感恩和寬恕之上。

現在社會充斥著太多計較利益和名利追逐，使得每個人都過得不快樂，不滿足。你我都需要好好的檢討，發自內心地去感恩重視別人，相信最後得到最大的收穫也會是自己。

這就是Money & You經常講的……

我從現在起要讓自己去愛與支持別人！

我從現在起要讓別人來愛與支持我！

　　這些都是我們會強調的，而且經常強調的事情，主動接受別人的幫助，也主動去幫助別人，從現在就讓自己去愛與支持別人，從現在就讓別人的愛來支持我。流動更多的愛與支持，你會發現愛與支持真的帶來美好與財富，因為生命就是在彼此的支持中，創造更大的價值。

　　有一堂課被稱為全世界大學生最受歡迎的課，是哈佛大學的幸福課，人為什麼幸福？因為你跟更多人連接，帶給更多人快樂，做好自己的同時也影響身邊的人，所以讓自己快樂，讓自己幸福，並不是違背人際關係，也不會招致更多的嫉妒等等課堂裡說，在你幸福、快樂的時候，如何做到同時幫助更多人幸福，幫助更多人快樂，怎麼同時做到這件事很重要。所謂己所不欲勿施於人，人之所欲，施之於人。其實每一個人都一樣，在自己追求更大的快樂、更幸福的同時，你可以把快樂幸福傳達給身邊更多的人，這是非常重要的。

　　能這樣做到的人，才能影響身邊更多的人做到，這也是為什麼我有「百萬領航教練，千萬圓滿家庭，億萬財富羅盤」這個目標，我希望每個人都可以有能力去幫助更多人，前提是你必須變得更好，成為一個更棒的示範者，所以真正的人脈跟人際關係是不斷釋放而來的，當你釋放了更多的喜愛、信任、勇氣、廉正、負責任，所有人都願意跟你當朋友。

　　我有加入一個精英人士俱樂部稱為TLC改變領袖會議，每一年都要見兩次面，一次是在美國境內聚會五天，一次是在美國境外聚會五天，俱樂部會員只有一百多人，入會者需經過嚴格審核，新成員加入必須要其他會員都同意才行，所以每個人都會是影響彼此生命非常重要的人，每次聚會，大家在一起無私地分享自己過去一年學到什麼，未來一年打算做什麼，我如果寫書，那就送每個人一本書，我若有開課，就送給每人課程……等等。生命影響生命，財富創造財富，而要創造財富就是每年無私

地把自己學習到的全部告訴大家，和他們分享，每個人也會因為感受到彼此的那份無私，也同樣願意無私地做更多奉獻。

在中國大陸也有類似的組織，由中國企業家協會舉辦，每年農曆正月十四至十六，一群中國最頂級優秀的企業家，包括阿里巴巴的馬雲、百度的李彥宏等等，百餘位舉足輕重的企業家彼此聚在一起，每個人跟大家分享一年來做對了什麼，做錯什麼，在新的一年又打算要做什麼？

每個人都是一個環節，每個人對別人好，別人也可能會對我們好，人脈就可以被連結起來，我們要去除私心只為所有人服務，一視同仁地為大家付出。

富勒博士提出了有關於財富的四個定律：

⊃ **定律一：**我服務的人越多，我的效能就越高，所以人脈決定在你服務了多少人。

⊃ **定律二：**定律會因決定而顯現，當你決定去幫助更多人，你就會發現自己也得到更多被幫助的力量。

⊃ **定律三：**一體為複，至低為二，主動去接觸一、二個人，然後再影響四、八、十六個人，你的人際圈會因為我們願意付出而越來越大，在一群人中分出上和下毫無意義，人與人的交往沒有上與下的區別，只要彼此願意信任對方，大家願意在一起就很了不起，能夠給予彼此任何方向的引導。

⊃ **定律四：**旋進，某個運動中物體會對另一運動中的物體產生影響。給予彼此更多的關懷，相互就有一個旋進的效果，你跟我彼此合在一起像螺旋一樣，像引擎螺旋這樣推動前進的力量是最大的，彼此相互作用、相互影響，創造更大的價值。所以不要去擔心為什麼別人沒有看見你，為什麼別人沒有支持你，那是因為你沒有同等地給別人更多的

支持，沒有相互更多的參與。

從今天開始要好好累積人脈的資產，去掉你的人脈負債，每個人都有很多的資產要去積累，必須更用心地經營社交圈。你要確定自己人脈資產中的負債來自哪裡，認真思考有沒有一些人讓你感到心有虧欠，列出那些名單，然後去做彌補。

人脈負債的名單又可分為心有愧疚和關係不善兩份名單。

✔ **心有虧欠的名單。**

✔ **關係不善的名單。**

這兩份名單就是你要更努力去積極改善做得更好的方向，去掉這些負債，多一個朋友，就會多一條路，少一個朋友，就會多一道牆，你將發現處處都有路。

所以，你要不斷地思考，你每天能為人脈的經營做些什麼事，你每天為人脈的資產做些什麼事？

諸如電話聯繫、社群經營，主動關心任何需要溫暖支持的人等等，主動為自己的人脈累積更多的資產，只要能幫助更多人都是好的，今天就開始認真努力去做，人脈就是在用心不斷持續經營的結果。

彼此加油、相互支持，不斷告訴自己：「我從現在起要開始去愛與支持別人，我從現在起要讓別人來愛與支持我！」

陪伴是最好的家庭教育

家庭幸福是絕大多數人為之努力的關鍵。家是最小的企業家,是最小的學校,但有一個問題是,面對家庭未來的教育,應該怎麼去做?用原先的方法已不足以來應付現今的家庭教育,因為孩子都在進步了,我們自己怎麼可以不進步呢?

以下分享洪蘭教授的一段談話──

教育的目的是什麼?其實很多家長一直在懷疑,過去我們都認為是擠進頂尖的學校,以讓孩子進入名校為最終目的,其實是一個很錯誤的觀念,因為教育真正的目的,不是為了讓學生擠進頂尖大學,而是為學生出社會以後的生活作準備。進頂尖大學所需要的技能,跟有一個成功的人生所需要的技能不一樣。

那麼如果教育是要讓學生出社會做準備,我們的觀念就必須改變。

2000年諾貝爾經濟學獎得主詹姆斯‧賀克曼博士(James Heckman)做了一個實驗,他選中1970年4月份出生的17,000名嬰兒,持續追蹤他們的生活狀況,直至他們38歲終止實驗,研究是什麼因素決定一個人對人生的滿意度,最後發現一個人一生成敗最重要的因素是你活得快不快樂。

事業成不成功,人生有沒有意義,並非取決於IQ,也不是學校的分數,最主要的因素在於自我控制和正直、誠實,有一個英文單字叫Consciousness,簡單來說,我們教育孩子最終的目的就是他的品格,品格

決定一個孩子的成敗，不是他的分數，不是他的IQ。

尤其是現在這個資訊爆炸的時代，像我們用我們過去的知識來教現在的孩子早已行不通，比方說現在孩子在3C產品的知識遠遠超過我們大人，比大人們屬害許多，我們可以教他們要著重於人生的經驗，利用生活裡面的點點滴滴，把你的人生經驗傳給孩子，一個孩子功課再好、能力再高明，倘若人品不好，那他是沒有前途的。

蘇東坡曾作這麼一首詩來描繪紅燒肉；「慢煮火，少著水，火候足時它自美。」這句話說得非常好，他說做東坡肉時，莫催它，你不能急，不能用壓力鍋去燒，因為這樣做出來的肉不好吃，要慢火燉八小時，待它自熟，這套用在孩子身上也是一樣的，孩子的成熟早晚是我們的基因決定的，成熟了以後，他會做出什麼樣的事情來，跟我們大人的教養態度有關係，所以英國有句諺語說：「父母對孩子的態度，決定他的命運。」

著名教育學者杜威（John Dewey）也說：「以過去的方法，教育現在的孩子，會耽誤他明天的前途。」作為父母，我們對於孩子出社會後所用到的知識，我們如何能去替孩子們做準備，面對未知的未來怎麼去指導他們，所以我們必須跟孩子同步成長，必須要跟孩子一樣去接受新的知識才可以。

父母為孩子的未來做準備的時候，要能讓孩子看到我們人類往哪裡走，比如說我們自己看不了這麼遠，但專業人士可以指出來給我們看，告訴我們應該為孩子的未來做什麼準備。

所以，每個父母有沒有真的在為孩子做應該有的準備非常重要，因此，家庭教育才是讓家庭得以維持幸福傳承的重要關鍵。

我們把洪蘭教授說的重點整理如下。

- ✔ 教育的最終目的是品格，品格決定一個孩子的成敗。
- ✔ 一生成敗最重要的因素是自我控制、正直、誠實和毅力。
- ✔ 人生的滿意度，來自於正直的品格。
- ✔ 用過去的知識來教現在的孩子，是行不通的。
- ✔ 父母利用生活的點點滴滴，把人生經驗傳給孩子。
- ✔ 孩子功課好、能力強，但人品不好，仍舊沒有前途。
- ✔ 待它自熟，莫催它，火候足時，它自美。
- ✔ 父母對孩子的態度，決定孩子的命運。
- ✔ 用過去的知識，教現在的孩子，會耽誤他明天的前途。
- ✔ 父母要和孩子同步成長，和他一起接受新的知識。

　　教育最終的目的是品格，一個孩子的成敗，不是那些財產的繼承，而是品格。人一生成敗最重要的因素是自我控制、正直、誠實，還有毅力，才是決定孩子成敗的關鍵。回想一下自己有沒有做到這些呢？人生的滿意度是來自於正直的品格，品格才是關鍵。

　　為什麼中國素質教育開始變得重要了，因為孩子功課好，能力強，如果人品不好，還是沒有前途的。

　　這是為什麼我提出「播種者」的概念，因為教育就好比持續的播種，當愛的種子在芸芸眾生間落地時，你何妨與我們共同期待那金黃麥穗閃耀的季節。

　　每個父母都是一個播種者，不斷持續地來讓孩子們可以一步一步成長。所以整個播種者的工作也是父母教育的重點，重點在於將自己塑造為家庭的模範與領導者，請務必牢記，留給孩子價值和回憶遠比留給他們寶物和金錢等遺產來得重要。與其以物質的禮物來溺愛孩子，來試圖補償你

沒有充分陪伴他們的罪惡感，倒不如讓此刻成為你真心付出的時間。

孩子有朝一日離了巢，鮮少會談及你在他們身上所花的錢，但是在你人生中的每次家庭聚會中，孩子和孫子將會追憶你與他們共度的歡樂時光與悲傷。所以，當一個與孩子共享及互動的家長，唯有親密和親身參與才能充分展現你的愛。請給他們你的愛，並經常抽空陪伴他們。

父母的主要工作是教授孩子如何展翅高飛，讓他們依照自己的夢想和特殊的才能，去成為一位出色的人。如同中國諺語所說：「孩子的人生如同一張白紙，凡走過必留下痕跡。」我們無法直接將卓越的種子傳遞給我們的孩子，只能給予正面的鼓勵，幫助他們發掘內在的種子，並彩繪自己的人生。

身為父母是一項永不止息的任務，孩子受到我們的呵護，但卻不是我們的複製品。不是把自己所要的也要求孩子跟我們一模一樣，那就變贗品了，試想贗品怎麼會比正式的產品好？

詩人紀伯倫（Kahlil Gibran）曾寫到：「你的兒女不是你的，他們是生命的兒女，追求的是生命自身。你可以給他們你的愛，但非你的思維，因他們有自身的思維。你可供養他們的軀體，但非其靈魂，因他們的靈魂居住在明日之家，是你在夢中也無法抵達之地。你盡可模仿他們，但不可使他們模仿你，因生命絕不回顧，也不留戀昨日。」

讓自己超越自己，才是家族傳承的關鍵，卓越的種子靠的不是天生麗質，也非繼承的銀行帳戶、智慧、膚淺的美麗外貌、種族地位或身份。卓越的種子是在孩子牙牙學語時便開始展現的態度和信念，如同行為規範、日常對話、床邊故事和觀察一樣，初期時如履薄冰，但經過多年的練習，便會產生堅不可摧的根基，宛如纜繩一樣，束縛和強化日後成年的性格。

我們要為下一代種植一棵林蔭茂密的大樹，我們務必要戰戰兢兢毫不

懈怠，務必牢記養育子女就如同園藝一樣，切勿揠苗助長。有些種子要花很長的時間才會開花結果，所以要耐心、努力不懈地親身參與，並以你創造出來的家庭遺產感到驕傲。

　　任何的戰利品和寶物都不及根與翼，以及卓越的種子開花結果，何謂根與翼？也就是責任的根與獨立之翼，所以其成就的完美人生會更加來得珍貴。

給孩子「根與翼」

　　我從四十年前在育幼擔任志願的輔導老師，三十四年前在教育基金會工作開始，為青少年教育舉辦了各式課程，不乏父母教育、親子教育，接下來我計畫把教育推廣到全世界都一起來做，因為初心不改，這是我十八歲讀大學時寫下的一段話——

　　當愛的種子在芸芸眾生間落定時，你何妨與我們共同期待那金黃麥穗閃耀的季節。

　　因為我自己曾經有這個經歷，所以我願意用心付出，我擔任無數次的志願者，所以知道孩子們需要什麼，我希望把孩子們教好，可是光是外面的教育是遠遠不夠的，因為孩子教好了，但如果回家後父母不會教，一樣不行，反而會衍生更多觀念的衝突，這也是為什麼我會想將孩子教育和父母教育統合成家庭教育。

　　從教父母到教孩子，從成長中完成終身教育的無縫對接，希望可以實現更多價值。我也希望教育成為一帶一路，把教育中西結合後帶向全世界，所以我並不是只在一地做而已，我希望全世界的教育可以彼此融合，各地的朋友都可以一起來努力，一起來做。

　　所以教育是一帶一路走向世界，是要培養未來重要的領袖，實踐家教育集團真的很努力在前進，希望最終能影響千萬個家庭，帶有文武雙全、中西融合、德智雙修、內聖外王的世界觀，才是教育真正最高階的形態。

希望未來孩子彼此之間也可以有相互更大的融合，所有的孩子可以相互幫忙，相互支援，打破隔閡跟界限，創造更大的價值。

我非常希望大家可以放下彼此的成見，特別是未來的世界，讓孩子可以真正的走在一起，所以很感謝很多夥伴能夠參與播種者，把教育的種子撒向全世界，讓教育無遠弗屆。

中國「雜交水稻之父」袁隆平先生說：「人就像種子，要做一粒好種子。」他所改良、培育的稻米種子，讓整片稻田的產量提高，解決很多的糧食問題。我們當然希望可以為孩子種下更好的種子。

我們要給孩子兩件事，「根與翼」是丹尼斯·魏特利（Denis Waitley）博士所提出來的，他是一名教育專家以及世界頂級教練。他以孩子的角度寫了一段話：

如果我能有兩個願望，我知道我要許什麼願，

我希望有根可以攀附，有翼能夠自由飛翔；

內在價值的根，宛如樹木的年輪，

而獨立的翅膀，帶我找尋人生的方向。

根緊密牢固，讓我安全無虞又苗壯

並在我犯錯時，體會到你的愛；

以身作則幫助我抉擇，每天以實際行動反敗為勝。

在我需要你時陪伴在側，告訴我一切安好，

當我嘗試展翅高飛時，讓我面對墜落的恐懼；

切莫讓我的人生過於順遂，最好讓我勇於嘗試，

在不斷地挫敗和振作中，終於學會飛翔。

如果我能有兩個願望，只要兩個就夠了，

這兩個願望將由我的爸爸和媽媽來實現；

我不要金錢或任何買得到的東西，

只要有根與翼，就是最棒的禮物。

其實「根」就是價值觀，「翼」就是使命與願景，讓孩子可以知道未來走到哪裡去，有一雙翅膀可以帶他飛過去，如同價值觀正確才可以走在正確的道路上去達成那個願景。

我們已經創造了一套成長羅盤，就像財富羅盤可以弄懂我們的事業外，也希望透過一場遊戲弄懂幸福家庭，從一場遊戲經營出美滿的家庭，從一場遊戲清楚孩子應對未來的能力，從一場遊戲來幫助父母警醒，在遊戲中促進關係，解決親子之間的問題。

實踐家接下來將培養更多的幸福嚮導，成為幸福家庭的指導者，父母教育的分享者，成為精英教育的推廣者，成為成長羅盤的帶領者。

未來將推動一個雙百計畫，我們會有100萬個領航教練，100萬個成長嚮導，由100萬領航教練，幫助大家創造更多的財富；另外100萬個成長嚮導則幫助更多人獲得家庭幸福。

你已經知道我從小到大怎麼走過來的，實踐家是怎麼走過來拼過來的。我們拼了這麼久所得到的這一切的能量和能力，現在將帶領各位共創幸福的未來。

所以這是我們的老師魏特利博士也是領航教練這套學說的創始人所說的根與翼：如果我能有兩個願望，只要兩個就夠了，這兩個願望將由我的爸爸和媽媽來實現；我不要金錢或任何買得到的東西，只要有根與翼就是

最棒的禮物。以根與翼的形式陪伴及養育孩子，比試圖用貴重物品來收買他們的感情好得多。

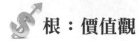

根：價值觀

有了穩固的根，孩子才能做好離開父母羽翼呵護的準備。要在孩子身上種下卓越的種子，必須要有耐心和恆心，性格的培養並非一蹴可及。正如，播種一棵竹子一樣，你必須持之以恆地灌溉和培養種子，而且需瞭解竹子的生長週期，否則可能倍感挫折和沮喪。在第一、第二、第三及第四年，可能都看不到顯著的成長，但是到了第五年，竹子會在六個星期內一下子就長到了約九十英尺！難道真的是竹子沉潛了五年才開始生長嗎？當然不是，而是前四年的培育孕育出竹子強韌的根部系統，讓它得以在第五年展現驚人而顯著的成長。

養育小孩也是如此。價值與性格的灌輸無法一夕養成，而必須透過長久的示範和重複才能成型。

所以，將我們的感受區分成五種對支持健康家庭成長極為重要的根，與各位分享如下：

➔ **第一是正面的自我意識**，瞭解自己，瞭解孩子的潛力，因此你會更加發揮正面的自我意識。

➔ **第二是正面的自我尊重**，這可謂所有贏家最關鍵的核心價值，不管外面的聲音如何，我依然堅持自己的方向，所以不管外面的評價如何，我依然持續的前進，非常的重要，不要管外面的溫度顯示幾度，你只要做自己的調溫計就可以了。

➔ **第三是正面的自律**，意指透過訓練，培養出健康的習慣，並以正面的

態度糾正行為，而不使用高壓的處罰來制止行為，不要忘了自律才有自由。

➡ **第四是正面的自主性**，指勇於承擔後果及抉擇人生的能力，這個是自主承擔負責任。

➡ **第五是正面的自省**，堪稱是心靈的指南針和健全度，同時也是可靠領導的基石，這種根基往往源自家庭環境。學會這些重要根基的孩子，將對自己充滿自信，但卻不至於與他人比較，他們懂得尊重他人，並認同不論身份、種族、背景、職業或信仰，每個人都有感受成功價值感的同等權利。

所以，正面的自我意識、正面的自我尊重、正面的自律、正面的自主性跟正面的自省，把這五件事情都做好，孩子的根就扎實了，之後還要給他翼，不是留在你身邊，要飛出去，所以翼就是翅膀。

翼：使命與願景

除了讓孩子建立根基外，父母還必須給予孩子展翅高飛的助力，讓他們成為自信、樂觀的青年，離巢展翅遨翔。

在美國，雄偉的老鷹是自由與決心的象徵。我們可以從老鷹家族的生活型態中學到許多東西。老鷹父母明白該是跟孩子分道揚鑣的時候，孩子們的現實挑戰就是要學習飛翔，可是他們無法替他飛翔，只能陪伴在旁邊。

身為父母的我們，就像老鷹一樣，根本的角色就是要為他們及早打好根基，並讓他們培養好技能，以作為孩子展翅高飛的助力。我們務必注意在家中切勿有求必應及過度溺愛，否則便會令孩子失去自主的啟發和挑戰。過度保護孩子，不傳授生活的技能來協助他們探索當今的潮流和生命

的逆境，就等於折煞了他們的羽翼並消滅助力。

　　所以五個翼是什麼？要給孩子五個翅膀，讓他可以飛得遠、飛得高。

- **第一個是正面的自我激勵**，這也可以說是所謂內心的慾望之火，隨時隨地自我激勵，替自己找到動能，為自己找到行動的力量，朝向自己成功的畫像、成就的圖像，持續保持前進。

- **第二是正面的自我期望**，讓孩子能積極樂觀地處理挫折與問題，把挫敗視為一種挑戰。

- **第三是正面的自我想像**，讓孩子發揮創意思考，規劃自己的未來，因為未來的圖像便是孩子前進的方向。

- **第四是自我引導**，亦即專注及力爭上游的能力，設定目標以及達成目標的能力，把夢想變成目標，把目標變成計畫跟行動的能力。

- **第五是正面的自我發掘**，讓生活充滿靈性、歡樂與和諧。

　　如果你可以幫助孩子掌握並落實「根與翼」這十件事已經非常棒了。先思考自己如何做孩子最好的教練，如果你真的願意認真努力把這件事情做好，光是當孩子一生的教練，就已經是非常有價值的事情了。

　　以下與各位分享魏特利博士所寫的〈孩子從生活中學習〉，相信你會有所啟發。

〈孩子從生活中學習〉

孩子從生活中學習，孩子也靠學習來生活，

活在批評中的孩子，學會責難；

活在寬容中的孩子，學會耐心；

活在嘲弄中的孩子，學會害羞閉塞；

活在鼓勵中的孩子，學會自信；

活在焦慮中的孩子，學會質疑；

活在安全中的孩子，學會信賴；

活在恐懼中的孩子，學會戰戰兢兢地成長；

活在驕傲中的孩子，學會傲然孤立，即便傾盆大雨也能昂首向前。

受到溺愛和放任的孩子，在妥協下及貪得無饜下成長，

勇於迎接挑戰並具有責任感的孩子，在正確的價值觀與目標中成長。

活在挫敗中的孩子，需要飲酒、抽煙、注射毒品及快樂丸來振奮自己；

活在積極中的孩子，認定自己天生就是天之驕子；

活在怨恨中的孩子，成長中看不到美與真愛；

活在愛中的孩子，樂於傳播愛，對於憎惡視而不見；

如果我們將我們看到的醜惡加諸於孩子身上，他們就會成為我們厭惡的人。

但是如果讓孩子感受到富足和關愛就能激發他們的潛力，讓他們找到成功的方向。

因為孩子從生活中學習，孩子也靠學習來生活。

　　我們只有在生活當中持續陪伴，才能真的把這件事情做好，做一個最好的示範者，而不是接收了才能做一個更棒的示範者，不管你做什麼，不管你事業為何，不管你的職業或個人任務是什麼，問問自己，你是否曾影響過任何人，你是否正在種植一棵大樹，讓你的子孫將來可在樹下乘涼，但你自己卻從來沒有在樹蔭下坐過？

　　我們活著的時間裡，都了解到在此生中，我們永遠都是子孫的父母或祖父母，我們提供他們根與翼，直到嚥氣那一刻都要持續供應。

　　以下是卡內基大中華區的創辦人黑老師給我們的一段提醒，若等到問題發生，才想到要學習就太晚了：

　　父母是孩子最好的教練，當小孩還小的時候，大概小學跟幼稚園階段，父母應該是小孩的玩伴，如果你問我什麼樣的父母最好，我會反問你會不會跟小孩一起玩，任何遊戲，不管是打球、散步、游泳，你會陪伴他

們，就是好父母。

那麼國高中青少年階段，最好的父母應是要能成為孩子的朋友。你可以想想自己在青少年時期，最討厭的什麼事情？應該就是有人一天到晚說教、講大道理，面對這樣的人避之唯恐不及，偏偏父母就是最愛說教，所以最喜歡的人會轉變為願意聽我們講話的朋友。那現在也成為父母的我們，能不能在跟孩子相處的時候，將電視關掉，報紙放下，不要急著去洗碗、做什麼家務，跟孩子聊聊天，他在講話的時候，你只要專注傾聽就好，他會把你視為最好的朋友。

第三個階段孩子讀大學、讀研究所，即便出社會了，父母的影響還是很大的，所以父母要成為孩子的顧問，顧問是什麼意思？就是我不幫你做決定，從現在開始，你要自己做決定，若有疑問或煩惱，那就提出來討論，從旁給他們一點建議。

還有就是談戀愛、結婚，好多父母會干涉，要做到不干預很不容易，我可以瞭解，可是你要想這是孩子一輩子的事，另一半是未來要陪伴他們一生的人，你必須尊重他們，讓他們自己選擇做決定。

從玩伴到朋友，最後成為顧問，父母的角色我認為就這些，但現在很多父母竟然大多在做著宿舍舍監的角色，幾點起床，幾點睡覺，幾點上學、上課，也有的像是員警，也有的父母像是指揮官、將軍，都是習慣去命令，最好的父母大概是這三個階段的角色。

因此，等問題發生了，再學習就太晚了，事先學好父母有哪三個非常重要的角色，在不同的過程中，有不同的角色定位，在小時候是玩伴，再來是朋友，接著是顧問，但不管你的角色定位為何，一直不斷的陪伴成長才是最重要的關鍵，前面有提到哈佛大學的幸福課，而我們家庭真正的經營到最後的關鍵，不就希望可以獲得更大的幸福嗎？

　　我們一切的努力是希望最後可以獲得更大的幸福，所以，各位教導孩子快樂，教導孩子幸福很重要，「家是一個特別的地方，要是講愛的地方，不是講道理的地方」，要讓家庭充滿愛。

　　我的外公外婆他們都到九十幾歲才離開，他們還健在的時候，我媽媽她們四姐妹天天請安，大家都住在不同的地方，可是每天都會到外公外婆家裡。所以，我必須要說家就是陪伴，真正的幸福是因陪伴而來。

　　我的親戚朋友也都在家裡維持良好的互動、關心，並希望孩子們能傳承下去。因此我希望這個觀念可以影響大家，不管遇到任何困難、挑戰的時候，都能把家人放在第一位。下面和大家分享八把鑰匙。

- ✔ 珍惜應該珍惜的
- ✔ 感謝應該感謝的
- ✔ 發現應該發現的
- ✔ 把握應該把握的

- ✔ 原諒應該原諒的
- ✔ 忘記應該忘記的
- ✔ 發洩應該發洩的
- ✔ 接受應該接受的

　　如果你可以把這八把鑰匙貫徹得淋漓盡致，我相信你的家會走在一個更溫暖前進的方向，而同時不要忘了做示範者，不斷示範這八把開啟家庭幸福的鑰匙。同時你要不斷的接收，在家裡面，有人懷疑你，那就示範信任；有人不高興，那就示範喜樂；有人退縮不行，你就向他示範勇氣；有人想放棄，你就示範廉正，有人想要找藉口，那就示範更多負責任的態

度。

有一名十七歲的孩子，他努力創辦自己的游泳學校，獲取極大的成功，疫情期間不僅沒受到影響，更收購了一家遊艇公司。這個當年十七歲來上課的孩子，十九歲上台分享，現在已是一名三十五歲的爸爸，這個可愛的爸爸做了一件事我覺得非常感動，他不是在教孩子游泳嗎？自然也教自己的孩子游泳，他說：「等孩子學會了游泳，他會帶他去跟鯨魚一起游泳。」這對夫妻他們之後真的帶著兩個孩子去東加群島，履行當時自己所說的承諾。

看到這對年輕的夫妻，對他而言，家庭的定義是什麼？他說與其當一個超級英雄，我寧願當一個好爸爸，他十七歲走進教室聽我上課，十九歲上台分享，三十五歲的現在是一個人人羨慕的好爸爸，看著學生的改變和實踐，這才是我們從事教育最大的喜悅，教育最大的價值。

之前我在微信上發了一篇文章，FB上也有，為什麼？因為我想讓大家知道傳承家庭教育有多重要。這篇文章的感觸源於兒子與女兒合贈最用心的禮物——客製化AirPods收納盒。

盒子上印著「DOER實踐.家」，而不是「DOER實踐家」，沒錯，因為關鍵就是在「家」！家後面跟著五個可愛的動物圖騰，代表著我們

全家人的生肖，依序排下來是龍羊豬蛇馬，龍是我和兒子；羊是我父親和我太太；豬是我母親；蛇則是我女兒的生肖，而最令我感動的是最後一個圖案獨角獸，代表著生肖馬，也就是我那個已離開人世三十四年的妹妹，兩個

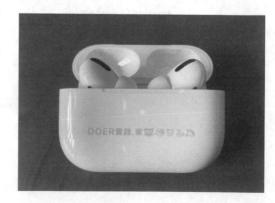

孩子從未見過面的姑姑！孩子們用最用心、獨特的方式為姑姑留下一個重要的位置，也希望在全家親情的守護支持下，實踐家能成為教育界的獨角獸！有如此用心的子女，一切足矣！

我們公司之所以叫實踐家，便是因為我們是實踐者，不論事業或家庭都是！

各位可以試著去尋找一下生命當中曾經100%成功的感覺，那些感覺在家庭裡面的跟金錢有關的很少，是跟陪伴有關的。去尋找你在家裡面100%被愛的感覺。

孩子的100%成功，可能就是哪一天數學有一題突然會了，有時候是將一個模型組合起來了，讓孩子留下這些成功的感覺比什麼都重要，讓我們陪伴孩子尋找自己100%成功的感覺，尋找自己100%被愛的感覺。

從今天開始努力去完成你的家庭的資產負債表，你家裡的資產是什麼？是你正確的家教，文化的傳承，觀念的傳承，是你的家訓，是你的陪伴，是你的孝順，是跟父母同住的相互照顧。

請列出你在家庭裡面的資產是什麼，同時列出你的負債，諸如不好的觀念、不當的管教。

▶ 寫下自己的每日健康儲蓄計畫。
▶ 寫下自己的每日人脈儲蓄計畫。
▶ 寫下自己的每日家庭儲蓄計畫。

～財富背後的秘密～
休閒、心靈與學習

休閒能豐富人生

很多人會認為健康、人脈、家庭、休閒、心靈、學習，在實質上不能稱做錢，但這些其實都是錢，這才是財富背後的秘密。以健康為例，我們透過工作賺錢，然後你可以再用錢投資，設法把錢變大，但如果你沒有健康，賺再多的錢都用不上，電視新聞上這類報導很多，忙碌一生賺取財富，但再多的錢都買不回健康！

俗話說：「休息是為了走更長遠的路」。休閒同樣是財富背後的秘密，如果你沒有適時地調整放鬆自己，隨時處於緊繃的狀態，若想創造更大的效能，應該不大可能，所以你越努力其實效能會越低，因為沒有適當地讓身心靈獲得調劑。

你過勞了嗎？

以下是過勞的八個訊號，你可以自我檢視一下是否有這些症狀。如果你有以下這些情況，就要多加留意，讓自己適度休息，別再硬撐下去，否則身體會吃不消的。

積累休閒資產，去除休閒負債

　1. 眼睛乾澀。

　2. 肩頸僵硬疼痛。

3. 記憶力減退、注意力不集中。

4. 短期內快速落髮。

5. 情緒管理失控。

6. 頭暈、頭痛。

7. 腸胃不好、出現口臭。

8. 喉嚨疼痛。

一般民眾對於過勞、超時工作是沒什麼感覺的，甚至沒有意識到過勞的嚴重性，而過勞開始被大眾重視，要從日本報社海外運輸部一名二十九歲的男員工說起，他在上班時突然中風身亡，最初這起報導未引起討論，直到1980年代，日本遭逢泡沫經濟，同報社其他幾位正值壯年期的高階員工竟也在無明顯病徵的情況下突然猝死，眾多職員接二連三地無預警死亡，媒體馬上追蹤報導這類猝死事件，並將這種現象稱為「過勞死」，過勞死現象這才受到大眾廣泛關注，日本勞動省不得不正視超時工作這件事情，站在勞工的角度思考超時工作的嚴重性。

日本政府研議若死亡前近期有加班、不規則勤務等情形，即使未達「一個月平均加班超過八十小時」等標準，也應認定為過勞死。等於一直在工作，即便沒有達到一個月平均加班時長逾八十小時的標準，就要認定為過勞死。

其實一個月加班超過八十小時，扣掉週休二日不上班，等於平均一天加班四小時以上，這樣確實是很辛苦。因此即便工作時數沒有達到這些時數，但只要近期有加班，進行不規則的勞動行為，死亡原因都應該跟勞動有關，必須算是職業災害，所以，若你發現自己、同事或是朋友有類似的症狀出現，最好互相提醒，開始修正工作與生活之間的平衡，至於要怎麼預防和改善過勞死的症狀呢？分享如下。

如何預防與改善過勞症狀呢？（參考自HEHO健康媒體）。

→ **保持充足的睡眠**

→ **均衡的飲食營養**

→ **固定的運動**

→ **定期進行健康檢查**

第一要保持充足的睡眠，睡覺很重要，所以你要重視每天的睡眠品質，而不是睡眠長度而已，一天最少要睡五至六個小時左右，若可以睡到八個小時更好，但前提是良好的睡眠品質，不好的睡眠品質，即使你睡十五個小時都是沒有意義的。第二為均衡的營養攝取。要吃得營養，吃得健康。第三是固定的運動，第四是要定期進行健康檢查。每一年都要檢查，經常做有關健康的自我診斷，針對健康做適當的投資。

你不能總讓身體處於工作狀態，除了工作以外，家庭時間就是我們給自己的休閒時間。按照台安醫院給出的定義，所謂「休閒」就是必需的日常工作和必需活動以外的時間。簡單來說，個人除工作時間以外所參加的娛樂活動其實都可以稱為休閒娛樂活動，在這活動中，不但有快樂的心情及滿足感，且是自我肯定、自我喜好的活動，是做自己喜歡的，好比你喜歡和朋友去小酌，那是休閒，但若是應酬，不是你喜歡的，你做起來也不會快樂。

休閒就是希望藉著從事一些活動，讓身心獲得休息與紓解，適當地放鬆一下你緊繃的身心。不曉得各位有沒有聽過〈老樵夫砍柴〉的故事，你要適度地停下，留下磨刀休息的時間，再往前走，否則你越付出，你的利息越小，你一直砍一直砍，最後你也就累得動不了，〈老樵夫砍柴〉的故事是在提醒大家，如果你一直在砍樹，忘了把斧頭磨利，一定會感到事倍功半。

一般團隊都有這個問題，誰能做、誰能幹就都給他做，最後那個人累得要死，其他人反而閒得要死，而閒得要死的人，也從未想說要從工作中獲得價值。

 休閒活動包括哪些呢？

你一定要適當地休息，才有辦法讓更多人得以一直不斷替代上來，使每個人都能平均分配到適當地休閒，而不是誰能力強，誰就做到死為止。

那休閒活動包括哪些呢？你平常又從事哪些休閒活動，以下列出七大類，看看哪幾類是你會做的，而其他的也可以嘗試看看。

第一是旅遊類，比如郊遊、旅行、露營、遠足、健行等。在疫情解封後，有一學員全家準備好去露營，結果當天下大雨，怎麼辦？於是他們就將客廳的家具挪一挪，然後把帳篷拿出來，本來為露營所準備的器具、食材也全拿出來，好比卡式瓦斯爐和煤油燈……等都拿出來，將煤油燈點燃放在陽台，卡式瓦斯爐就放在室內烹煮，他們依然吃著原本要在營地吃的火鍋餐，然後關掉電視，一家子聚在一起聊天，瞬間就休閒起來了，所以休閒主要是心裡的狀態，不能因為天氣不好就放棄休閒了。

美國有一個大衛營，是給美國總統休閒度假的地方，除非是有那種非常緊急重大的國際事件或國安事件要處理，否則即便日理萬機，也會安排度假，對他們而言休假很重要，因為如果不去休假，沒有保持更好的狀態，就沒有更好的能力可以往前走。想想看美國總統那麼忙，全世界幾乎都跟他有關，他還是會要放下工作去休閒、度假，像阿富汗事件，拜登總統本來也是在度假的，但因為發生國際性的重大事件，他立即從大衛營飛回來處理。

第二是體能類，各種球類、游泳、健身操、騎馬、登山、太極拳、潛

水等。

第三是收藏類，收集郵票、卡片、書籤、剪報、錢幣、模型等等的收集類活動。

第四是思考類，比如圍棋、象棋、跳棋、拼圖等。

第五是娛樂創作類，比如觀賞電視、電影、舞台劇、舞蹈、音樂演奏、插花、繪畫、書法、攝影、手工藝、彈奏樂器、寫作、歌唱等等。

第六是社會服務類，比如參加社團、擔任生命線、育幼院、消基會、安老院、紅十字、張老師等志工服務。

第七則是栽培飼養類，種花、養蘭、飼養寵物等，每天帶著狗去溜一溜，心情很放鬆，抱著貓心情也跟著慵懶一下，就好比之前被廣泛討論的「吸貓」舉止，抱著寵物大聞特聞，據說能讓人舒緩壓力。

那富中之富課程中的財富羅盤是屬於哪一類呢？它既屬於第四、第五類，也符合第六類，因為你在服務、你在幫助別人，你通過玩羅盤在思考，帶大家寓教於樂而獲得快樂。因為我們的確透過一個最好的休閒活動，帶著大家從類似一個大棋盤的遊戲來思考如何讓自己的生活獲得更大的均衡。過程當中大家玩得很高興，寓教於樂，可是對我們來講又是一種社會服務，幫助了更多人。你會發現這是你從現在開始最好的休閒活動之一，又可以動腦，能帶來快樂，又能服務奉獻，幫助別人又給心靈快樂的成長，這就是最好的。

體能類像我去跑馬拉松，我就給自己設定目標，而且一年還跑了兩次，其實我跑得很慢，但沒有關係，那就是一個自我鍛鍊的過程。我第一次跑時，時間限制是三個半小時內要跑完，我跑了三小時又二十九分鐘，再十幾秒門就關起來，那個線就要關起來，但我完成了。第二次又去跑，我進步了三十分鐘，比第一次早三十分鐘跑完，一次比一次進步。此外，

我也會去健行，我和郭騰尹老師去走大漠戈壁108公里，去走中橫公路108公里，都是第一類的休閒。

變化動作就是休息

英國貝登堡將軍說變化動作就是休息，例如，睡覺是工作的休息，然後工作是吃飯的休息，吃飯是看書的休息，看書是開車的休息，開車是學習的休息，然後學習是做規劃的休息，然後規劃是運動的休息，簡單講就是隨時變化自己的狀態。

人為什麼會累？就是指在一段時間保持一個狀態太久，一直做同一件事情，所以有人說帶孩子是工作的休息，不管你是帶孩子，還是帶可愛的小狗狗、小貓咪，都可以當做自己的孩子，也是休息。如果你帶孩子帶得很累，被小孩氣得要死，然後你去照顧狗、貓，和寵物玩一會，寵物的溫順會讓你很放鬆，所以，變化動作就是休息，就是用不同的形式在放鬆。

對一個旅行社的領隊來說，他去旅遊是在工作，可對我們來講旅遊就是休息。那領隊如何在工作的時候讓自己放鬆呢？對他而言，當坐大巴去下個景點時是走路的休息，走路是解說的休息，睡覺是走路的休息，就是你隨時都在變化動作就是在休息。

有一句話特別重要：「你們看過的風景，是我走過的路」只有你親自參與了才能夠明白，別人只是路過了一個人生，而你是一步一腳印的走過真實的人生。

變化動作就是休息

當疫情過後回歸正常生活，，我希望大家可以多到線下交流，希望所有

中國的夥伴，海外的朋友有機會都到臺灣走中橫，「走過中橫，無所不能」，也希望所有臺灣的朋友、海外的朋友有機會到中國去走戈壁，因為「走過大漠戈壁，都是姐妹兄弟」！這一生至少有兩條路要去走，一個就是臺灣中橫，一個是中國戈壁。如果有機會能夠把這兩個都完成，那就太了不起了！

我也騎車。我到上海辦公室，就騎自行車往返酒店和公司，我騎美團單車作為我的代步工具，不僅可以節省我的交通時間，又可以運動、休閒一下，我覺得挺好的。

我也分段參與騎車環島，如右圖，這是我的同行夥伴，中間這位是腦性麻痺患者曾志龍先生，因為腦性麻痺，致使他沒有辦法左右平衡，所以我就幫他打造了一輛法拉利，一台坐臥式的腳踏車讓他得以跟我們一起完成環島。

你會發現我主要參與的休閒就兩個，一個是做志願者幫助別人，一個是自己訓練體能，我覺得兩樣都好，對我來講都是一種學習，就好比騎車環島，好多人一起陪著身體不方便的志龍，他可以繞臺灣一圈完成夢想，我們也可以參與共同完成非凡的夢想。

所以休閒能做的事情真的好多種，有時候可能只做一件事，就又連帶影響了好多人，而且都是好的影響。但你所認識的實踐家這個學習平台和大家庭，真的是一個認真努力的平台，我們做什麼事都很用心，我們懂得分享，也不斷在彼此助人。

我還喜歡一種休閒活動，那就是陪伴在父母身旁，為他們做生活點滴

的記錄，我很喜歡幫爸爸媽媽拍照，用鏡頭記錄下他們生活中走過的這些歷程，這能讓我的心靈獲得最大的滿足，心中感到豐盛、富足。

拿著相機跟著他們，利用陪伴的時間，記錄下各個重要的時刻。我們老家以前住在汐止靠近山上的地方，有時候爸爸媽媽會提出要回去看看，回憶一下以前生活的地方，而我能隨伺在側，陪他們出遊，就是人生最幸福的事！

我的父母親感情非常好，兩老相互扶持、陪伴，對他們而言這就是休閒，家裡有養一隻鸚鵡，我爸爸、媽媽也會陪鸚鵡說說話，這也是休閒。

生命就是這樣，同心同路同行，所以我喜歡跟著父母出門時，當他們的駕駛員，然後幫他們拍照，這就是我心靈豐盛的來源。我媽媽的腰不是很好，爸爸都會扶著她，我覺得這種就是愛了，父母喜歡到廟裡拜拜，我也會帶著他們、陪伴他們，陪伴才是愛，各位都知道陪伴是最大的愛嗎？愛是陪伴，愛是支持，我們家人會去旅遊，不管是以前還是現在都一樣，這些就是我們豐盛的來源。

我最大的快樂就是陪伴成長，陪伴我周邊的人成長，所以剛剛不是有一個思考學習類，這也是我另外一種很愛的休閒活動，我很清楚讓自己快樂的休閒為何。

很多夥伴加入實踐家這個平台，透過領航教練計畫，尋找讓自己生命更豐盛的方法，因為生命會影響生命，財富會創造財富，透過幫助別人玩財富羅盤休閒的過程中，自己從事服務休閒，在彼此共同的休閒裡體驗寓教於樂，創造最大的財富。

我們也舉辦徒步健行，利用一個月的時間在城市行走108公里，我也鼓勵各位參加Money & You郭騰尹老師舉辦的美憶會，美憶會幾乎把所有與休閒相關的都結合了，美憶會也已走進幾十座城市中，舉辦四百多期

活動，去了很多的地方。大夥走過的城市有合肥、青島、南京、大連、杭州、溫州、濟南、煙臺、鄭州、北京、昆明、貴陽、天津、深圳、上海、廣州、臺灣、石家莊、香港等等。

透過旅遊，給自己一個成長的機會，你可以看到很多沒有看過的風景。生命當中最好的休閒，就是帶上自己的家人，跟一群三五好友，在旅遊的過程裡面，既能放鬆心情，還能有所學習，這真的很棒。

美憶會是Money & You為畢業生所舉辦的系列活動，替大家落實工作、理財、健康、人脈、家庭、休閒、心靈和學習。任何工作上的成長，理財上的進修；健康上的促進；以及大家一起參加活動，人脈的增長，然後也有休閒上的安排。我們接下將安排領航教練的休閒之旅，所有系列活動，邀請大家一起來參與，一起來做志願者，幫助更多人一起學習，不斷精進，持續提升，使大家過上一個心靈更均衡、更快樂的生活。

學習與教學也是一種休閒的旅程，Money & You從1979年創辦至今，已經四十幾年了，我和郭老師仍持續帶領大家一起前行，持續在教學相長的過程中收穫滿滿！

並不是所有人都有機會參加Money & You，不是人人都有機會體驗我們所感受到的美好，所以我們必須主動引導他人，不斷透過示範，讓其他人也能感受到其中的愛、信任、喜樂、勇氣、廉正及負責任等正能量。人人都能成為他人正能量的示範者，你示範給周圍朋友看，那些朋友又再示範給更多人，世代相傳，讓整個社會變得更好。

問問自己，你在休閒方面累積了什麼資產嗎？可以適當地安排運動，徒步健行，給自己規畫一些行程，就算只是跟家人在一起放鬆也可以。

你做了一個非常小的投資，但可以創造一個很大的斜槓收入，更重要的是成為一個很好的示範者。

　　也有人累積的是休閒的負債，例如眼睛盯著螢幕八小時沒離開，手都打遊戲打到發抖了，或是一天到晚喝酒，那些都可能是休閒的負債，每個人都要累積休閒的資產，去掉休閒的負債，所以問問自己你有哪一些正在做的或是正在培養的習慣，可以為你累積休閒的資產。同時思考接下來的每一天，要怎麼去為你的休閒帳戶做一些儲蓄，為了自己更好的生活狀態去做一些儲蓄。

用美好心靈看世界

　　擁有心靈的第一步，就是不要讓自己充滿了負面的元素跟毒素，及時給心靈減負，才有空間接納美好和快樂。

　　在我們的人生當中，其實有著諸多的挑戰，然而這些困難，有的時候也會讓我們失去勇氣。其實成長的過程正是如此，人們在得到什麼的時候，也一定會失去些什麼，因此，不妨勇敢一點，面對挑戰。勇敢面對人生挑戰，感受戰勝的滿足感。

　　你可以從今天開始做一件翻轉的事，那就是把挫敗當作挑戰，用積極的態度去面對，給自己滿滿的正能量，因為消極的人逃避挫敗，積極的人面對挑戰。擁有正能量的人，視挫折為成功的墊腳石，並能將挫折轉化為機會

　　你透過不同的角度會看到不同的觀點，當你把挫敗當作挑戰時，你就會用正面積極樂觀的態度，反之，用挫敗的角度就是負面消極悲觀，這是窮人思維跟富人思維的差別。

積累心靈的資產，
去除心靈的負債。

　　孟子說：「故天將降大任於斯人也，必先苦其心志，勞其筋骨，餓其體膚，空乏其身，行拂亂其所為，所以動心忍性，增益其所不能。」所以不

要害怕。因為所有這些東西都是來鍛鍊我們的心志的。

德蕾莎修女也說生命是一場冒險，我們要敢於面對。新加坡國父李光耀先生同樣說道：新加坡在過去取得成功是由於他那一代人的出生貧困，並且甘冒風險以及接受挑戰。

所以，請試著用挑戰的角度來看待事物。

用挑戰的角度來看待事物：EQ 與挑戰

我們都知道EQ很重要，能讓自己有一個良好的樂觀情緒。哈佛大學心理學博士丹尼爾・高爾曼出版了《EQ》（Emotional Intelligence）一書，書中談到五個步驟——

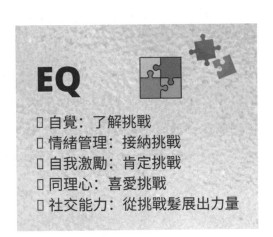

首先是自覺，就是我瞭解到我人生遇到一個什麼挑戰；接著是情緒管理，就是放下情緒去處理面對，所以接受這個挑戰，然後，自我激勵，肯定挑戰，從中去找到力量。然後運用同理心，愛上這個挑戰，感受生命給我豐盛的禮物。最後是社交能力，從這個挑戰再發展出更多更積極的力量，去創造更多的動能。

　　1986年我大學被退學的時候，我瞭解這是我的一個挑戰；在情緒管理後我接受我被退學的這個事實，因為自己不努力，都在玩社團而荒廢了學業。再來我嘗試自我激勵，退學對我來講肯定是有幫助的，因為這件事讓我明白了專心很重要，學習很重要，再來喜愛挑戰，我就告訴自己，你看別人大學讀四年，甚至更久，但我讀三年半就可以出來了，阿Q式地愛上這個挑戰，比別人省了半年的時間。

　　接下來我的挑戰便是這次經驗所學到的專心，要好好學習，努力發展出更多的力量，我也因而成為一名教育工作者，還有機會回到大學去教書，成為講座教授。

　　所以，遇到任何困難時，把任何挫敗視為挑戰，然後用這五個步驟：瞭解挑戰、接受挑戰、肯定挑戰，喜愛挑戰，最後從挑戰中發展出更多的力量，你的生命就會隨之充滿更多動能。

　　因此，你不用去做無謂的擔心，擔心別人的看法，擔心明天會怎麼樣，擔心老闆會怎麼想，擔心明天有業績嗎……幾乎什麼都擔心，與其把時間放在擔心，不如把專注力放在做得更好的地方。

　　當你只看一個人的優點時，他的優點就越來越放大，優點就越來越多，責備和恐嚇會讓人們擔憂和恐懼，失去行動的勇氣。所以，我們要讓更多的鼓勵為自己留下美好的心靈，也不要因為自己的不當，在別人心裡留下一個不好的陰影。

　　像我那位腦性麻痺的學生曾志龍，他即便走路很不方便都可以騎車環島，也跟我走過大漠戈壁和中橫公路。是的，所以如果他也能，那各位也一定要發揮更大的勇氣面對身邊的一切。

勇氣

什麼是勇氣？一般人想到的是Courage，但我要跟各位介紹DARE這個單字，將這個單字拆成四個英文字母，分別代表——

- **DIRECT→直接**
- **ACTION→行動**
- **RAISE→帶來**
- **EFFECT→效率**

解釋為直接去做那一刻就有效能、效益了，也就是直接的行動帶來效益，等於勇氣。更白話一點則是：光嘴上說千遍不如做一遍，勇氣就是指說千遍不如做一遍。

偉大的思考導致偉大的結果；平凡的思考導致平凡的結果。

如果你能服務一個人，就可以獲得一個人的能力；服務十個人，服務百人、服務千人，讓自己有更大、更高的能量來服務更多的人，因為服務得越多，所以你不要擔心壓力，就好比你抱著一顆地球，但千萬不要被地球壓扁了，而是要能帶著地球跑，這是完全不一樣的心態。

別被地球壓扁，要能帶著球跑！

成功實踐家的心靈素質

　　所謂「積極的心態」也是一種「求勝」的性格，它在選擇人生的方向與品質時，通常表現為自信、快樂，對自己所處的環境很快就能很好地適應並能做到「如魚得水」。它將給人們帶來健康、成功與財富，是人生成功的基礎。面對挫折不會想太多、不容易掉入情緒漩渦，這些特性反而是奠定未來成功的關鍵！

　　要成為一名成功的實踐家，心靈的素質至少要具備七個特質。

實踐家七大特質：

1、不計較過去
2、不要杞人憂天
3、養成穩定的清晰
4、不要只為了利益而跨足企業
5、積極掌握，當下的人生
6、克服要他人喜歡你的欲望
7、克服要他人對你印象深刻的欲望

特質一、不計較過去

　　停留在過去沒有意義，世間沒有後悔藥，千金難買早知道，把時間浪費在昨天，是沒有意義的。相反的，如果你能從過去的每一分力量找到一

個前行的動能，你將變得不一樣，過去所發生的一切，不要一概認為是不好的，過去的一切都是你邁向未來非常重要的養分，把過去的一切變成力量。

付出是一種人跟人之間最棒的互動，你永遠不會知道在什麼時間會獲得回報，但是發生的時候往往卻是在你最需要幫助的時刻，所以付出者收穫。

我開了很多的課程，經常有學員對我表達感謝，說老師謝謝您十年前、二十年前講過的某一句話，做過的某件事，給我帶來什麼樣的價值。

因為你的付出為他的生命帶來一個完全不一樣的收穫，一個更豐盛的旅程，而這一切就在你要決定付出的那一刻就會隨之出現。

我們要積極面對過去，有些人被過去的辛苦、障礙、沮喪絆住了自己。可是另外一些人卻不一樣，他用更積極主動前進的態度去影響並且改變身邊的生命，獲得更大的突破。

特質二、不要杞人憂天

人間有兩天不要管它，一個是昨天，一個是明天。明天還沒有來，你的煩惱是多餘的，但是如果你用更積極的態度面對，人生就會變得不一樣。當你提出你的想法，就有人會幫助你，只要對方認同你的想法和行為，就會願意主動參與、幫助你，想太多反而什麼事都無法達成。

近三十年前我帶著一群殘疾朋友到馬來西亞遊玩，那也是我第一次去馬來西亞，一般觀光客到當地旅遊，導遊都會安排前往黑風洞。因為當時我也是第一次去馬來西亞，對情況不熟悉，在快抵達的時候，我就在遊覽車上拿著麥克風跟大家說：「等等我們大家都要一起下車，進入黑風洞，好不好？」大家都說好，每位朋友都很興奮想去看看，這時導遊在旁邊一

直阻止我，叫我不要衝動，我當下還不明白為什麼，不就是來旅遊的嗎？來了景點當然要進去啊！因此我還跟其他人說不要管導遊，我們都要看到黑風洞才能回去。

隨著車子離目的地越來越近，我朝車窗外一看，整個人腦子都暈了，因為去黑風洞要爬二百多階的樓梯，而我以為黑風洞只是平面上一個洞！看著筆直的樓梯由下往上，遊覽車越駛越近，其他人也看到了，瞬間靜默下來，可能一根針掉在地上我都能聽到，可以想像當下的情況有多尷尬。下車後，我看到這群殘疾朋友們很可愛又讓我覺得窩心的一面，因為他們幾十個人就這樣默默走到一旁餵鴿子。

看到這個畫面，我想起剛剛眾人在車上討論時雀躍的表情，也跟大家說一定要看到才能回去，所以我走過去跟他們說大家要完成，說完我就先背起一位身材比較瘦小的朋友，二話不說的朝階梯的方向走，其他人在旁邊一直喊著要我不要衝動，但我當作沒聽見，走到階梯前就開始往上爬，他們也無法阻止我，因為他們無法像正常人般行走，沒有辦法追上我。順利揹完第一個之後，我又沿著扶手下來，繼續揹第二個人上去，一心想著要帶所有人上去。而我也是從那天開始真實體會到什麼是生命影響生命的力量。

黑風洞是馬來西亞的知名觀光景點，周圍有許多攤販和遊客，他們在旁圍觀，看著我一個人想將夥伴們揹上去。沒想到一會兒後，因為還有很多人沒有被揹上去，就有人很好心地過來幫我的忙，最後，我在觀光客和小販們的幫助下，將所有殘疾朋友們都帶上黑風洞，我真心感謝他們的幫忙，這是我生命中最感動的時候，我也因此體會到什麼叫做生命影響生命。所以，只要你願意，一定也能夠影響周遭所有的人，但前提是要去做、去開始，很多時候不是你在旁邊等待、猶豫，事情就會自己改變的，

你必須靠自己堅定的行動去影響更多的人。

　　後來有一次我又帶幾十位殘疾朋友去泰國，不曉得各位知不知道泰國有一個很有名的水上活動叫「拖曳傘」？拖曳傘是遊玩的人背後有著類似於降落傘的遮篷翼，前方會有水上摩托車、充氣快艇或沙灘車在前面拉，遊玩者快速起跑，讓身後的遮篷翼在動力及氣流的作用下，使人整個飛起來，相當刺激。

　　但因為拖曳傘需要遊玩者自行助跑一段才能飛起來，他們又是殘疾人士，照理說是根本不可能玩的，但我又不忍他們到了泰國卻沒有留下美好回憶、沒有起飛的體驗，這時我腦中突然浮現一個想法，我或許可以充當他的腳？一切裝置準備就緒之後，我就這樣揹著殘疾朋友跟著前方的牽引工具一路向前衝，我的起跑能量等同於他的起跑能量，當他準備要起飛的時候，我就瞬間趴下來，只有他被帶往天空，享受翱翔天際的快樂。但這個方法有一定的危險性，我不建議嘗試。

　　還有一次我又帶著一團殘疾人士去韓國雪嶽山滑雪，一般滑雪的工具不外乎是滑雪板和滑雪盆，他們自然是無法使用滑雪板的，所以我就把人揹到滑雪盆上，讓他們坐著從斜坡上滑下來，他們一路往下滑，要怎麼停下來我也不知道，就一直跟著滑雪盆跑，邊跑邊想辦法，突然靈機一動，我加速跑在往下滑的殘疾朋友身旁，然後在他即將抵達時從側邊將他拉出來，讓他倒在我的身上，用我自己的身體充當護墊，這樣他就不會因為撞到護欄下方而受傷。

　　真的不要多想，去做就對了，杞人憂天反而會讓你沒有任何進展，我就是最佳見證，也因此幫助許多人，不只圓滿他人，我的內心也因此豐盛。

 ## 特質三、養成穩定的情緒

隨時隨地給自己一個適當的調整。生氣前先深呼吸，每當你感到憤怒時，請深呼吸三次，想想《EQ》的五個基本步驟：瞭解、接受、肯定、喜愛、發展，能讓自己可以變得更好，適當地放鬆自己才有辦法繼續前行，就好比繃緊的橡皮筋久了也會疲乏。

 ## 特質四、不要只是為了利益而跨足企業

成為一個優秀的領航教練，首先是為社會有助益，對自己有幫助，對家人成長有所提升。我一直都在參與這個工作，所以在十八歲時寫下了播種者三個字，從我年輕的時候，從十八歲在育幼院擔任輔導老師開始，一步一腳印認真耕耘，從在救國團當義工，然後以播種者為名，成立了基金會，現在則將重心放在孩子、青少年、成年人、老者的學習上，今年即將開展花蓮播種園區的建設，致力於建構一個輸出教育者的師資中心。

讓許多人因為我們的努力，而能獲得更大價值的提升，我做每件事情都是全力以赴，也希望你同我一樣，用心播種，努力耕耘，共創美好的社會。

 ## 特質五、積極掌握當下的人生

積極掌握當下的人生，愛惜你的生命，用你的生命影響生命，就是最有價值的事情。

還記得三十二年前，我在非洲難民營服務，那時我二十六歲，親眼目睹許多生命的悲劇。在我服務期間，看到當地一位老人家從生命垂危至斷氣離世的整個過程，那位老人離開人世之後，親人們拿一塊很大的布把老

人家包起來，再用草蓆裹起來一次，然後把老人放至一個擔架上，抬到一個山谷上，將草蓆和布拉開，把那位老人家往山谷拋下去，那一刻我真的無法接受，後來我走到懸崖邊往下一看，滿山滿谷的屍體，那個畫面我永遠忘不掉，不是害怕，而是覺得生命怎麼如此脆弱。我那時候好難過、好沮喪，而且當時非洲正值戰亂，我在難民營當志願者，看到好多逝去的難民根本來不及安葬，就跟這次COVID-19疫情一樣，很多地方的確診者死亡後必須趕緊火化，家人根本無法好好安葬逝者、說再見。

領航教練，是一個能幫助自己、幫助別人成長的行列，因為奉獻、付出的生命會變得更加豐盛，你會在別人的需要上看到自己的價值，生命可以更有意義，成為一個卓越的領航教練，一定可以讓你變得更加的快樂，變得更加的卓越。

你自己受人幫助，接下來有能力你可以去幫助別人，你在發現之旅有所成長，現在你有機會可以在自己生命中也去幫助別人成長，這才是最大的收穫。

特質六、克服要他人喜歡你的欲望

我們不是為了讓別人喜歡才存在的，而是自己樂意去做這件事情而出發的，這個非常重要，就跟我一樣，我從年輕開始，二、三十歲初生之犢不畏虎，對著一群資深企業家就開始講課分享，所以不要害怕重新出發，更不要為了他人的眼光而不敢出發，要相信自己一定能夠做到。

特質七、克服要他人對你印象深刻的欲望

一切只是自己願意去做，而不是為了討好別人，不要追求他人對你印象深刻的欲望。我以前經常不修邊幅，但那是因為我投入志工事務之中，

一頭栽進援助非洲的活動，當時我可以在服務的基金會待一個月不回家，甚至廢寢忘食，一心希望可以認真去完成一件對別人有幫助的事情，透過幫助更多人來創造更大的價值。

我相信每一份愛的力量的出發都會帶來更多愛的力量的傳承，只要堅持做好事，願意出發就能夠帶來對更多生命的影響。

我相信生命的美好，我一直相信每個人都有能力可以用生命影響生命，我相信做好事做好人，我相信成就，我相信感動，我相信這是累積福氣的過程，而福氣將會為我們帶來福報。

做小企業、小生意，靠的是努力；做大公司、大生意，靠的則是福報、是福氣，所以為什麼我和郭老師會在財富羅盤裡特別安排福氣值的設計，我想告訴大家，人生就是不斷付出的過程，你如果願意做更多的付出，你會帶來更多福報、更多福氣。

福氣值：為人處事要能知福惜福、再造福，累積越多福氣，創造越大福報！

福報，所謂「積善之家必有餘慶，積惡之家必有餘殃。」又所謂「人為善，福雖未至禍已遠離，人為惡，禍雖未至福已遠離。」說的就是這個道理。

人生除了修福，還要修智慧。有福報、有財富，如果不知妥善運用，花天酒地、吃喝玩樂，造作惡業，雖然有錢，反而容易招致墮落。

人必須要有福報，有福德的人，賺來的錢誰也偷不走；反之沒有福德，即使很會賺錢，什麼也保不住。人的福德不同，看到外面的境界也不一樣。古人也講：「運去金成鐵，時來鐵似金。」時節因緣具足，做什麼事情都是一帆風順；時節因緣過去了，做任何事情都不順利。因此，平時

就要廣修福德與智慧，福慧具足，做任何事都容易成就。

平安有福的人不能獨善其身，更要時時感恩多造福，我們要感恩，要造福，還要想辦法去幫助更多的人。希望大家一起努力做好自己，成就別人，幫助別人，當我們把一切準備好的時候，外面也就準備好了，不要去管運氣這件事，福氣福報是可以累積的。大家都知道我有很多基金會在幫助人家，所以我用比基金會創立更高的標準，更高的能量投入，要來打造全球性的領航教練平台，因為我明白更多的人是需要被幫助的，更多的生活是需要被幫助的，所以我也希望能藉由百萬領航教練，千萬圓滿家庭，億萬財富羅盤，讓更多人過上富中之富的生活，我會支持更多教練去幫助更多人，這是另外一種共同富裕，形成正循環。

所謂好運是當機會來臨時已經做好一切的準備，我們要不斷提升自己，鍛鍊自己，成長自己，隨時做好準備。

所謂公平，是當困境發生時，仍能活出生命的尊嚴，不管外面的挑戰如何，我依然認真努力的前行，面對生命的每個歷程，其實你都握有選擇權，你可以選擇讓你的生命過得更好，更有價值，更有能量，只是很多人放棄了。

哈佛大學的幸福課授課教授有一段很短的談話來告訴大家怎麼做選擇，我們是可以選擇的，分享如下。

選擇你的天職，從逆境中學習，世界不變，但你能改變，別忘記人生，充滿選擇，每個人都不是作為一個獨立存在的，我們可以持續的出發，當我們擁有更大能量。

問問自己，有沒有每一天為自己的心靈資產負債表累積更多正面的心靈資產，開始去除心靈負債，將過去任何不好的事情都去掉，不要讓它成為阻礙你前行的絆腳石。

人生不是得到就是學到，不要當溫度計隨外界起舞，而要當調溫計，調整自己的方向，持續出發，讓我們去掉更多心靈的負債，累積更多心靈的資產。

寫下自己每一天要為你的心靈做什麼樣的儲蓄，每一天為你的心靈做什麼樣的儲備，來創造更大的動能，得到更大價值的提升，這是每一天、每一分、每一秒你都要做的事。

我的底氣來自於我相信人間有愛，值得信賴。我相信封閉的心終究會打開，我相信領航教練一定會有更多人加入，讓我們一起有能力去影響幫助更多的人，我相信人間有愛，力量將影響彼此，快速傳遞開來，只要你勇敢走出來，告訴大家：「不要害怕，有我在！不必擔心，讓我來！」身邊的人一定也能感受到，形成正念的共振。

我真的相信我們能做到，我相信無私可以成就一切，我相信我們共同的努力可以改變一切，我相信我們身邊的世界可以因為你我而改變，你相信這份力量，你只需要一個工具，需要一個平台，需要一群人，彼此來幫忙，需要更多人給你愛與支持，如此而已。

讓我們一起加油，努力影響並改變我們身邊的生命，讓生命變得更加的豐盛，變得更不一樣，我是完全相信這是能做到的，我要請大家一起來擔任領航教練幫助更多人。

什麼是教練？教練是教學相長，不斷演練，你需要不斷的複習，需要不斷的實踐；什麼是財富羅盤？我們不斷羅列修正經驗、推演複盤，朝向更好的生命。真心邀請各位加入領航教練訓練營，透過豐厚的訓練，扎實的演練，不斷討論研討實踐，成為更好的自己。

增值學習，活到老，學到老

學習時不需要什麼都學，學習只需要專注在這兩件事情，第一個是可以提升你工作的價值，第二個是可以豐富你生活的內涵。朝這兩方向去尋找學習的重點。因為時間是有限的，凡是可以提升你工作的價值或者豐富你生活內涵的，才是你學習的方向。

有效讀書找重點的步驟

1. 設定需要的主題。
2. 過濾相關的書籍。
3. 先看目錄和序言。
4. 按照主題摘重點。
5. 存檔備用常分享。

關於讀書、學習，可以運用以下五步驟來提升效率。

1 設定需要的主題

你學習的主題要聚焦在所有可以提升你工作價值的和能豐富你生活內涵的事情，這才是你需要學習的。例如，對我而言，我要學商業模式、財富知識，領導管理，家庭幸福……等，這些東西才是我需要的。

2 過濾相關的書籍

需要的主題先定下來後，帶著這個主題去找書。例如，我要學商業模式，那我就找跟商業模式有關，如《商業模式畫布》、《海爾的商業模式》等等，所以先明確你的主題，不需要什麼都選。

3 先看目錄和序言

找到相關的書，不需要把書立刻買回來，先看看裡面的目錄還有序言，因為目錄是一本書的重點，你可以知道能否在這本書找到你需要的內容。序言通常是一個人先看完後，為這本書寫的推薦，或是作者寫的自序，可以讓你更瞭解這本書是不是你所需求的。

4 按照主題摘錄重點

書買回來之後，再按照主題重點瀏覽，抄筆記做記錄的時候只挑跟你的主題重點有關的，其他不要。例如我要跟商業模式有關，這本書我看的時候就帶著商業模式的焦點去看這本書，那些跟商業模式無關的內容就很快翻過去。與商業模式相關的才認真去做筆記，做整理，這樣可以省下很多的時間，這本書讀完之後，把筆記夾在書的前面，做好分類，如商業模式類、家庭幸福類等等簡單做分類。

這樣當你有需要的時候，就能從那一類書籍中找出符合你所需的，一打開書本就能看到你之前所寫的重點，所以，記錄比記憶重要。

5 存檔備用常分享

可以按照自己學習的重點分類，建置不同的檔案夾，隨時隨地將自己

學習的心得筆記複印一份保存起來。同時把平時蒐集的各種資料圖文分類保存，在需要時可供查閱。

 四種基本的學習法

你也可以透過四種基本的學習法，讓自己的學習能力提升更大的效能。

① 費曼學習法

曾有一位農民的孩子，每天放學以後，就把學到的知識講給爸爸聽。他自從開始分享給爸爸後，學業突發猛進，最後考上第一志願。孩子無意間採用的方法就是費曼學習法。費曼學習法的核心就是閱讀大量資料後，總結成一個知識架構，再將這些資訊用自己的方法講給完全不懂的人聽。如果對方無法明白，就再去研究，直到對方能懂為止。

這就是為什麼我希望你成為一個卓越領航教練，因為當你在帶別人、幫助別人的同時，你也會有所學習與收穫，透過平台去幫助別人的時候，你可以更加清楚自己是否完全明白，因為你要輸出資訊給其他人。

① SQ3R閱讀法

SQ3R代表著五個單詞：Survey（瀏覽）、Question（提問）、Read（閱讀）、Recite（複述）、Review（複習）。在開始學習前，先把內容大概看一次，再從中提出自己的問題，想要知道什麼答案？就帶著這問題深入閱讀，慢慢找到解答。

帶著你想要的問題去閱讀，帶著你想要的東西去找答案，就是你學習的核心。最後蓋上書，再自己複述一次，這本書是講什麼的？我產生了什

麼疑問，最後解答為何？如此便能真正吸收一本書中的知識。說得出來、
講得出來，最後再複習，這才是最有效的方法。

③ 西蒙學習法

西蒙學習法的重點在於：「對於一個有一定基礎的人來說，他只要真
正肯下功夫，在六個月內就可以掌握任何一門學問。」為什麼六個月就能
掌握一門學問呢？西蒙認為一門學問大概有五萬個信息塊，一個人大概記
一個信息塊需要一分半鐘，所以五萬塊大概需要一千個小時，一星期學
四十個小時，六個月就可以學完了，但必須這六個月都全心投入這一門學
習。

我們現在學校的學習其實是分散的，同時要學好多科，所以沒辦法主
攻一科。曾有學生專門拿六個月來攻數學，只學數學，數學成績提高很
快，數學提高之後，再去學物理、化學，一個個攻破，這樣的好處是可以
集中學習、重點突破，而這也是專注的力量，不然可能淪為什麼都想學，
可什麼都學不會。

④ 心智圖學習法

這是英國人東尼・博贊（Tony Buzan）發明的，他曾經幫助英國查
理斯王子提高記憶力，被稱為記憶力之父。人們給他起了一個外號叫大腦
先生，他還是世界記憶錦標賽和世界快速閱讀錦標賽創始人，專門幫助人
們提高記憶力。他透過各種不同的顏色和圖案，組合成一幅美麗完整的圖
片，當你回想起這一個知識時，會浮現這張圖，一切的脈絡都會很清楚。

我本身也是心智圖愛好者，常會利用心智圖思考問題，雖然我畫圖不
厲害，但這樣分支性的思考方式幫助極大。還記得以前主管要我提出概

念，我也用心智圖畫給他看。主管便在圖上和我討論想法，他也會很清楚我的思考架構。市面上有不少心智圖相關的書籍，有興趣的你可以學習參考看看！

　　學習是一個漫長的旅程，它不是一蹴可幾的，自己有學習，有收穫，也要幫助更多人有成長，有突破。

不要小看你的競爭對手

　　你是很棒的人、你很優秀，但假如你小看你的競爭對手，你的競爭對手馬上就會超越你了，我們應該學會向對手致敬、向對手學習，你的對手決定了你的價值！擁有「可敬的對手」，反而可以激勵自己有更好的表現。所以，不要看不起你的競爭對手，要堅持發現、修正、學習、行動。

　　Tower Records是美國一間連鎖唱片行，曾是美國最大的唱片行，之所以倒閉，是因為它沒有看到賈伯斯（Steven Jobs）拿著撲克盒大小的iPod，撬開了數位音樂世界的大門！Tower Record以為這產品跟他們的業務毫無衝突，以為iPod不過是個小型的記憶儲存產品。可當iPod推出後，它主打可以儲存近千首歌曲，人們不需要再去買唱片，歌曲全都存在裡面，直接打倒專門販售CD片的Tower Records，因此倒閉。

　　還有另一個例子是亞馬遜，剛開始他也不認為蘋果推出的產品會跟他們直接產生衝突，並未通盤考量全局，沒有絲毫危機感，可是很抱歉，趁著iPod大賣，蘋果又順勢推出了iTunes Music Store，消費者只花幾毛美元可以下載音樂，他這才發現情況不妙，本來還看不起蘋果，未將蘋果視為競爭對手，沒想到自己竟然快被打敗了，所以亞馬遜趕緊做出一個選擇，決定做得比iPod還要多。

　　亞馬遜正式推出一項名為Amazon AutoRip的服務，購買CD音樂的使用者將免費獲得Mp3版，並同步到亞馬遜的雲端帳號，可在Kindle、

Android或iOS裝置上透過雲端播放器欣賞。厲害的是，不單是從現在開始購買的CD，遠至1998年購買的CD都能享有這一服務（亞馬遜是在1994年成立的）因為他如果不做這個調整，他就會輸給他原來看不起的競爭對手。

今天你滿懷熱情說我要創業，但你沒有學習，你沒有去瞭解市場調查資訊，過去成功靠機會，未來成功真的是靠智慧，我並非提醒你在創業的路上做錯了什麼，你根本不用怕做錯任何事，而是要擔心旁邊的人若是做對了，這樣你就倒閉了，所以一定要看得起你的競爭對手，尊敬你的競爭對手，你才會贏得更加漂亮。批評競爭對手是沒有用的，因為他們抓住了人性心理的重點以及當時社會的需求，事實證明他的說法是對的，他的眼光是精準的。但至少我們可以向競爭者學習到如何判斷市場、更清楚瞭解顧客、更清楚瞭解他的員工，如果你用這個角度去思考，還是有值得學習的地方。因為他們有我們所不懂的地方，如果我們能從對手身上學習，才能有更多的相互交流，甚至更多的合作，創造出不同的價值，這是向競爭者致敬的概念。

尊重你的競爭對手，你才能贏得更加漂亮，你要持續不斷的學習，想辦法改變你的現狀，所以學習是一個非常重要的旅程。

任何行業都可能發生一個現象，那就是劣幣驅逐良幣，好的東西被不好的東西所取代了，但我們試想，為何良幣要晚出現呢？為何良幣沒有在最快的時間內讓最多人認識你是良幣呢？這是一個挑戰，你不能只怪別人劣幣驅逐良幣，是我們自己沒有以最快速度去驅逐劣幣。

寫下自己的學習資產負債表

　　從今天開始告訴自己要不斷累積自己學習的資產，也將一些不好的錯誤的觀念去掉，把負債去掉，不再讓負債積累，從今天開始每天為你學習的帳戶做資產的累積，朝著更完整的學習，更優質的內容而不斷前進。

　　我個人認為最簡單的學習方法是玩遊戲，建議好好善用我們的財富羅盤，就像Money & You一樣，Money & You課程中有60%的時間在玩遊戲，25%的時間是遊戲之後的分享，而15%是分享之後的複盤，複盤就是教學，做到教學相長，所以從遊戲到分享到複盤的過程，我們可以一直不斷進步。

　　再次提醒大家互為彼此的教練，不斷的修正，再次呼籲大家加入領航教練，跟著我一起成為一個教練型的企業家，教練型的創業家，教練型的投資人，教練型的父母，教練型的夫妻跟教練型的顧問，帶領我們的子女獨立的成長，讓自己成為員工的領航教練，帶領夥伴，也成為自己的領航教練，建立起自動運轉的機制。

　　我致力於幫助更多人成為領航教練，脫貧助困，成為改變自己的命運，透過完整的線上平台，來幫助大家創造更好的全球性收益，用生命影響生命，財富創造財富，既能創造斜槓收入，又能贏得大家的尊敬，從此擁有一個自動化賺錢系統的關鍵，透過會員的綁定幫你創造更多的效能，所以再次邀請大家加入我的行列，用最低的投資改變自己的生命，我們等待著大家一起來參與，我們需要更多人一起努力，來幫助更多的人，一起來改變我們的生命，改變我們的事業，改變我們的未來。

▶ 寫下自己的每日休閒儲蓄計畫。

▶ 寫下自己的每日心靈儲蓄計畫。

▶ 寫下自己的每日學習儲蓄計畫。

未來五年的理想生活

以終為始，活出不後悔的人生

　　以終為始，是知道自己要去哪裡，再往回倒推要如何到達的思考習慣。成功學大師史蒂芬・柯維（Stephen Covey）強調，唯有先確認人生目標，才能引領自己走向正確方向，這種「我設計我的人生」的做法，正是柯維所提出：以終為始（begin with the end in mind）。簡單來說，就是先構思後行動。

　　我們出門前要先知道目的地是哪裡，事先查清楚哪條路最近，才不會走冤枉路，但換到追求人生的成功，我們卻沒有經過這樣的思考，盲目地隨波逐流。以終為始，就是以目標倒推自己的學習、工作，不斷提升自己，確認達成目的要做的事，透過管理逐步完成，無論在何時、何地，都牢記自己的目標或者使命，每天朝著這個目標努力，落實在每一天，成就自己的人生。

　　如果回過頭來看，二十年後、三十年後，你想受人評價這是一個最棒的父親，最棒的母親，你會怎麼做呢？你會如何不同地去做這件事？是不是可以這樣想：我知道我還不是很棒的父親、母親，但我知道最棒的父母是什麼樣的，所以我可以照著這樣做……這就是以終為始，假裝做到好像是。

　　還記得之前說的成功的畫像、成就的圖像，就是你要實踐的場景。成功的畫像、成就的圖像，會讓你以絕對的熱情，會讓你用盡最大的效能，

並且為之投入一切的力量，以獲得真正的成功。

　　對於教育孩子成長也一樣，我們不知道自己是不是真的能夠把他教得非常好，可是如果我們真的希望孩子長大後，一生都走到一個非常正直的道路上，那我現在應該如何來要求他，應該如何去引導？

假裝做到好像是

　　你知道嗎？想像的力量是很驚人的。當富人和窮人同時看上一個自己很喜歡卻買不起的東西時，窮人總是說：「這東西實在太貴了，買它太浪費。」富人則是不斷想像，自己應該做什麼才能買得起，然後就行動起來了。

　　有句英文這樣說：「Fake It until you make It.」意思是假裝你成功了、假裝你已經是某人了，或是假裝你已經達成了什麼事了，然後直到你真的做到為止。馬修・史維說：「假裝做到好像是！我知道我還不是最富裕的人。可是如果我是個富有的人，我會怎麼想？我知道自己還不是富中之富，但如果我是富中之富，我會怎麼想，我會如何做這件事情，我會做什麼抉擇。」

　　所以，「假裝做到好像是」，我知道不一定會成交，可是我知道如果我會成交的話，會有如何不同的做法，當你想像自己是怎樣的人，然後假裝自己的確是這樣的人，努力讓自己去當這樣的人，那麼，最後你就會成為你想像的那個人。這是一個很有效的方式，參考你認識的人當中最頂尖的那些人，學習他們怎麼做事，並且運用他們的方法，再從中改進，讓它成為適合自己的方法，有句諺語說：「站在巨人的肩膀上，你會看得更遠。」就是這個道理。

　　如果你還沒有具備成功者的特質，你就要讓自己先模仿擁有這種特

質，模仿時間久了就會越來越像，然後就模仿成真，變成了你的特質。

以終為始終就是，當這件事情成功了之後，所呈現的最後樣貌就是成功的畫像，成就的圖像。

成功的畫像、成就的圖像——是你會不畏挑戰為之前進非常重要的動能，是你認真努力前行最大的動力來源，因為夢想的力量是強大的，你會為之奉獻最大的力量，遇到任何的困難、挑戰，都不會擔心、害怕，因為只要目標在，路就不會消失，人們會堅決朝向自己的目標持續前進，告訴自己只有持續的行動才能完成自己的夢想！

做個願意先讓自己假裝擁有這樣的成功者特質而積極行動起來的人，一起把成功者的狀態模仿起來，直到成功為止。

不要忘了馬修・史維告訴我們，所有的學習跟別人無關，跟自己有關，所有的成就跟別人無關，跟自己有關，每天對自己說——我是一個超級說服者，我具有無比的說服力影響力！

每天提醒自己，並說服自己有四件事最重要：公司、產品、制度、團隊，我有最棒的公司，最好的產品，最棒的制度，最好的團隊。每天都跟你自己確認一次，一個最棒的公司，就是你自己公司的名字，最好的產品，就是您公司的產品；最好的制度，就是你們公司現在所有裡裡外外一切管理的制度，銷售的制度、行政制度、獎金制度，都一定要確認。然後走出去，說出來，把錢收回來！

我知道我現在還不是最棒的，我也還不是最頂尖的，我也還不是Top sales，但是我們可以用假設擁有法：我知道還不是，但如果我是的話我會怎麼辦？如果我是的話會怎麼做？就像假設你一個小時價值500元，可是如果你用一個小時價值1萬元的態度去工作的話，這一個小時的奉獻就會不一樣！

　　勇敢地走出去，因為你的業績決定在：專業知識乘行動量。你專業知識100分，可是行動量0分，相乘起來還是0分；相對地，你走出去要把自己準備好。如果你沒有準備好就草率地走出去也不行，因為專業是0分，行動量100分，0乘100還是0，當你有好的產品就要走出去，勇敢地把錢收回來，不要害怕 。只要開口要求，機會就有一半，怎麼說？當你開口要求的那一刻，對方只會有兩個反應，一個反應是要買；一個是不要買，機率各一半50％，剩下那一半「No」怎麼辦？沒關係，明天再開口要求一次。50％裡有一半要，一半不要，又加了25％，現在50+25就有75％。所以剩下25％不要買，那麼？明天再開口一次，25％的一半，12.5％……這樣是不是就一直越來越進步，越來越靠近100％，靠近成功。

我想做什麼？

我能做什麼？

我該做什麼？

規劃一個值得擁有的生命

我們所做的一切努力，無非是為了過上一個更好、更理想的生活。

如果你知道自己未來五年後要走到哪裡，你今天的每一步每一個動作都以終為始，你就會選擇不一樣的步伐，因為你知道最後想到達怎樣的結果，那你就可以避開一些摸索的彎路，不會走錯，所以，從現在開始將觀念改為以終為始吧，進入理想的生活。

Money & You教育我們：「大多數的人使用生命中大多數的時間在賺錢，而不是規劃一個值得擁有的生命。」這句話是什麼意思？很多人是沒有目標地在過日子，寧願把時間放在玩樂、開Party上，沒有想過要把時間放在改變自己和所要追求的事情上。

《富爸爸‧窮爸爸》作者羅伯特‧清崎先生說，很多人就是不斷地在和老鼠賽跑，就像財富羅盤裡最中間那一圈——現實財富圈，每天不斷工作、領錢，等著領月現金流。

我們就這樣每天不斷重複，日積月累不斷地重複，重複著同樣的事情，心裡有夢，卻沒有把它寫下來的勇氣，只敢在看到某些場景時說這好像是我要的，可是又認為自己離夢想太遙遠、做

不到，或是覺得自己沒有能力去做或者不敢去做，所以絕大多數的人都把時間放在賺錢上，而不是替自己規劃一個值得擁有的生命，最後成為一個賺錢機器。

　　所以我們強調「值得」是非常重要的，強調生命要活得「值得」，像前面提到的一樣，一天忙碌就過了，非常不值得，值得才是核心。那麼什麼時候才能離開這種自己並不想要的生活？除非你停下來做規劃，否則你每天都是和昨天一樣做「不值得的循環」。

　　Google全球前副總裁李開復寫了一本書叫做《我修的死亡學分》，他說：「生命如果只剩一百天，你會怎麼過？」李開復在發現自己腹部有二十幾顆腫瘤、面臨生死存亡之際，開始思考這個問題。一個集名利、財富於一身的大企業家在健康面前，與平常人一樣渺小。很多人天天不停地工作，以為自己很能幹，以為自己效率非常高。我也曾經身處同樣的誤區，覺得自己在短時間內可以做好多事，但是我還有停下來的時候，如果沒有停下來就來不及了，就會變成你不斷地在賺錢，而忽略了自己真正要去擁有的那個生命。我認為過好生命真的比賺到錢還重要，我也經常說：「有命，就有錢」，可是很多人賺了錢，就賠了性命，這種人非常多，所以讓你自己先過得快樂、過得充實、過得有價值，當你過得有價值的時候，這個生命就是值得擁有的。

不是「得到」就是「學到」

　　值得有兩個意涵，一個是價值，一個是得到，我們今天做任何事情，我們都要讓自己成為一個價值貢獻者，以投資來講有價值投資，以生命事業來講，我們要讓自己過得有價值。

　　人類因夢想而偉大，但現實不是每個夢想都會被實現，可能受到各種天時地利人和等不可預期的情況影響，所以夢想有時會幻滅，但沒關係，你會因為夢想幻滅而成長。雖然沒有做到，可至少在過程中你學到了，所以人生不是「得到」就是「學到」。

　　人類因為夢想而偉大，夢想因為幻滅而成長，而夢想最後只會因為實踐而成功，所以你看我跟郭老師，我們創辦公司就叫實踐家，因為我相信實踐是唯一的道路。

　　在夢想實踐的過程中，不是是「得到」就是「學到」。《挑戰的力量》一書是我在五十歲時出版的書，其中談到從初心到創業心。每一個生命的挑戰原點，都是帶來改變的新圓點。從原點到新圓點，這個原點就是你發生每件事情的原點，都可能成為新的一個圓滿的點，圓融的點。

　　每一個曾經讓你跌倒的點叫原點，每個曾經發生過的挫敗是挑戰，那一點就是我們的原點，從這個點出發，當你經過一圈再回到這裡時，我相信一切都會變得更不一樣，因為你歷練了、成長了、你突破了，所以從原點到新圓點也是一樣。

　　賈伯斯（Steve Jobs）創辦了蘋果，最後卻被迫離開了蘋果。從他的原點離開了，離開之後他經過一圈之後再回到這個原點，是金子就會發光。賈伯斯回歸後第一年，蘋果就推出彩色外殼的iMac，令外界眼睛為之一亮，隨後推出的產品幾乎樣樣轟動。一系列的產品從iPod、iPhone、iPad陸續問市，從發展iTunes到iCloud，成功扭轉蘋果持續向下沉淪的命運，帶領這家公司重返榮耀。所以，不要害怕挫敗。

　　有句話說：「凡事發生必有其目的，並有助於我」，用這句話勉勵自己，現在所面臨的挫折，都是為了成就更好的自己，要相信，每一件發生

在我身上的事情都會對我有所幫助的。1986年，大學四年級，我因為自己過度參與社會公益志願服務工作，活躍於各社團，為學校爭取很大的光榮和獎牌。可是就是在讀書這件事情上，我疏忽了，完全沒有用心在學業上，導致成績太差而被退學！望著到校跪求校長網開一面不得而傷心欲絕離開母校的父母背影，我暗自許下承諾，有朝一日必定要有所成就返校接受公開表揚，以榮耀父母！我要很努力地把這個原點變成一個新的「圓點」，我將再回到這裡重新創造不同的結果。我設定了兩個目標，一個回母校接受頒獎表揚，一個回母校當教授。這兩個目標對一個被退學的學生而言，根本就是天方夜譚。而這兩個目標我現在都做到了。

2015年東吳大學一百一十五周年校慶，我有幸獲頒第四屆傑出校友，淳樸依舊的父母和兒子以及台北公司同事，陪伴我返校領獎，共享榮耀，歷經了二十九年，我終於做到了！我們重新站在當年退學的東吳大學的校門口下再拍一張照片。隔年我接受聘書，成為東吳大學的講座教授，其實這一切的過程不是立刻做到的，是經過這麼多年才去完成，這就是「只要目標在，路就不會消失」心裡有這個夢就會往這個夢想出發，直到成功為止！

2014年4月12日，美國奧克拉荷馬市大學（Oklahoma City University）因為我有四個基金會，常年在公益領域的奉獻，榮獲董事會開會後全數通過頒贈榮譽企管博士給我。奧克拉荷馬市大學校長、副校長、商學院院長等人還親自來台出席頒贈典禮。我心裡很明白的，原點就是新圓點。當時我邀請我的父母、乾媽上臺，我當著現場來的有十二位大學校長，因為奧克拉荷馬大學在臺灣很多姐妹校，在所有人的面前，我跪了下來，跟我的父母說對不起，因為在那之前的二十八年我讓他們失望

了。我必須要說我也曾經犯過錯，可是這個原點成為我後來的新圓點。

「只要目標在，路就不會消失」，這很重要。所以，為什麼不給自己設定一個目標，為什麼不給自己一個理想？為什麼不給自己一個夢想？當你什麼都沒有的時候，夢想是你唯一的依靠！每個跌倒的地方就是人生的起點，你最後終再回到這一點的時候，你將變得更不一樣，力量會變得更強大。所以不要害怕，這世界上有太多太多的人，因為擔心做不到而乾脆就不去做，我覺得這是最可惜的。不管路有多遠、多艱難，一旦設定了目標，我從未放棄！我知道，今天之前設定的目標必定都會達成，因為我的字典裡找不到放棄！

每當你遇到困難的時候，要知道那一點就是你新的原點，是你有機會創造更好價值的起點。我經常和人家說：「你要相信你自己，相信你自己所說的話和相信你所做的計畫，因為人們的目標能不能實現，其實是自我意志力的結果！」

我們規劃了Money & You播種者園區，基地有十萬四千平公尺，這個園區在花蓮──臺灣最漂亮的地方，我們希望能讓所有的人，不僅來學習Money & You，也有一個永久的、共同的家的感覺，所以我們選擇在臺灣最乾淨、最純淨、最好的花蓮。希望能讓所有人，每次回來這個地方就浮現出很多上課的共同回憶，來到這裡可以在大自然的環境裡安心下來、充電再出發，同時能夠自我沉澱。這個是很重要的，如果你真的很忙碌，你就沒有辦法仔細規劃，就不知道自己的未來在哪裡，歷經了八年漫長的等待和一次次送件、補件、修正，終於在2022年1月正式通過了興辦專案計畫書。

很多人因為擔心做不到就乾脆不去做，因為擔心有風險而不去啟動，

因為擔心最後可能有一個不好的結果，因此不去努力；其實你要知道我們的努力可能會改變這樣的結果啊，我們的付出可能會改變這樣的格局，你是不是依然保有最初的夢想呢？只要最終的夢想依然在你心中，你就可以為夢想持續前進，你就可以為夢想持續再出發。

不要看背景，要看前景

　　不要看背景，要看前景！看看路上那些開車的人，有司機是看著背面的風景在開車嗎？有人頭朝向後面開車的嗎？頭一定是朝向前面。我們看的是前景，而不是什麼背景，不管你過去如何，往前看，看著前面才不會撞車，看著前面才會知道怎麼轉彎，何時要轉彎。

　　背景包含兩層意義，一個是不好的，一個是太好的，不管是太好或者不夠好的，都不應該讓你把眼睛朝後看，而要朝著前景出發。

　　如果你的過去（背景）很好，你很棒、你很有成就，你家世不錯，你是富二代，或者你過去很努力而成功過，可過去成功了，你就鬆懈了，不積極努力了，沈溺在過去的成功，陶醉在過去的成功裡，稍一不慎你就會撞車，你就看不見前景。

　　也可能你曾經努力過但沒有用，沒有成功，以為事實就是再努力也沒用了。但那個事實是關在箱子裡面的，那不是真正的事實。你過去做這件事情沒有得到應該有的結果，那是過去的事，而你不能被過去的生命經驗所限制。

　　你過去曾經設定一個夢想，設定一個理想生活，想買房子給媽媽住，那可能是你小學三年級、中學三年級設

定的目標，當時設定了沒有達成沒有關係，因為當時你的能力還不夠。不要因為當時沒做到，就以為自己現在做不到，不要因為當時沒成功，就覺得自己現在也不會成功，這非常重要，跟過去無關，事實是發生在過去的，不是今天。

你只要能從裡面走出來就可以繼續前行，所以，打開過去事實的箱子。是的，把它打開，只要過去發生的過程，有讓你學到東西就夠了，就已經值得你帶著學到的東西繼續前行。

人生不是「得到」，就是「學到」，帶著你學到東西，認真努力去分享，去為你未來要實踐的下一個理想去努力，走在下一個計畫的道路上就可以了。所以過去發生的那些不好的，是關在過去箱子裡的事實，那些並不是真正的事

實，只要審視你學到什麼就可以，那個事實就可以重新被改變。因為真正的事實已經不是過去所認知那個事實，因為條件、能力、環境都變得不一樣了。

判斷事實，突破表象的限制

我們經常以自我的主觀去判斷什麼是「事實」，卻往往沒有看到真正的事實，許多人看到的都是表象，不是真相，是樣子，不是裡子，這是多數人經常會有的盲點，所以要避免用自我的主觀意識去做判斷，並不能只看表象，還要更深層次地思考，從多方求證。

例如，我們不要表面上看到這個人的學歷不夠好，就覺得這個人的能力不夠強，其實不是的，不要被那些既定印象綑綁住你自己。

在此分享一個概念，就是要去當一個「調溫計」體質的人，不要去當一個「溫度計」體質的人。意思是如果現在這個地方很熱，你拿溫度計來測量，這裡氣溫是三十五度，它就顯現三十五度，這裡很冷，這裡氣溫十五度，它就是顯現十五度。然而，有「調溫計」體質的人是不管外在多少度，只要我的空調一打開，我可以設定室溫在二十五度，始終維持在二十五度，我可以自己決定我所要的溫度，而不是隨著外在環境而改變。

就是說，我們應該要有自己的意見、有自己的主張，不要被自己過去的這些限制所迷惑，因為自己過去的成績很差，你就一蹶不起，環境很冷，你就顯示了零度，不是這樣子的，你應該可以決定自己的熱情，決定調高你的溫度在三十八度，調高自己的溫度再往前邁進，這是你可以自己決定，而不是由別人決定。

人們要勇敢拋棄自己過去的障礙與限制。像前文所說，在一般人的認知上，我被退學就不太可能找到一份好的工作。而現在的學生休學去創業的人一大堆，這反而變成了一件好事。所以，並不是說一件事情發生了，就一定得承受唯一的表面或者是社會制度裡的結果，你有更多的機會可以去做自己、活出自己。我雖然被退學，但我活出自己的人生，我並沒有被過去的障礙與限制所制約，我如今是一個教育工作者，我反而透過教育工作去幫助更多的人。正因為我曾被退學，我更理解當年沒有好好讀書的那一種苦，所以我今天反而有機會幫助更多的年輕人把書讀好，這些是不是都是另外一種價值？所以我們人生不是只有單一的價值。

我沒有受到「退學」這個溫度所控制，我重新調整溫度，讓自己再努力，所以我現在可以在大學裡教書，我可以拿到榮譽博士學位，我能再重返母校東吳大學，獲得了傑出校友獎，我可能是唯一一個退學生獲頒傑出校友獎並獲聘教授的，因為我用我的努力來突破原來的限制。

　　每個人其實都有這樣的能力和機會，不要被一些表面的、表象的事實障礙、限制住，你的生命可以過得更精彩。當然，有時候你也不要迷惑於別人和你說的那一些美好的表象，例如：「這個人講得天花亂墜」、「這個合約寫得非常精彩」，但是很有可能事實並不是這樣。除了你不要受到過去那些表象的誤判之外，相對的，你也要懂得去看清楚、去判斷什麼才是真正的事實，每個人都得要有一定的判斷能力，才不至於受到一些表象的宣傳而被欺騙。因為在這個時代裡，假消息滿天飛，假資訊到處都有，你必須要能自己清晰地去做判斷，判斷的時候要能清楚地找到一個明確的遊戲規則，看到別人過於誇大不實，看看自己是不是過度貪心而受到傷害等等，都是一樣的道理。

現在就是未來

　　快速推進的社會，讓太多的人在「過去」的生活中都因為太忙碌而沒有時間停下來，因此「現在」所做的事也從未聽過心裡面真正的聲音，只有盲從地跟著昨天的步伐走，那麼「未來」肯定也只是看過去一片的茫然，而不知要走到哪裡去。「忙、盲、茫」已成了許多現代人生活的寫照。如果你過去非常忙碌，忙碌到沒有時間停下來，就像老鼠賽跑在圈裡面轉一樣，你只是很盲目地往前看，就等於閉著眼睛往前走，而當你盲目往前走的時候，看向未來肯定是一片的茫然。

　　人們最大的矛盾就是每天重複做著自己不想做的事，過著自己不想過的生活，卻沒有勇氣去在此刻做出改變的關鍵決定。如果我們「今天」做事的方法與「昨天」沒有任何不同，那麼今天最好的結果也只不過是和昨天一樣，而如果我們「明天」的做法也跟今天沒有什麼兩樣，那麼明天的結果最大不了也只是跟今天一樣。每一個今天的存在只是為了把明天變成

昨天，每一個現在，那只是為了把未來變成過去，你能容許自己過著這樣的生活嗎？

如果你忙到沒有時間停下來想一想，規劃未來理想生活，那你的未來肯定就是一片茫然。

請寫下這六個字──現在就是未來。

在歷史的進程中只有標誌著三種人：「快速」改變的人創造了「未來」，「緩慢」改變的人停靠在「現在」，「從未」改變的人則還留在「過去」，關鍵在於改變的速度有多快，進步就有多大，路也就有多寬。

每一年的最後一天，請停一停，去回顧過去，然後把握現在，規劃未來。

實踐家每一年都會在不同的國家辦跨年大會。2004年第一屆在馬來西亞雲頂跨年，雲頂是馬來西亞最大的賭場，是馬來西亞的空中娛樂城，很多人在邁入新的一年都會去賭場賭博。而我們不是去賭博，我們去上兩天一夜的課，是去學習的。在12月30日晚上11：59：50的時候，在場所有學員一起倒數「10、9、8、7、6、5、4、3、2、1，Happy New Year！」然後繼續上課。同樣的時間，同樣的地點，有一群人在賭博，另一邊有兩千人在成長，生命命運的距離就這樣拉開了，我們每一年都這樣做，我們現在也會辦線上跨年，全世界集結在一起，到時候我們邀請所有上過發現之旅的夥伴在一起，一起回顧過去，把握現在，規劃未來。

人生在世最大的權利是選擇的權利，你可以選擇要這樣子做，還是那樣做，那樣想，還是這樣想！

每個人最大的自由是夢想的自由。當你什麼都沒有的時候，夢想成為唯一依靠的時候，你為什麼要放棄夢想？你看像中國「跳水天才」全紅嬋那麼辛苦，家裡條件那麼差，她沒有被背景、生活環境所限制度，以驚人

的連續滿分動作贏得東京奧運10米跳台冠軍。夢想就是她唯一的自由。

當我們發生任何事情，別人傷害過我們時，是我們自己決定要不要留在被傷害的過去。我們有原諒的義務，實際上原諒不是為了原諒別人，原諒別人是為了放過自己，或者原諒別人不僅為了放過自己，原諒別人是為了成就自己，不要受到過去那些東西所束縛、設限，我們才能夠放下一切持續前行。

接受是我們的責任。當你接受了那個事情，它就不會再對你產生作用力了，很多人每天都在抱怨不公平，為什麼我這麼可憐，為什麼我家沒什麼背景，不斷地埋怨，不願意接受。但只要你接受了這個事實，放下它，就能往前走了，三十六年前我接受被退學的事實，從此就全力以赴努力拼搏了，就是如此！

每個權利都有對應的義務，每個自由都要承擔的責任。所以權利跟義務是合在一起的，自由和責任是合在一起的。這個世界上最大的挑戰是很多人只要自由，不願意承擔責任，很多人想要擁有這樣的權利，卻不願意去盡那樣的義務，這才是最有挑戰的地方。權利跟義務是一起的，自由和責任是一起，不能只要自由不要責任，不能只要權利不要義務。不管是在家裡也好，在公司團隊也一樣，一定要知道每個權利都有相對的義務，每個自由都是要承擔責任的。

知足、感恩、善解、包容

　　證嚴法師說：「要知足、感恩、善解、包容」。因為當一個人擁有知足、感恩、善解、包容的能力的時候，他身邊的關係都會變得更好，變得更快樂。

　　我們要常保知足的心，對人事物善解、包容、感恩，如此才能圓融、圓滿，才不會一直想要爭平等。世間難有平等，幸福的人生一切從心起，要時時多用心啊！人生如何才會如意？就要學知足，知足才會知福，知福才會再造福，讓我們廣結一切的善緣，創造最大的福報，活出幸福富足的人生！

　　知足，我還能夠有一口氣呼吸就已經最棒了，今天做這個事情有目前這樣的結果就覺得很了不起了，身邊有這樣一群人支持我，已經很棒了……這就是知足。前文的財富四個象限裡有提到，富人很成功，日子過得很優渥，徒具豐足的財物，卻不懂得善用，反會受其誘引，心靈永不滿足。過於貪求名利，必將極大地耗費生命；過於斂積財富，必定會遭至更為慘重的損失。而貧者，沉浮於種種苦境之中，心若知足，即可轉苦難為快樂，依然是富裕的。老子有句名言：「知足者富。」只有懂得知足的人，才是這個世界上最富有的人。知足者身貧而心富，貪得者身富而心貧。有句話說得好：窮是貪，貪才窮，愚生貪，貪生窮，不貪不窮是幸福。這叫不知足者窮，知足者富。

　　知足之後，再「感恩」。你要覺得滿足、感謝自己所擁有的這一切。像現在的孩子真的是比較缺乏感恩的能力，認為自己目前所擁有的，都是理所當然的，他可能還會予取予求，甚至成為啃老族，他不懂得感恩，但是「感恩」其實是人間最美麗的動力。

　　感恩生命的一切，感謝大自然，感謝周邊一切，因為你願意做一個懂得感恩的人，才是一個可以在未來得到更多力量支持的人。一個懂得感恩的人會是珍惜一切的人，也才會有更好的基礎，善用身邊所有的資源，創造更大的未來。

　　有一個素食餐廳的創辦人是因自己的母親罹患癌症，所以他發願要為媽媽祈福，願意折自己的壽命來消災，在這個過程中他決定要吃素，後來他母親的情況有變得比較好，不過若干年後，他母親還是因為高壽的關係而離開了人間，他才發現到，自己其實只是因為從感恩的心開始，他感恩大地眾生、感謝天地萬物，因此決定去經營素食餐廳。就因為自己吃素，之後發現吃素很好，那麼他就用感恩的心、感謝大地的心、不去傷害動物的心，感恩各種動物對世人造成貢獻等等，他開了一間素食餐廳，也成為當地做得最好的素食餐廳。

　　當你懷抱著一份感恩的心對環境、懷抱著一份感恩的心對自然、懷抱著一份感恩的心對周遭所有的資源，其實有時候不僅只是感恩的心，同時你還創造了無數的價值。

　　接著是「善解」，就是善加瞭解，善加理解。不同的人說不同的話，而同樣的一句話聽在不同人的心裡、耳朵裡，其實是不一樣的感覺，所以「善解」意思是說「你不要用負面的方式去解釋」，別人說一句話，有時候不是那樣的意思，但是你卻硬要往那個負面的方向去想，那只會讓你自

己過得不愉快。所以善解是非常重要的力量,就像有時候別人問你:「你等一下有空嗎?」你回答:「你要幹嘛?你要叫我做事嗎?」但是其實不是,也許他只是問你要不要一起去打球,而不是想把工作丟給你。我們經常會用自己的方法去曲解對方的好意,你如果不懂得「善解」,往往就會把好意變成惡意,但如果你懂得「善解」,就算知道對方是惡意,你也可以把它變成好意,所以「善解」很重要。

「包容」就是「宰相肚裡能撐船」,我認為越好的領導人,或者是事業成就越高的領導人,通常是包容力越高的人。當你越能夠去包容對方,你其實就越能夠擴大自己的能量、擴大自己的氣場、擴大自己的平台,所以「包容」更是一種重要的力量。我唸國中一年級的時候,英文考試考了九十九分,卻被老師打了十下屁股,我要知足,要感謝老師,我還感謝我自己考了九十九分,差一分就一百分了,感謝老師這樣打我是為了提醒我,這是「善解」。老師是打我十下,不是只打我一下,是希望我能深刻記住,我要包容老師的一片苦心,所以後來我國中時的英文考試都考一百分,只有第一次考了九十九分,這是真實的故事。

如果你用這個角度來看,就不會覺得有什麼好不滿的。有一次我問一個孩子說:「如果你考了九十九分,老師打你十下屁股,你會怎麼樣?」他說:「那我就考零分啊,老師有種就把我打死好了。」這就是非常負面的思維,考零分對自己是一點好處也沒有,你考九十九分,本來只要再努力一下,就有一百分,而你卻是抱持不知足、不感恩、不善解、不包容的心態,反而會讓自己過得更辛苦。

當你遇到任何困難的時候,用知足、感恩、善解、包容這四種精神來提醒自己,你會變得更棒。

認真寫下未來五年的理想生活,用已經完成式來寫,這就是以終為始

的概念，你未來五年後最想要過的理想生活是什麼？今天睡覺之前認真努力把它寫下來，寫下來之後就是你未來的藍圖，那就是你未來的導航。接下來不管遇到什麼事情，遇到任何困難，遇到任何挑戰，我們就始終會堅持自己的夢想，不會離開，始終會堅持自己的夢想，告訴自己那是最重要的事情，持續前行。

理想生活透過秘密法則
不斷前進

　　我在非洲擔任志願者工作時，在去衣索比亞（Ethiopia）的途中，我在我路上看到一個拿著衣索比亞的國旗，上半身穿政府軍的衣服，下半身穿反抗軍的衣服的青年在路上跑，我們經過他時，問這個人為什麼扛著一個旗子在跑，透過翻譯，他說因為衣索比亞在內戰，他說他扛著衣索比亞的國旗跑在衣索比亞的大街小巷，是希望告訴大家，一定要團結起來，不要再內戰，不要再打仗了，我們應該團結在同一個旗幟之下一起努力，這是他的夢想。然後他就扛著他的夢想出發了。他跑遍整個衣索比亞是要去告訴大家，我們可以一起努力，一起做到，一起團結起來，一起合作。

　　生命就是如此，每個人要為自己付出一份的努力。而如果今天有任何人給予我們支持，一定要為這份支持，回報十倍、百倍、千倍給對方，用最好的自己去服務這個社會，就是最大的回報。

　　《秘密》這本書談的是吸引力法則，秘密光碟裡導師群中第一位出現的就是傑克‧坎菲爾（Jack Canfeld），他是《心靈雞湯》的作者，照片中我跟他在一起，因為我們都是TLC改變領袖會議的成員，還有我們的魏特

利博士。傑克・坎菲爾是暢銷書《秘密》作者群之一，他寫的《心靈雞湯》影響了很多人，幫助了很多人，他也是Money & You的畢業生，我們來看看他怎麼談吸引力法則——

　　傑克・坎菲爾：這個祕密真的改變了我。我被一個思想很負面的父親帶大，他認為有錢人都是靠剝削他人而致富的，要變有錢就要欺騙他人。我就是在這樣一堆有關錢的錯誤信念中長大——你有錢，你就會變壞；只有壞人才會有錢，因為錢不會長腳走到你家裡來。「你以為我是誰，洛克斐勒嗎？」這是我父親最愛說的一句話。所以我長大以後真心相信生活很苦，生活很難，你得奮鬥。直到遇見克萊門・史東，我的生命才真正開始轉變。

　　當我和史東一起工作時，他說：「我要你設一個目標，這目標必須大到一旦讓你達成，你會高興得飛上天。到時候你就知道了，因為我教了你，你才能達到目標。」那時，我的年收入大約八千美元；於是我說：「我想在一年內賺十萬美元。」但是，我完全不知道要如何達到這個目標。我看不出有什麼策略、有什麼可能性。但我只對自己：「我要這樣聲明、我要這樣相信、我要這麼做，就好像它是真的一樣。然後才把它放下。」於是我就那麼做了。

　　我照做了，他教了我一件事：每天閉上眼睛，想像我的目標已經達成了。我真的做了一張十萬美金的紙鈔把它貼在天花板上，每天早上醒來一睜開眼，就能看到那張紙鈔，它會提醒我：那就是我的目標。然後我會閉上眼睛，觀想著當我擁有這十萬美元時會有的生活方式。奇怪的是，接下來的三十天都沒有發生什麼大事，我也沒有任何突破性的想法，也沒有人給我更多的錢。大約就這樣施行了四個星期後，有一天我在沖澡時，突然有了能賺十萬美元的靈感，就像天外飛來的一筆。

　　那時我已經寫了一本書，於是我想：「如果這本書要是能賣出四十萬本，一本賺0.25美元那麼就會有十萬美元的收入。」書已經寫好在那兒，可是我從來沒這麼想過，這個秘密的特點之一就是有了想法就一定要相信它，並要採取行動。我不知道要如何賣出四十萬本書。後來我在超市看到《國家詢問報》，以前也看過該報無數次，只是從來沒去注意；但這次我突然注意到那份報紙。於是我想：「如果能讓這份報紙的讀者都知道我的書，肯定會有四十萬人掏錢來買它。」

　　大約六週之後，我在紐約亨特學院為六百名教師演講，演講結束後，一位女士走過來對我說：「你的演講很棒，我想採訪你，這是我的名片。」原來，她是為《國家詢問報》寫報導的自由作家。當時我的心裡響起了《陰陽魔界》的主題曲……哇，這招還真管用。那篇訪談刊登之後，書的銷售量就開始起飛。

　　我想說的重點是：是我去吸引這些事件──包括那位報刊作家──進入我的生命。那年我並沒有賺到十萬美元，而是賺了92,327美元。你以為我們會很沮喪地說「這招沒效」嗎？不，我們覺得它太神奇了！於是我太太跟我說：「既然這招能賺到十萬元，那麼我們想要賺100萬的話應該也沒問題吧？」我說：「不知道耶，不過我想是吧。那我們就試試看吧。」

　　後來出版商給了我《心靈雞湯》第一集的版稅支票，還在簽名處畫了一個笑臉，因為那是他開出的第一張百萬美元支票。所以我是從自己的經驗中得知的。因為我曾經想要去測試這個秘密是否真的有效，我們測試過，證明絕對有效。我從那天開始，每天都使用這個方法。

　　「吸引力法則」（the law of attracting），是指當一個人努力地期望

某件事情時，只要你是「打從心底」的認定，宇宙自然會有力量吸引這些你需要、期盼的東西靠近，最後這些力量會引導你得到你想要的。吸引力法則，就像回力飛鏢，丟出了什麼，就回返了什麼。當我們散發出喜悅、幸福的感受，就會感受到喜悅、幸福；反之，當我們不斷恐懼貧窮、痛苦，日子也就會更加貧窮、痛苦。

有了想法之後，一定要再加上你的行動，當我們轉化信念選擇相信之後，就要立即的行動，才能享有豐碩的成果。從想法開始，用正面、積極、樂觀的方法來成就自己，成就彼此，你就可以創造出更大的可能性。

你必須在行動上就好像你已經身處你想像的那種狀態中，你的行為就好像你的願望已然實現。你必須以「願望已經實現」的那種方式和態度去做那些事情。你必須將所有這些——願景、渴望、相信、接納、意願——導入你的行動之中。這樣，你的行為和你的身體語言就會和以前不一樣了，因為身體語言很能夠表達出你真正相信什麼，你真正相信你能夠做到什麼，你真正相信當下的你是怎樣的。因此，行動很重要！

《秘密》的吸引力法則，是要真的每天去操練的，你的想法是需要被訓練的，所以吸引力法則是新思維運動（英語：New Thought）的一種概念，認為可以透過正面或負面的想法，從而得到正面或負面的結果。當正面的想法出現時，就能吸引到更多正面的人，當你充滿負面的想法時，你身邊就會聚集更多負面的人。

還記得嗎？「正面、積極、樂觀」和「負面、消極、悲觀」，吸引力法則也是一樣，我們可以找到很多類似思想的人，又可以改變對方吸引的過程，而不僅僅是一個思想對另一個思想的影響。換言之，兩個具有相似心態的人會彼此吸引。所以當我們吸引到一個正向思考的人，發現他比你

還正面，比你還積極，比你還樂觀，你會變得更積極、更樂觀，所以相互吸引、相互作用、相互影響，這就叫旋進。

從結果來看，思想對事物有很大的吸引力，但是我們也可以看作是事物也可能隨著人的變化而變化，是的，當我們的環境產生變化時，我們的思想也會改變。

這種信念是基於人們的一個想法，他們的想法都從「純粹的能量」而成，這信念就好像一種力量吸引另一種力量。從一個想法就會帶動另外一個想法，從一個想法不斷地前進，不斷地出現，就會得到更多的改變。相信，然後採取行動，而且不斷地旋進、不斷地前進！

你相信什麼，就得到什麼

　　你相信什麼，就會吸引到什麼，相信就是力量，每一天都是全新的開始。很多時候，都是自己給自己設了限制。如果我們不設定限制，可以做很多事。因為人的思想是自由的。想到什麼，只要去做，就一定會有希望，但是不做就永遠沒有希望。

　　當你感到生活不順遂時，你不妨問問自己，是否是因為你悲觀的人生觀，才造就了你悲觀的人生呢？就如同哲學家梭羅說的：「一個人的命運，決定於他對自己的想法，他過得如何，擁有什麼樣的人生經驗，其實只要看他平常最常想的事便可知一二」。思想是人生的方向盤，當我們轉念的時候也就是在轉動人生的方向盤，使我們朝人生不同的方向前進。

　　吸引力法則的奇特之處是：它相信你所說的話，而且永遠把你的話當真！透過相信「自己所預期的，一定會實現」這樣的念頭，來施展意志力。

　　關鍵是你相信什麼？最糟糕的是，有些人相信負面的東西，最後就真的會變成一個負面的人，甚至你可能會被意志力殺死。只要你不放棄，沒有人會放棄你，負面的想法會給自己帶來不好的結果。

　　以下分享幾個小故事，來提醒你在企業發展、生命發展當中有什麼應該可以去改變——

　　有一隻烏鴉整天在樹上無所事事，一隻小兔子看到了，就問烏鴉說：「我可以像你一樣整天坐在那邊什麼事也不做嗎？」烏鴉說：「當然可以，為什麼不呢？」於是兔子就坐在樹下開始休息，突然出現一隻狐狸撲向了兔子，就把牠吃掉了。

　　這個故事的給你什麼啟示呢？要想坐在那裡什麼也不做，你必須坐（做）得非常非常高。如果你什麼也不做，不好意思，你沒有人家坐得高，很多人其實還沒到達一定的成就，就已經開始裝大爺擺起闊了，這是不對的，很快就會栽了筋斗，以失敗收場。

　　第二個故事是，一隻火雞和一頭公牛在聊天，火雞說：「我非常想要到那棵樹的樹頂上面去，但是我沒有力氣」，於是公牛就跟牠說：「那你為什麼不吃一點我的糞便，這裡面充滿了營養。」火雞食用了一團牛糞之後，發現自己混身是力氣可以到達樹的第一個分叉處。第二天又食用了更多牛糞，火雞到達了樹的第二個分叉處，兩個星期之後火雞很驕傲地站在樹的頂端，但沒想到，沒有多久火雞就被農夫盯上了，並且非常利索地一槍就把火雞射了下來。

　　這個故事告訴我們，牛糞就是所謂的狗屎運，也許可以讓你抵達頂峰，但它並不能讓你永遠只是待在那裡，所以還要持續前進，不能以停留在原地而自滿。

　　第三個故事，一隻小鳥正往南飛去過冬，但天氣太冷了，小鳥凍僵了，就從天上摔了下來，跌在一大片農田裡面。牠躺在田裡的時候，一隻母牛正好走了過來，而且拉了牛糞在小鳥身上。凍僵的小鳥躺在牛屎堆裡，覺得牛糞真是太溫暖了，讓牠慢慢緩過勁兒來了！牠躺在那兒，又暖

和又開心，不久就高興地唱起歌來了。結果牠的歌聲太大了，一旁路過的貓聽到了小鳥的歌聲，就走過來瞧瞧，於是發現了躲在牛糞當中的小鳥，非常敏捷地將小鳥刨了出來，並將牠給吃了！

這個故事給我們什麼樣的啟示？有三點：

1. 不是每個在你身上拉屎的都是你的敵人。

2. 不是每個把你從屎堆中拉出來的都是你的朋友。有人會在你困境的時候還想利用你。

3. 當你陷入深深的屎堆當中（身陷困境）的時候，閉上你的鳥嘴！

接下來，我們來看青蛙的故事。有一群青蛙組織了一場攀爬比賽，終點是一個高鐵塔頂端，一大群青蛙圍著鐵塔看比賽。比賽開始之後，這一群青蛙當中沒有人真正相信這些小青蛙可以爬到塔頂，因為鐵塔非常高，紛紛在一旁議論這太難了，牠們肯定到達不了塔頂了，絕對不會成功的。一些正在比賽中的青蛙聽到這些，開始有些洩氣了，除了那些情緒高漲的青蛙還在努力往上爬之外，底下圍觀青蛙繼續喊著：「沒有誰可以爬得上去的，這太難了。」

越來越多的青蛙累壞了，就退出了比賽，但是有一隻青蛙越爬越高，一點都沒有放棄的意思。最後當所有的青蛙都紛紛放棄，退出了比賽，只有這隻青蛙費了很大的勁，終於成為唯一一隻達到塔頂的勝利者。很自然的，其他所有的參賽者都想知道牠是怎麼辦到的？紛紛跑去問勝利者：「你怎麼有那麼大的力氣可以到達塔頂？」原來這隻青蛙牠根本聽不到，因為牠是個聾子，這個故事又給了我們什麼寓意呢？

就是告訴我們永遠不要聽信那些習慣消極、悲觀看問題的人，因為他們只會粉碎你內心最美好的夢想與希望！你看賽馬場上的馬都是戴個眼罩，只看前面不會受到旁邊影響，所以你有沒有真的專注認真地努力往前

走，仔細選擇那些充滿力量的話，因為所有你聽到或讀到的話也都會影響你的行為，所以不要去理會那些負面的聲音，自己做一個篩檢程式，自己先過濾起來，負面的不要聽，當你總是保持積極樂觀，不斷前行，就能做到你要做的事，而且最重要的是，當有人告訴你的夢想不可能成真的時候，你要變成聾子，當做聽不到。你要相信你自己，就像前文提到的，你要變成調溫計，你可以決定自己的熱情，決定調高你的溫度在三十八度，不怕旁人潑冷水，而能始終走自己的路，持續前行！今天你敢於做別人不敢做的事，明天才可以擁有別人不能擁有的成功與財富。

▶ 請用現在完成式，寫下未來五年的理想生活，人、事、時、地、物把它寫清楚地描寫下來，並和你最愛的人以及最愛你的人分享！

▶ 為你出生至今的生命做一次回顧，檢視一下你學到最多的是什麼？

Chatper
9

當個有錢人，
做個有情人

實踐有錢有情10大行動

　　「當個有錢人，做個有情人。」這句話是郭騰尹老師對Money & You的最好的注解，我們要當個有錢人，同時要做個有情人。

　　所有的財富都是先在心中形成的，我們心裡的財富，會帶來實質的財富，這是吸引力法則。來自於你不斷練習，不斷付出，不斷努力，最後得到的結果會讓你更加證明自己的思考是對的。

　　全世界95%的財富，集中在5%的人手裡，95的人只擁有全世界5%的財富，你要成為那擁有全世界大部分財富的5%的頂尖人士呢，還是要成為95%的人，這是很顯而易見的。

人生的兩種財富

腦袋的錢(YOU)

口袋的錢(MONEY)

　　富人和窮人最大的差別到底在哪裡？一個是思考模式，另一個是行動的投資，就是他怎麼想和他怎麼做。

　　富人的思考模式跟窮人的思考模式是不一樣的，富人的思考模式是正面、積極、樂觀；窮人的思考模式是負面、消極、悲觀。所以隨時隨地檢視自己是不是時時保持正面的思維，

從積極樂觀的角度去思考的。

「富中之富」就是做個有錢人，還要當個有情人，因為他經濟富足，心靈豐盛，又有錢又有情，這是我們所要追求的最好方向。如何當個內心豐富的有錢人，以下就是你可以去做的十件事，需要你不斷去練習和付出行動的投資。

創造關係

不要忘了我們每一個人都要做一個示範者，對身邊的人時時示範七件事情：說事實、愛、信任、喜樂、勇氣、廉正，還有負責任。當你輸出更多的愛，你會得到更多的愛；你不斷輸出更多的信任，也會有人跟向你輸入更大的信任……，這是一個不斷持續的迴圈。

1999年安泰人壽辦了一個壽險大會，邀請世界上最偉大的汽車銷售員喬‧吉拉德來台。令我印象最深刻的事情是他隨時不斷地在發名片。他一上飛機給每個頭等艙的座位都發了名片，由於要飛行十幾個小時，他也去商務艙發名片，商務艙名片發完了，經濟艙也不放過，邊發名片邊對每個人說：「Hello! Nice to meet you！」（你好！我是喬‧吉拉德，很高興你遇到你。）

下飛機之後，他遇到每個人都給他一張名片，隨和地說：很高興認識你，我是喬‧吉拉德。到了下榻的飯店，從門口到辦理入住期間，他見人就不斷發名片自我介紹：Nice to meet you。中午在凱悅餐廳用餐時，他也做了同樣的事情，服務生過來領位，他就遞一張名片說：Nice to meet you。坐下來之後有服務生送來菜單，他立即遞出一張名片：Nice to meet you；後來來上菜的是同一位服務生，之前已經拿過一張名片了，結果他上第二道菜時，喬‧吉拉德又給他一張名片，服務員說他已經有一張

了，喬‧吉拉德說：「那是給你爸爸的」又拿出一疊出來說：「這張給你媽媽，這張給你兄弟，這張給你姐妹，這張是給你的……。」

喬‧吉拉德銷售汽車的時間其實只有十五年，後來這幾十年時間都沒有在賣車，他只是到處分享他賣車的做法，努力把自己推廣出去，努力讓大家知道他的存在，知道他在哪裡，知道他是誰。

他是被金氏世界紀錄譽為世界最偉大的銷售員。從1963年至1978年十五年總共推銷出13001輛雪佛蘭汽車。即使不賣車了，他依然隨時隨地把自己推銷出去。透過發名片去創造關係。關鍵是他隨時隨地在做這件事情，而你有沒有隨時隨地在做某件事情？有沒有隨時隨地把自己推廣出去？有沒有時刻讓身邊所有的夥伴都知道你是誰，你在做什麼，你在自己的本業上有沒有如此做呢？

隨時隨地不斷努力讓更多人知道你在做什麼，讓你身邊的人可以看到你正在做的事情，隨時隨地透過你的努力去影響自己身邊更多的人。如果全球汽車銷售冠軍喬‧吉拉德都是這麼做的，在我們成為一個冠軍的道路上當然也應該更努力去做。

喬‧吉拉德曾經創下好幾項金氏世界紀錄，從一天賣18輛車，一個月賣174輛車，一年賣1420輛車，到十五年銷售13001輛車。他是怎麼成功的？在一次專訪中喬‧吉拉德給了最簡單的答案——不輕易改變方向，喬‧吉拉德想的是怎麼打敗昨天的自己，專注的人格特質，更讓他在面對拒絕後不再犯錯。

最重要我們看到他堅持前行，堅持認識每一個他應該要認識的人，堅持到世界上的每個人都知道他是誰，他正在做什麼，我覺得這件事情非常重要，所以勇敢走出去，如果富中之富是我們生命共同的夢想，如果富中之富是我們希望能夠到達的島嶼，我覺得每一個人都應該無私地去告訴更

多人，無私地影響更多人，幫助更多人跟我們一樣擁有正確的觀念，在財富上富足，在心靈上豐富，這是值得我們用一生去做的事情。

懂得把握時間

第二個就是要開始懂得把握時間，不管有錢沒錢，每個人能運用的時間是一樣的。時間是非常珍貴的，我們要好好珍惜。一個人最昂貴的成本是時間，最便宜的成本是學習。為什麼？因為一天只有二十四小時，這是無法再生的，無法回溯的，過了就沒了。但很多人卻將這麼寶貴的時間浪費在沮喪、懷疑、負面思考⋯⋯很多不值得的事情上。

為什麼學習的成本最便宜？因為當你經過學習之後，用了正確的方法，你的效能就會更高，力量就會更大，結果就會變得更好。

每天進步1%，一年就是原來的38.7倍，一塊錢都變38.7元，教育是複利，無知是負利，所以一定要讓自己走在一個正面的道路上，因為你的時間最貴，當你使用正確的方法後，同樣的時間會比別人帶來更大的效能，時間能正確使用，你的結果就會更大，這個是毫無疑問的。

優先管理

任何事情一定要有先後緩急的重要次序，隨時問自己現在正在做的事情是一定要現在就完成嗎？有很多人其實都在做一些沒有必要的事情，沒有意義的事，甚至也不是今天就立刻一定要去做的事情。

你是不是總是花時間在擔心未來的事，煩惱一些沒有意義、尚未發生的事。人們有兩天建議你不用去管它，一個是昨天，一個是明天，而最需

要注意的是什麼？今天！今天才是最關鍵，所以不要去憂慮明天，要專注在今天。

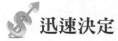 迅速決定

迅速決定一件事情，就勇敢去做，決定一個事情後就認真出發，因為人生本就是隨時在考慮，不斷在做決定、在行動的過程。

一個決定、一件事情，你考慮了半天，糾結要不要去做，最後你還是會做，既然同樣都是會做，為什麼不早一點去做？打從一開始有這個念頭的時候，就直接去做的收益是最高的。很多時候你都在做考慮，再想想、再三思，結果等到你決定要出手時，就沒機會了。深思熟慮會花費時間和精力，可能為你更好的結果，也可能錯過眼前的機會。例如你看到附近的商店街有一個店鋪在招租，你知道這個地段很好是個旺鋪，人流不錯很適合做生意，可以考慮開間餐飲店，或者是去加盟麥當勞，結果你一猶豫就錯失了良機，好店面一下子就被租走了。也就是說，在商場上，雖然商機無限，但把握不好時機，前怕狼後怕虎，可能就會錯失商機。

我們總是抱怨機會那麼少，錢那麼難賺，卻不知機會面前人人平等，許多機會都是從我們面前溜走的。這怨不得別人，要怨就怨我們自己沒有眼光，沒有耐心，沒有當機立斷，要怨就怨自己三思、三思、再三思，總是想著看看再說，機會就這樣一次次失去，一次次後悔。機會是給勇於開始並堅持的人，不要再以還沒準備好做為藉口，就算準備好了，但若是機會與你所準備的完全對不上，那這個機會對你來說根本不是機會。

一個決定取決於我們當前的知識、經驗、資源、人脈，這些能力不可能迅速提升，我們必須在現有的能力基礎上做當下的決定，不能因為猶豫

和畏懼而錯失決定的機會，最後只能接受無法避免的結果。而我們每一個人儲備最多的就是前文提到的優勢乘上模式，優勢是知識跟經驗，模式是人脈跟資源。就是你的知識跟經驗，你知識和經驗越多，越容易幫助你做判斷與決定。

所以，機會來了，抓住有限的時間思考比較，然後儘快做決定。我們會在一次又一次的深思熟慮而迅速果斷的決定中前行、進步、提升。

抓住機會

千金難買早知道，世間沒有後悔藥。機會是過去之後就不會再回來了，請回想一下你的生命從以前到現在為止，有沒什麼事情令你覺得好可惜，如果那時我抓住了，生命就會從此不一樣。如果當時做了一個不一樣的選擇，是不是你的生命就從此截然不同？你有過這樣的感嘆嗎？是因為某個投資，某段感情，某個朋友，某個生意還是什麼……如果你曾經錯過很多，從現在起就不要再錯過了，當你判斷清楚這是對的事情時，趕緊抓住機會，勇敢地去做。特別是一個你值得認識的人，一份你應該去付出的人脈。

前亞都飯店的總裁嚴長壽說：「今天要做明天的事！」他三十歲就當上美國運通的臺灣總經理，是當時最年輕的總經理，然而他只有高中學歷而已，他是靠自己不斷勤奮、努力拚來的。如今他已退休了，現在在做志願者，還在用他生命的力量，用他的影響力幫助更多的人。

過去所發生的事情，不是得到就是學到！

請問在你的公司，你所在的團隊當中有沒有什麼隱患、病毒存在，有沒有一些問題可以防範於未然，想一想有什麼事情你應該先做，因為你做了這件事，明天就不會發生這些問題了，今天把這個東西準備好了，明天就不會得到不好的結果了。

做你所愛

我們都知道要「愛你所做，做你所愛」，但有多少人真的是把它當做一個行動，認真努力去做呢？還是只是說說而已。

羅慧夫（Samuel Noordhoff，1927年6月29日－2018年12月3日），美國愛荷華州人，整形外科醫生，曾任馬偕醫院院長、長庚醫院院長等職，羅慧夫顱顏基金會創辦人，長期貢獻於唇顎裂整形修復，唇顎裂的孩子出生之後，嘴唇下顎的地方需要透過手術來重建，他幫助很多這樣的小孩，成立了第一個唇顎裂中心。1959年以醫療宣教士身分，帶著全家坐二十多天的船來台，先後擔任馬偕及長庚醫院創院院長，成就台灣醫療史上許多個「第一」，剛來台灣的羅慧夫對於台語一竅不通，為了能與台灣民眾溝通，羅慧夫在抵台隔天即開始學習台語，四十年下來，不僅台語說得道地讓病患驚艷，對於台北的歷史文化等面貌，甚至比台北本地人還要清楚。他後來和病人、和朋友溝通，幾乎都是講閩南語。「一個阿斗仔醫生，用一口流利的閩南語看病」，這是病人對羅慧夫最深刻的印象。

他退休的時候，有人問他會回美國嗎？他用台語說：「我已經不會講英語了，所以我只能留在這裡，你們要不要跟我在一起，要不要留我？」

可以說，他已經把他自己的生命事業，跟他所在的地方全部融合在一起，全身心地奉獻在台灣醫療上，我覺得這是一種最偉大的愛，這種愛才

是最了不起的。

　　每個人都是一本大書，每個生命皆是一項創作。如果你真的「做你所愛，愛你所做」的事情的時候，你生命會不一樣，就像羅慧夫一樣！

利用金錢

　　我們回顧前面提到的，什麼是真實的財富，有物質的財富，有抽象的財富，抽象財富是指有思考力創造力，還有知識到哪裡財富就會到哪裡，所以我們要不斷地自我提升。如何創造斜槓收入、金融投資、房產投資、企業投資跟智慧投資去賺倍數的錢？還要將你的收入分成五部分，分別放在投資、公益、知識、保障和生活，你要將錢使用在對的地方，然後放在最大的槓桿時間上去累積。你可以參考巴菲特的投資法則、價值投資等去聰明理財，運用金錢為更多人服務，為自己創造更多財富。

行動就是力量

　　行動就是力量，擬定你的行動計畫，你就變得更強大。行動當然需要靠著計畫去做，你的行動才有意義。如果沒有計畫的話，只是盲目地前進，走得越快反而就離得越遠！

　　只有將自己的實際行動融入到人生夢想中的每個階段，才能直面競爭，美夢成真、擁有精彩的非凡人生！

　　夢想的力量是強大的，因為成功的畫像、成就的圖像是清晰的，是你為之前進、為之發展的方向。我知道最後成功的畫像是那樣，我知道最後成就的圖像是那樣，因此我就朝那個目標不斷奮力前行。我遇到任何的困難，遇到任何的挑戰，我都不擔心、不害怕，因為只要目標在，路就不會

消失，我堅決朝向自己的目標持續前進，這是我為之付出一切的主要關鍵。成功的畫像、成就的圖像，會讓自己激發絕對的熱情，會讓自己用盡最大的效能效益，並且為之投入一切的力量，用熱情、效益、力量來朝向成功的畫像、成就的圖像。告訴自己只有持續行動才能去到自己要去的地方。

在成功的路上，不斷的發現，不斷的修正，不斷的行動，發現→修正→行動，關鍵是在修正之後要去行動，你改了老半天，一個企劃案做了老半天，如果沒有去行動，是沒有任何結果的。

執行計畫

在你寫下白紙黑字的那一剎那，夢想就成為目標；當你把目標分成幾個步驟時，目標就成為計畫；將計畫分解就是每一個行動，而只有在你行動的時候，計畫才會真實的出現。所以夢想、目標、計畫、行動就可以持續地滾動，相互作用，效能就越來越高。

關於計畫你要列出的是行動的配額，而不是產量的配額。假設你的成交率是10%，然後你想要成交10個顧客，那麼應該拜訪多少顧客？答案是100個顧客。你要在十天之內要完成10%的成交，所以每天應該拜訪10名顧客。每天拜訪10名顧客，就是行動，成交1個人叫做產量。

當我預計十天內每天要拜訪10個人，而我今天比較順利，拜訪10個人就成交了2名，我行動10，卻有產量2，比別人產量多了一倍，請問明天我要不要繼續拜訪？後天要不要繼續拜訪？……那如果我今天成交2位，明天成交3位，後天成交了5位，我前三天就完成成交10名顧客的目標，那接下來，第四天還要繼續拜訪10位客戶嗎？

當然要，每天還是要持續付出行動，就是要堅持拜訪，但是有些人的

問題是，我今天拜訪10個人但沒有成交，沒有產量，就放棄了，覺得自己付出了這麼多的行動，卻沒有結果，他就不想繼續了。

滾石不生苔，喬‧吉拉德不是說：專注，只做這件事，把它做到最好。這才是核心，所以你要做的事情是配合行動，而不是看產量，很多人提前達成目標後就不行動了，就怠惰了，那非常可惜。所以請列出行動的配額，並持續行動，堅持前進。

感恩回饋

有錢人共同的特質是做一個懂得感恩的人，感恩是最美妙的，能為生命帶來更大的能量。

很多人幫助了人，卻是炫富的口吻：捧出大把鈔票暴發戶似地發錢⋯⋯就算你有幫助人的善心，但態度錯了。我的師父教導我們即使要去幫助人，我們都要感恩對方，為什麼？因為他們替我們承擔了人生的苦難，感恩他們經歷這些苦難的過程，讓我們知道了生命的珍貴，讓我們了解到自己是在做很有價值的事，知道自己是何其的幸福。當你去幫助別人的時候，就是要做到「無緣大慈，同體大悲」，是說佛菩薩會永遠平等的、沒有分別的、毫無條件的利益一切眾生，是真正的大慈悲，體現的就是一種廣大無私的菩提心量，這才是真正的慈悲。

希望大家可以做一個真正慈悲的人，感恩人家承擔的苦痛，用他的生命來讓我們知道我們應該如何更珍惜自己所擁有的一切。所以你去幫助別人的那一刻自己是最富有的，而且是最受啟發的。

生命裡面我們難免都會遇到一些挑戰，有好多人不斷在奉獻，才能夠讓我們平安的走過，只是人們忘記得太快。而且真正能在生命裡繼續前

行，能夠創造更大價值的人，是因為他懂得持續一直把感恩放在心裡，當你心懷感恩，你吃飯時會珍惜你的食物，你會珍惜每一口呼吸，你會珍惜每一個身邊的人，你會珍惜更多的人事時地物。

　　要感恩我們有能量，能成為一個優秀的人，感恩之後你還要去回饋，把這份感動帶給別人，一個能夠幫助別人的人是最有福的，幫助別人賺錢，幫助別人成就生命跟價值，自己也可以有所成長，這是最大的福報。

　　或許我們還不是很有錢，但我們可以在身體上、心靈上、做法上、想法上、財富思維上慢慢去改變，讓自己朝富中之富邁進，也協助更多人晉身富中之富，生命就會變得更豐盛。

我愛錢，更愛你

我有一本著作《我愛錢，更愛你》。大家都愛錢嗎？愛，可是我愛錢，更愛你，「你」更重要，我們也相信你就是錢，錢就是你。當你成為一個正確的人的時候就有機會賺到錢。可是當你有錢之後千萬不要變了一個人，因為人變了，最後錢也會不見。

我們來看一下什麼是一群快樂更有價值的人，帶來生命不同的價值。美國的西雅圖派克魚市是一家由不到二十名員工組成的魚市，卻成了人口只有58萬的西雅圖市的著名景點。每年有來自全世界約1000萬名的參觀者來到這個魚市，來觀摩它為何能夠持續不斷地用快樂服務客戶。他們讓所有到過魚市的人驚艷，讓一個潮濕的、彌漫著魚腥味的魚市場成了快樂的來源，以至於有許多人到那裡去找尋快樂。那裡還被許多媒體評選為工作最有趣的地方，甚至全球五百大企業的老闆到西雅圖時，並不是去參觀位於那裡的星巴克總部或者比爾‧蓋茲的微軟總部，而是去看派克魚市是怎麼樣賣魚的。

他們用快樂來服務顧客，他們有些什麼訣竅呢？就是──把快樂傳染給你，你就能賺錢，員工們在那裡可以快樂、專注、忘我地工作，還使得每位到這裡來消費的人都被這裡的氣氛所感染，喚起心中潛藏的活力和熱

情。他們並不只是在賣魚，他們懂得怎麼去關心顧客，他們會快樂地跟顧客做分享，他們在意顧客更勝於自己，所以他們會先解決顧客的問題，再去賣魚。

派克魚市場的工作哲學

派克魚市場的工作哲學有如下四個要素：

1 遊戲game

工作不是單純的遊戲，老闆需要賺錢，員工需要取得收入，所以賣魚是一項實實在在的生意。但在做生意的同時，也可以樂在其中。進入這個魚市場的時候，你會發現魚在空中飛來飛去，他們把魚和螃蟹丟來丟去，每一個人都像快樂的大孩子。而且顧客也可以和員工一同玩耍，員工們會主動關心那些來買魚卻看起來不快樂的人，他們會開玩笑、變戲法、鼓勵顧客自己動手，帶顧客參與到遊戲中，用玩樂的方法讓顧客體驗，更有參與感。用玩的方法來工作，不但激起員工的活力，使單調的工作變得開心，還能賣出更多的魚，創造出令人驚訝的銷售成績。

2 令顧客不虛此行

他們常常用各式各樣的方法吸引顧客，使顧客融入其中，大家一起分享快樂。顧客到這裡來不僅是買到了魚，還得到了更大的收穫。如果魚飛過來，顧客試著把牠接起來，對他而言是很大的成就感及很棒的體驗，顧客到這地方來

快樂傳給他人就能賺錢

就算沒買到中意的魚，也能得到快樂，這些愉快的記憶會長時間留存在記憶裡，每一個來過的顧客都會受到這些美好記憶吸引而再次來到這裡，而且這種讓別人快樂的工作風格又會吸引更多的顧客。當員工們關注著讓別人快樂，而不僅僅是賣魚給他們的時候，相互之間就會產生積極的情感交流，從而獲得對方真誠的回應，雙方都能從中獲得更大的快樂。

真正帶給對方快樂的時候，對方也會給你更多真誠的回應，也因此可以創造出更大的快樂，本來只有員工在帶動的氛圍，就連這些顧客們也都一起帶動起來、凝聚起來，這個氛圍就越變越好。

③ 用心在工作上

用心在工作上，全力以赴地投入。派克魚市的所有員工都全心投入到工作中，他們從不分神，而是時刻關注著顧客的需要和感受。他們重視現在的每一刻，真正表現出對顧客的關懷，讓顧客感到被人尊重。而且，我們在工作中都會發現，心不在焉和全神貫注的工作效率是大大不同的。面對一項相對枯燥的工作，當我們專心的時候，時間會過得很快，往往不知不覺間就完成了。

④ 選擇你的態度

態度是由你決定的，我們都知道態度決定行為，行為決定結果。任何人都有可能做自己不喜歡的工作，但即使你無法選擇工作本身，你還是可以選擇工作的方式。賣魚是一件既髒又累的工作，要不斷伸手進冰冷的魚箱中拿魚，然後收錢……算不上是個好差事。但人可以選擇自己的態度，同樣是來上班，我們可以無精打采地度過沉悶的一天，也可以選擇充滿激情和活力的一天。派克魚市員工的選擇是：只要我們工作一天，最好還是

讓這一天過得快樂。選擇自己的態度是
四個要素中最核心的一種。當他們用不
一樣的態度來對待這份工作時,工作就
變得不再是以往印象中無趣、髒亂的樣
子了,每個工作日都是美好的一天。

讓自己更好的21個行動步驟

以下21個行動步驟可以幫助大家,
成為一個更好的自己,成為一個更能夠幫助讓自己變得更好,更有能力去
幫助別人的人。

① 視自己為自由業,但也是團隊的一份子

可以為自己所做的一切承擔的人。比如說在職業球隊裡面就會有球隊
的規定,但是有一些自由選手,他已經工作了很多年了,他有一定的能
力,他是一個自由球員,自由球員是他可以選擇到哪個球隊去,而不是被
自由交易。這時候很重要,你是自由球員你的能力很強對嗎?但不可能球
隊靠你一個人就能贏球,你必須能和團隊配合才能做得更好。自由業的意
思是自己對自己的時間、收入、行為負責,除了把自己做到最好以外,也
要能在團隊裡面跟別人協作得更好。

② 面對日常改變時要有彈性

有一句話說「唯一不變的是,一切都在改變。」新冠肺炎疫情改變了
很多人的工作與生活。就以實踐家為例,我們以前是以開實體課程為主,

如今有這個機會，我們改變我們的做法，改變我們的行為，我們朝線上課程發展，用線上的方法，用小組的合作，用跨國跨地區連線的方式來出圈，我們也對出圈保持更大的彈性，你知道我們的工作習慣，所以你就越來越好，就得到越多，也相對越有彈性，面對各種不同的挑戰，保持彈性的「應變力」更顯重要。

③ 積極面對健康

有人把健康比喻為「1」，家庭、事業、愛情、金錢等比喻為「0」，有了「1」作為支架，後面加一個「0」便成為「10」，加兩個「0」便是「100」，只要「1」不倒，「0」越多，你擁有的也越多。健康是唯一，也是革命的本錢，沒有了健康，就等於沒了一切，這一切都黯淡無光，新冠肺炎疫情讓人們更加意識到身體健康至關重要，防禦有多麼重要，更應該積極主動維護自己的健康，做好健康管理、建立健康行為，努力實踐健康生活。

④ 為你的「個人知識資源」進行盤點

看看自己面對現在的生活，面對現在的事業、外在的環境，在知識累積方面夠不夠，經驗夠不夠，因為知識跟經驗就是你的優勢。過去你學過的東西、做到過的事，學過的知識……為你的個人事件進行盤點，弄清楚自己是誰，擁有什麼，你過去所走過的路，將這些知識經驗整理好，每個人都是豐盛的，每個人都是了不起的，每個人都有你值得跟別人分享的知識跟經驗。

5 提升閱讀、寫作與詞彙能力

　　大量閱讀、大量寫作，大量的認識更多的用語詞彙，這個時代特有的年輕用語或是專業用語，這些都你要積極去掌握的。提升閱讀寫作還有詞彙的能力，讓自己更有能力去表達。因為社交軟體、智慧型手機的普及，一些抽象化的字母或標點符號的組合、不時蹦出一些圖形、符號，有卡通、符號、數字、英文字母等組合起來表達感情的字符，所以很多人就只認符號了，很少有完整的文字表達，因此每個人更需要透過閱讀，來提升文字表達、邏輯思考的能力。

6 不斷提升你的電腦技能

　　我原本其實不太懂電腦，但如今一些基本的操作已沒什麼問題，甚至現在都能開直播開辦線上課程，我也在提升，因為我知道當我擁有這樣的能力之後就可以使用這個工具去幫助更多人。

7 悠遊於全球網路

　　有了網路，全世界都是你的舞臺，全世界的資訊都可以為你所用，就像我一樣，我有三隻手機，一台ipad和一台筆電，這是我包包裡的標準配備，因為我很多時候都是多畫面、多螢幕地在收集資訊，因為更多面而完整的資訊是讓我們可以繼續成就的關鍵。

8 確保你在網際網路上佔有一席之地

　　以前是一個網址、一個郵箱、一個網頁就已足夠，如今這些是遠遠不夠的，你要確保你在抖音（TikTok）有一個帳號，確保微博微信有你的位置，確保Facebook有你的位置，確保Uber有你的位置，確保所有一切

能用的平台上都有一個你的位置。你的位置越多，卡位越多，被看見的機會越多，懂得充分利用全媒體，才能達成海量曝光！現在是全媒體時代，每個人都可以當主播啊，每個人都會有機會，你為什麼要放棄？

9 對自己的經濟保障負責

現在的結果是過去的因而來的。想改變現在的果嗎？改變因就是改變你的想法，改變你的做法。將你的收入取出四個10%分別投入在投資、知識、保障、公益這這四大方向，最後剩下才是用於日常生活，如果你能夠將把這四個部分規劃好，你未來就會生活得更好，如果你是月光族，賺多少花多少，你現在沒有去投資，為未來的收入倍增做準備，你沒有投資自己去學習更多能提升收入的方法和能力，你沒有做好保障，確定你的收入不會消失，你沒有去做公益累積更多的福氣。當然可能你認為把收入都拿去過生活，日子就不會過得那麼辛苦，但是如果你沒有改變，現在就對投資、知識、保障、公益這四大部分做好規劃，沒有現在種下因，你就享受不到未來財富自由、心靈富足的果。

10 善用黃金時段

電視的電視節目哪個時間點的廣告費是最貴的？黃金時段是最貴的，是晚上八點，為什麼是晚上八點，因為那時正值吃完晚飯，在家裡也沒有出門的就會打開電視消遣一下，看著別人演戲，看著明星政客的八卦，看著一些不太營養的新聞⋯⋯，如果你也是這樣，你就浪費掉你的黃金時段。所以當別人在同樣的時間裡面看電視、打遊戲，而我們用這黃金時段來學習、運動、工作⋯⋯來提升我們的價值，這一來一往之間，你們彼此的距離就會被拉開了。

11 用數個小假期均衡工作負擔，以達到最高產能

可能很多人工作一整年就為了一次出國旅遊，然後去了十幾二十天回來之後再努力工作一年，工作一年為的是什麼時候可以再出國旅遊一次，實際上出國旅遊當然要去，但你還可以分段從生活中適當均衡一下。每個禮拜可以安排一兩次用各種方法給自己度個假，給自己的心靈度假，調整成休假模式，就算在家都可以成為休假模式，這樣你就不會是那麼累，你需要不斷用一些小假期來刺激與調節，休閒一下動能會更強，而不是等了一年才充電一次，一年只休閒一次，平常都很累，反而過得很辛苦。

12 效仿一位長期成功的榜樣

以他們作為你模仿的對象，好好跟他學習！在你所在的行業，在你所在的領域當中，你所從事的專業裡，一定有一個人做的最好值得您學習的，是你成功的榜樣。像我在慈善公益方面，我的老師是證嚴法師；在作為一名教師方面，我的老師就是東吳大學楊老校長；在整個思維模式的啟發上，我的老師就是富勒博士；而我在資訊的吸收整理萃取方面，我的老師是丹尼斯‧魏特利博士，所以我有這四大名師，他們就是我的F4。你可以有一個導師；你有三個就SHE，找到你的SHE，找到你的F4，找到你的五月天，找到你的成功榜樣！

13 在家中與公司設立學習資料庫：包含個人與專業成長所需的資料

你一定要分兩個檔案庫，一個檔案是跟你的專業成長有關的，一個當然是你的個人學習生活有關的，用兩個檔案庫來準備你的資料非常重要。

　　每個人都要有一個學習資料庫，針對自己學習的東西，有可以提升自己工作的，或者可以增加你生活的樂趣。人的時間有限，學習只要學能「提升工作的價值」、「豐富生活的內涵」其他不必去學。對我個人生活提升有關的，對專業有幫助的，這些東西才學，其他東西不學，因為你不可能什麼都學。你要問自己，有沒有隨時收集跟自己的專業、工作有關的資料？從書籍、影片、網路等各方面收集專屬自己的學習資料庫。第二個是與你個人成長有關的資料庫，如個人成長、個人的興趣等。收集的資料最主要是要做好分類。有了資料庫就能方便你隨時隨地學習與運用。

　　學會使用備忘錄，你的備忘錄裡面包括影片、圖片、文字、筆記，全部都用備忘錄記錄起來，因為記錄比記憶重要，不僅增加了資料，也有了更多與人分享的素材。

⑭ 一個無時無刻皆正直的人

　　「正直」是不管有沒有人看到，你的態度、行為表現都是表裡如一的，不能是有人在看，你就守規矩，四下無人，你就闖紅燈或隨便丟垃圾。表面正直是沒用的，因為正直是老天爺會看到的，我一直相信老天爺在某一個位置看著我們，所以堅持做一個正直的人，堅持到底，始終如一。

⑮ 沒有一個會議比你對自己召開的會議還重要

　　每天留一段時間靜思，與自己獨處，我覺得學會孤獨是一種成功必然的路徑。有很多時候你做了一個決定，全天下都看不懂，只有你懂，所以當你懂的時候你勇敢地做了那個決定，可能冒天下之大不韙，有多少人指責你罵你、打擊你、不信任你！你依然勇敢做出一個決定，那個決定的能

量跟力道是很強大、很有價值的，所以沒有一個會議比你對自己所召開的會議還要重要，就是每天有一段靜思、沉靜的時間，就像每天早上的冥想、坐禪都好，因為只有在這個時候你才能夠看清楚自己，你不會因在團隊裡為了討好別人，而證明自己存在的。這段時間是自己在跟自己對話，跟自己在一起，也就是自我身心靈的團圓。

16 用「人性」均衡「高科技」

Nokia諾基亞這個品牌雖然已經沒落了，但諾基亞的廣告詞是什麼？「科技，始終來自於人性。」是沒有人不知道的。高科技要更高於人性，我很喜歡二則汽車廣告，大約在二、三十年前，令我印象深刻，我非常喜歡，有興趣的朋友可以去找來看──

廣告內容的旁白是，如果你問我，這世界上最重要的一部車是什麼？那絕不是你在路上能看到的。30年前，我5歲，那一夜，我發高燒，村裡沒有醫院。爸爸背著我，走出山，越過水，從村里到醫院。爸爸的汗水，濕遍了整個肩膀。我覺得，這世界上最重要的一部車是──爸爸的肩膀。

今天，我買了一部車，我第一個想說的是：「阿爸，我載你來走走，好嗎？」

廣告語：中華汽車，永遠向爸爸的肩膀看齊。

廣告主角的第一部車是爸爸的肩膀，他現在買了車，他希望能夠載著他的第一部車出去走走……所以車子跟人性綁在一起的賣點，變得非常感人而溫馨。

再看第二部廣告片，是女兒的觀點。（中華三菱https://www.7car.tw/articles/read/28282）

「阿爸……我這個禮拜可能沒辦法回家了吧…對呀…對呀，比較忙了…」

廣告內容的旁白是，爸爸的背是我回家經驗裡，最深刻的記憶，每次回家的路上一定會經過的那個糖廠福利社，我記得那裡冰棒的味道像父親背的味道，他總是堅持要接我回家，後來我在台北唸書放假回家，他也一定要來接我。

「喂…阿爸…我想回家吧…不用了我買車了」

我第一次開車回家，快到家前，我看到爸爸還是堅持來接我……

「爸…我叫你不要來接我，你在這裡等多久了呀！！回家再說～～～」

我想…他是怕我忘了回家的路吧！！

我真的很感動，因為我也是有女兒。你就真的就會每天為她留一盞燈，陪伴，到哪裡都是一樣的。其實它是一個賣車廣告，但它表達出人性的那一點，「我想爸爸是怕我忘了回家的路」……她的爸爸騎著腳踏車來當她的前導車。

不論最後我們有沒有因這個廣告而去買車，但透過廣告所接收到的感受會停留在心裡，感動很久。表達了交通工具不單單只是代步功能而已，它也能扮演著讓人與人之間感情聯繫的移動工具。

當你看到這個車商是這樣子用心去做廣告，在人性上是這樣去連結時，你就能想像到當有人要買車時，這一點就會被觸發到，而去選擇這家車廠的車。

請注意高科技要靠人性來平衡，這個非常重要，我向各位真心建議可以多玩財富羅盤，因為它是一個非常人性化的東西，是可以讓你去預演你的人生，是很人性化的接觸，很人性化成長的遊戲。

17 建立活潑且積極的回應系統

對任何訊息，要立刻有所回應。即使你沒辦法立刻即時回應，你也要在每天某一段固定的時間回應他，一有空閒時間，就會碎片化地去回應一些重要訊息。因為你明白，只要有一次你對你的顧客不理不睬，沒有回應他，顧客轉頭就會去選擇別人了，選擇別的供應商，再也不會考慮你了。你的積極回應才會帶來更多的互動。如果他在你這個地方得不到回應，他就會找別人去了，所以，積極回應代表你對他的重視。

18 堅信老客戶與信任感之間有直接關係

不要忘了信任是你最大的資產，信任，是人與人之間最難能可貴的，只有彼此關係建立在信任上，才能成就所有事。

信用，是一個人最大的資產。信任是一種能力，被信任則是更重要的能力，越是能被信任的人，促成合作的交易成本越低。有信用的人有話語權，說的話大家更願意聽。只要你能持續做一個願意持續幫助別人的人，你就能成為一個值得被信任的人。人的一生，是持續贏得信任的一生。

19 致力於均衡個人與專業生活

個人與專業這兩方面生活要均衡，簡單來講就是專業方面指的是工作、理財，個人生活是指健康、人脈、家庭、休閒、心靈、學習，這八大領域必須致力均衡，缺一不可。

20 為你的個人和專業生活擬定使命宣言

為你的個人跟你專業生活擬定一個使命宣言，要有自己的價值，要與

眾不同。使命是身體想要去的地方，目標是怎麼到達那裡，價值觀是到達那裡的方法。

21 追求你的熱愛，而非退休金

真正享受你的工作。能夠做你熱愛的事，是你最大的資本，愛上你自己，愛上你的工作，做你所愛你所做。同時要為它瘋狂地投入，當你把一個事情做到最極致時，甚至能透過你的事業成為最好的平台，為更多人帶來影響。

歐普拉（Oprah Winfrey），美國電視脫口秀主持人、製作人、投資家、慈善家及演員，美國最具影響力的非洲裔名人之一，時代百大人物。她的成長經歷非常辛苦，不只家境貧寒，歐普拉還多次被性虐待，但她努力讓自己脫穎而出，後來成為美國最頂尖的脫口秀主持人，因為她有能力，她有能量，能邀請很多來賓，她可以決定邀各種不同的來賓來到現場，同時因為她的影響力很大，所以美國各種行業、廠商都願意跟她合作。她把自己做到最好，她認為只要你足夠強大時，你就會成為一個最大的平台跟舞臺。你在這個平台上自然可以找到最多的人跟你在一起，因為跟你在一起，他們也會覺得自己更了不起。所以我們要努力做到讓大家看到你是誰，努力做到大家看到你在哪裡，吸引更多人跟著你一起來實現夢想，完成不一樣的人生。

STEP BY STEP, INCH BY INCH

每天改變1%
生命從此大不同

CHANGE
Together, the smallest changes
make the largest impact

分享致富，富中之富

　　「過去」的財富是老天爺給的，老天爺讓您出生在海邊，就靠打漁吃飯，出生在油田，就靠石油能源吃飯；「現在」的財富則是自我創造的，老天爺給了人們太陽，我們就創造了太陽能，有了月亮，我們創造出中秋節，這帶來相當可觀的秋節經濟；「未來」的財富則絕對是靠相互交換的。所有的人都貢獻自己的專長、價值及產品服務，去跟別人交換他的專長價值及產品服務，沒有任何人是靠自己就能成功，也沒有任何人可以供應並滿足自己所有的需要。「過去」的有錢人大多高高在上，擺出一副不可一世的架子，最後卻跌落下來；「現在」的有錢人則合縱連橫，形成富人的城邦；「未來」的有錢人則必定是屬於願意主動提供價值幫助貧者脫貧致富的人。富勒博士曾說道：「只要您願意提供給越多人服務、幫助越多人，您的生命越富有越成功！」

　　你要願意去分享，有更多的分享，力量就更強大，你的夢想需要分享，你的計畫需要分享，只要每個人都願意分享，生命就變得更有力量。當我們有錢了、富有了，就去幫助身邊的人變有錢，去分享給身邊更多的人。富勒博士說：你可以為越多人提供服務，就能為自己創造越大的財富！宇宙的普遍定律，是不斷付出的海洋精神；像海洋一樣不斷拿出資源去付出、去給予！

　　我們來看一下富勒博士的這一段話，希望能作為你生命中重要的自我提醒。富勒博士說——

　　我很快的回想人出生時是赤裸、無助且無知的……必須學習……快樂且口渴（饑渴）……受到好奇心的驅使……透過嘗試與錯誤來學習。我們必須犯無數的錯誤，才可能有所成就。

　　如果我能把我的私心永遠丟在一旁……這表示除非我的訊息能造福別人，否則我就不利用這些訊息……不為自己，不為家人，只為全人類……這樣才可能有理由讓我活下去。

　　如果你能為所有人服務，你的效能就是最大的。如果你從事的工作能造福每一個人，你其實就是在使自己進入一個效能更高的領域。

　　沒有任何東西能阻止我把地球看成一艘太空船……地球本來就是！」我給這艘船取了個名字：地球號。

　　地球號以每小時66000哩的速度繞行太陽，而且安靜的沒有半個人知道這件事。

　　因為我曾經是艦長……我想：「目前已知的有形資源總共有多少？目前已知的抽象知識資源總共有多少？我們要怎麼透過這些法則使總資源能夠造福船上的每一個人？我怎麼可以讓這艘船只為頭等艙的人航行？」

　　於是，我決定留下來，並獻身為全人類服務。決定要做這件事，並不表示你擅長於這件事。從當時到現在為止，我犯下的錯誤不計其數。但是，我發現了一件重要的事實，那就是人類天生只能透過嘗試與錯誤學習。

　　無論如何，就在我們今天聚在一起的同時，人類正處於非常危險的處境，因為人類曾經犯下大量的錯誤，但卻毫無警惕之心。

　　宇宙並不是由我們統治的。如果大家表現得不錯，就有留下來的資格。

　　我是一個再平凡不過的人了。如果有任何人……我不知道有任何人比我還會犯錯，但如果我今天能給各位什麼，是因為我從那些錯誤中學習。

　　「我們要怎麼透過這些法則使總資源能夠造福船上的每一個人？我怎麼可以讓這艘船只為頭等艙的人航行？」這句話對我影響很大，很多人都來學我們的M&Y、DBS和BSE，這句話讓我知道我怎麼可以讓只有走進M&Y、DBS和BSE的學員才能學到一些可以改變他一生的觀念，因此我們藉由富中之富發現之旅幫助大家，透過領航教練來幫助大家，為所有人服務。當你決定成為一名領航教練，並不表示你擅長成為領航教練，是因為行動了，你會不斷提升你的專業跟能力，你就變得越來越擅長。就像你學習開車、學習英語，學習游泳一樣，不管你幾歲，現在就通過學習開始來改變，把它當做一個學習的開始。

　　他說：「於是我決定留下來，並且獻身為全人類服務。決定要做這件事，並不表示你擅長於這件事。不是因為你擅長而去做這件事，而是你願意做！」你本來沒有能力沒關係，因為能力是可以學習的，你願意去做就有能力慢慢累積，而且因為你參與了、努力了，唯一的失敗是不參與，你因為參與而變得更強大，變得更好，也就更有能力幫助更多人了。

　　富勒博士說：「無論如何，就在我們今天聚在一起的同時，人類正處於非常危險的處境，因為人類曾經犯下大量的錯誤，但卻毫無警惕之心。」因為我們追求生活的享受，開始有大量的碳排放，導致全球日益暖化，夏天是一年比一年還熱……整個世界已經極度改變了，所以富勒博士提醒我們所有人都必須共同來承擔，要讓地球上的人變得更好，就需要

大家一起來改變，就由自己先開始吧！

「宇宙並不是由我們統治的。如果大家表現得不錯，就有留下來的資格。」如果我們表現不好，很可能地球就開始反撲，像是各種疫情、天災，各種氣候變化……。所以我們現在要做的事情就是要更認真努力地彼此幫忙，不要再去破壞環境，努力做好環保，為地球活百萬年而盡力，因為我們都是地球上的一部分，全世界是共同承擔業障的。遇到任何挑戰、任何困難，只要能夠相互幫忙，相互支持，我們就能夠有機會過得去，如果你沒有相互幫忙，當然就過不去。不同的工作有不同的努力，我們一起來參與。所以當勒博士說：「我是個再平凡不過的人了。如果有任何人……我不知道有任何人比我還會犯錯，但如果我今天能給各位什麼，是因為我從那些錯誤中學習。」因此要不斷學習、修正、行動。只要你願意付出，就能創造最大的價值，你願意付出就可以讓生命充滿更大的能量。

羅伯特・清崎和他的姐姐合著的《富裕人生的兩種途徑》。書中他談到1981年羅伯特・清崎遇到了富勒博士，他讓羅伯特明白自己可以如何通過寬大為懷致富，理解了富勒博士的大愛思維。後來羅伯特利用這種新的思考方式創辦了富爸爸公司，這就是其財商觀念的源頭，羅伯特・清崎在書裡清楚寫到，他說他創辦的富爸爸公司完全就用這樣的方法跟觀念而來的。書中清楚地寫著，富裕人生的兩種途徑就是——用愛投資人生，用錢投資未來。而這和富中之富發現之旅的核心精神不謀而合，我們倡導的富中之富的人生，是既能夠有創造物質財富的能力，又能夠擁有幸福與富足的精神生活。

我們教您從如何看準趨勢、發現商機、應對挑戰，明確願景、目標設定、高效自律到進入財富海洋，我們從瞭解被動收入、複利倍增，到身體

健康，人脈深耕，再到家庭幸福，我們從豐盛的休閒、美好的心靈、增值學習，再到了理想的生活，一直到秘密的法則，到了分享致富，有錢有情、愛錢愛你、進入了富中之富。

　　只要你願意，你都可以開始往富中之富的象限來移動，不管目前是貧中之富，貧中之貧還是富中之貧，而且我相信這種移動是有力量的。也希望各位就從現在起，可以真正改變自己的生命，讓自己的生命可以去溫暖別人的生命，在彼此生命能量流動當中創造更大的價值。

富中之富領航教練培育計畫

　　全球最佳商業暨成長教練魏特利博士（Denis Waitley）博士五十年的智慧精髓，加上全球華文M&Y卓越導師郭騰尹老師和我的在地實踐，以能夠呈現到最好的系統來幫你。發現之旅讓你學到了富中之富，而領航教練將會帶領你如何做到富中之富，透過百萬領航教練影響別人，幫助更

多人，也可以透過領航教練們真正來實踐八大領域幸福的人生。因為你要當一名教練，你要輸出就要倒逼輸入，而你要輸出八大領域平衡的生活，你就要輸入八大領域平衡的行動跟習慣，所以最大的好處是在這過程當中，能讓你的工作更有系統，讓你理財有方法，健康有動能，人脈有連結，家庭能幸福，休閒能自在，心靈能豐盛，學習能整合。當你成為一個這樣的人，你就可以幫助更多人成為這樣的人。

　　而當你成為一個教練型的企業家，教練型的創業家、教練型的投資人、教練型的父母、教練型的夫妻、教練型的顧問的時候，你可以幫助生命中更多人得到這麼多的價值，你將從以下十大收穫中成長——

1. 善用系統成為一名益己達人財德兼備的高規格領航教練！
2. 善用窗子與鏡子的交換思維，打開通往財富自由的大門！
3. 善用提問與對話技巧，讓學習者自我發現、修正與行動！
4. 與對方快速建立相互信賴與彼此尊重夥伴關係的程式！
5. 善用教練技術快速建立共識，打造卓越高效的團隊！
6. 善用教練技術應對企業及個人發展變局，突破制勝！
7. 打造卓越領航教練的底層功力與運用實力！
8. 掌握富中之富財富羅盤的教練引導技術，解決生涯發展的系列問題！
9. 善用富中之富財富羅盤，創造自動運轉的被動收入！
10. 善用富中之富實踐家的國際平台，打造無私互助的菁英圈層！

　　我們可以邊玩邊學，還可以邊學邊賺錢。這套羅盤除了成就更好的自己以外，還能幫助家庭、幫助公司、幫助團隊、幫助朋友、幫助學生、幫助老闆、幫助客戶、幫助陌生人一起來成就更大的價值，一起進入百萬領航教練，千萬圓滿家庭，億萬財富羅盤的偉大的行列。

　　當你學完這整套完整的系統後，你最大的幫助是可以成為你孩子的領航教練，帶領子女獨立成長，這是千金不換的；你也可以成為你員工的領航教練，帶領你的夥伴自動的業績增長，這是千金不換；你更可以成為自己的領航教練，建立自動運轉的機制，持續前行，成為高附加價值的領航教練，助人外還可以擁有斜槓的收入。

　　每位教練還要一對一配對，成為一個貧困孩子的領航教練，脫貧助困改變自己，改變他們的命運。

　　而且你還會擁有一個線上專屬的教練平台，會有線上帶羅盤的工具，整個線上羅盤的遊戲平台，幫助你突破時空的限制，全球範圍內的創收，還允許進入我們全球教練的平台，一起資源分享，財富共創，增加收入，真正的用生命影響生命，財富創造財富，還可以有持續倍增的斜槓收入，更是一個受人尊敬的平衡人生的教練。

　　所以你只要保持每個星期有機會玩一盤遊戲，不管線上線下當做不斷的自我操練，把玩遊戲當做休閒活動，把玩遊戲當做跑步運動一樣，那麼你一年就至少可以有300名水手玩家，為你帶來120個發現之旅，在帶來收入的同時，也會從這邊至少轉化出30個領航教練來幫助更多的人，當你成為一個領航教練，同時可以建立一個自動化的賺錢系統，讓你可以增加本業之外的斜槓收入，而且二維碼一掃就可以自動綁定歸屬關係，從此你身邊任何朋友，只要透過我們的論壇直播，線上任何宣廣都可以直接為你帶來更多的收益。在當教練的過程裡，你可以學習到如何做好：企業成長、個人提升、斜槓收入、表達技巧、組織能力、領導管理、激勵團隊、資源整合、危機處理、幸福平衡。領航教練會獲得CSTD中華教育訓練發展協會與實踐家教育集團的共同認證。熱情邀請您加入我們，一起改變世界。

我們希望幫助億萬人們改變，走進全球千萬家庭，我們希望有完整的百萬領航教練來幫助需要被幫助的人，通過大家彼此智慧共想、財富共享、資源共響來達成我們的目標——百萬領航教練，千萬圓滿家庭，億萬財富羅盤。熱情邀請您加入我們一起改變世界的大平台！！

▶ 寫下你在「當個有錢人，做個有情人」學到了什麼？

▶ 寫下你可以如何地落實當個有錢人，做個有錢人，具體列下行動計畫！

▶ 關於分享財富，你要如何去落實，你首先可做到什麼？

Chatper
10

富中之富財富羅盤

現金流遊戲的升級

全球知名投資理財專家羅伯特・清崎自1985年至1994年，擔任Money & You講師，累計九年的時間，協助許多人活出了豐盛富裕的人生，他發表於1996年的Cash Flow現金流遊戲，已經在世界上銷售超過1000萬套，至今歷久不衰！

在Money & You知名導師，同時也是《富爸爸・窮爸爸》作者羅伯特・清崎所設計的「現金流遊戲」中，最主要的核心架構就是「老鼠賽跑」與「快車道」，老鼠賽跑指的是沒有創造非工資所得的人生！快車道則是非資所得大於每月總支出的人生！

「老鼠賽跑」的意思是指一個人從頭到尾只做著會增加工資收入，但是不會增加非工資收入的事情，這樣的人一定會越來越辛苦；例如，大部分的人每天都重複著同樣的循環，起床、刷牙洗臉、上班、塞車、工作、回家、塞車、吃飯、看電視、睡覺；多數人每天都過著同樣的生活，沒有任何改變！

就像是你買了一隻小倉鼠，小倉鼠在籠子裡面整天跑著那個轉輪，跑越快，越停不下來；而人們有時候就像那

隻倉鼠一樣，在生活中一直跑，一直在既有生活中重複地跑；然而，越是想從舊生活跑出來，就越出不來！

　　一般人的理財也是如此，每個月很認真地努力工作、賺錢，好不容易拿到工資，付了生活開銷支出後，剩下的只能很辛苦地存一點小錢；但是，這點小錢不管怎麼存，都跟不上通貨膨脹和物價上漲的速度！因此，一般人只能每天不斷重覆過著像老鼠賽跑一樣的生活，卻沒有辦法活出自己真正想要擁有的生活。

　　人們有太多的夢想要實現，可是受限於原來「老鼠賽跑」的生活與工作模式，每天只是不斷地重覆，生活了無新意，卻沒有想要從裡面離開的勇氣；我們一定要果斷停下老鼠賽跑的腳步，進入快車道，增加非工資所得，創造斜槓收益，才能創造出真正有價值的人生！

Money & You講師的經驗轉化

　　我自1999年至2022年擔任Money & You講師，迄今二十三年；郭騰尹老師自2005年至2022年擔任Money & You講師，迄今十七年！我們兩人合計四十年的Money & You教學實務經驗，發表於2021年的WealthShare富中之富財富羅盤遊戲，在短短一年的時間之內，迅速影響了二十幾個國家上萬名的學習者，除了財商之外，更學到了幸福平衡人生的方法！

　　WealthShare財富羅盤以富中之富、貧中之富、貧中之貧和富中之貧這四種不同的人生象限為遊戲主軸；每位遊戲的參與者，會在不同角色的財富羅盤推演中，經歷生老病死等生命狀態，體會喜怒哀樂等情緒能量；把握從地球發射火箭到月球，97%不斷做修正的道理，透過一次次的財富羅盤推演，去除各種人生挑戰的爛草莓；從事業到家庭，不斷規劃實踐

並持續修正落地；最終實踐工作、理財、健康、人脈、家庭、休閒、心靈和學習等八大領域圓滿完整的富中之富美好人生！

Money & You是遊戲體驗式教學的領航者，我和郭騰尹老師帶領團隊設計的WealthShare富中之富財富羅盤，每次遊戲101分鐘，可以讓參與者完全經歷真實人生！

富中之富財富羅盤的遊戲設計思維融合了：

- ➡ 政策趨勢商機
- ➡ 社會投資現況
- ➡ 生命盲點修正
- ➡ DISC性格特質
- ➡ 富勒博士財富思維
- ➡ 富勒博士投資思維
- ➡ 平衡人生八大領域
- ➡ 商業模式核心精髓
- ➡ Money & You學習思維
- ➡ Money & You遊戲思維
- ➡ 郭騰尹老師三十幾年教學菁華
- ➡ 林偉賢老師近四十年教學菁華

每玩一次富中之富財富羅盤，等於上過一次Money & You！每玩一次富中之富財富羅盤，都會經歷生老病死喜怒哀樂！我們透過最簡單的遊戲，帶給學員最深刻的教育；我們希望藉由最好玩的遊戲，帶給玩家最長遠的啟發；生命不能重來，羅盤可以預演；財富羅盤可以讓玩家財富越玩越富裕，心靈越玩越豐盛！不分男女老幼，是每個人都可以從中得到啟發的寓教於樂遊戲！

富中之富財富羅盤的特色

全球獨創的福氣值設計

　　財富羅盤遊戲最獨到的設計是福氣值，為人處事要能知福、惜福，再造福，累積越多福氣，創造越大福報！福報，所謂「積善之家必有餘慶，積惡之家必有餘殃」；所謂「人為善，福雖未至禍已遠離，人為惡，禍雖未至福已遠離」說的就是這個道理。人生除了修福，還要修智慧。有福報、有財富，如果不知妥善運用，花天酒地、吃喝玩樂，造作惡業，雖然有錢反而容易招致墮落。

　　人必須要有福報，有福德的人，賺來的錢什麼人也偷不走。沒有福德，即使很會賺錢，什麼也保不住。人的福德不同，看到外面的境界也不一樣。古德也講：「運去金成鐵，時來鐵似金。」時節因緣具足，做什麼事情都是一帆風順；時因緣過去了，做任何事情都不順利。因此，平時要廣修福德與智慧，福慧具足，做任何事都容易成就。

　　財富羅盤更有獨一無二的玩家自選。獲勝模式，可以先賺取現實財富，也能先累積幸福財富，您的遊戲您做主，您的人生您當家；每個人在101分鐘的遊戲之內，可以經歷生老病死、體驗喜怒哀樂，透過遊戲中的發現，活出

有福氣才能招財氣，
有財氣才能享福氣。

最有意義的生命！

在財富羅盤遊戲中，有四個完全不同但又平行時空的圈層：

- 現實財富圈
- 富中之富圈
- 幸福財富圈
- 海洋漩渦圈

我們把真實人生中的事業和家庭實況全部縮影在遊戲中，讓所有的玩家透過四個圈層的不同體驗，感受到人生不同階段與不同選擇，會帶來的不同結果；並透過遊戲中模擬的情境，把好的結果在真實人生中落地，把不好的情況在實際生活中修正，避免發生！

現實財富圈

在現實財富圈的內圈遊戲中，有：

- 趨勢（政策趨勢商機）
- 投資理財（斜槓收益）
- 投資理財（金融投資）
- 挑戰（海洋漩渦圈）
- 投資理財（房產投資）
- 發現（DISC性格特質）
- 投資理財（企業投資
- 生涯（生老病死，喜怒哀樂）

以上這八種循環的停留點；讓玩家可以學習到如何判斷趨勢並掌握商機，在合適的時機做出投資買賣的決定；了解到金融投資、房產投資和企業投資的不同風險承擔和模擬操作體驗；知道如何在有限的精力和時間資源下，選擇適當的斜槓身份來增加收益；在遇到各種人生意外或困境等挑戰時，知道如何面對，並從中找到奮進再起的力量；在不同性格特質的個人風格中，如何善用優點做出更有利的決定；在出生、學習、工作、結婚、生育、生病等生老病死不同的階段中，如何找到有價值的轉捩點，成就更好的生命！整個現實財富圈的安排，跟我們真實的生活是完全可以對

照的，因為真實，所以每個玩家的收穫特別大，體會特別深！

 **幸福財富圈**

在幸福財富圈中，有：

- ➔ 工作（收入的來源和價值的奉獻）
- ➔ 理財（財富的增值和倍數的累積）
- ➔ 健康（健康的投資和習慣的養成）
- ➔ 人脈（人際的經營和錢脈的轉化）
- ➔ 家庭（家庭的幸福和親子的關係）
- ➔ 休閒（生活的調劑和興趣的養成）
- ➔ 心靈（正面的強化和負面的洗滌）
- ➔ 學習（持續的成長和不斷的提昇）

以上設計在遊戲中的八種循環停留點；讓我們可以學習到：

創造工作的資產、去除工作的負債，獲得工作的自由，累積工作的福報；

創造理財的資產、去除理財的負債，獲得理財的自由；累積理財的福報；

創造健康的資產、去除健康的負債，獲得健康的自由；累積健康的福報；

創造人脈的資產、去除人脈的負債，獲得人脈的自由；累積人脈的福報；

創造家庭的資產、去除家庭的負債，獲得家庭的自由；累積家庭的福報；

創造休閒的資產、去除休閒的負債，獲得休閒的自由；累積休閒的福報；

創造心靈的資產、去除心靈的負債，獲得心靈的自由；累積心靈的福報；

創造學習的資產、去除學習的負債，獲得學習的自由！累積學習的福報；

引領我們在現實財富圈賺錢的同時，可以擁有八大領域圓滿的幸福，知福、惜福、再造福，為人生創造並儲備更多的福報，即使遇到工作或生

命的困境時，也能化險為夷，平安順利！

　　商家要經常盤點倉庫的庫存，才會知道銷貨的狀況以及安全的存量；生命也要每天盤點包括工作、理財、健康、人脈、家庭、休閒、心靈和學習等八大項目的庫存，缺貨就要補！

　　以上這八大項目，也是生命平衡的八大領域；工作庫存是最基本的，每天都要盤點確認是否有更好的方法，可以提升更高的效能；是否有更可能的事業發展機會，可以找到更好的利基；可以有更好的團隊一起來執行，可以有更好的財務來支持；每天都要針對工作的各個項目來做盤點，才能夠提升更大的工作績效與價值！

　　理財也是一個天天必須要盤點的項目，你不理財，財不理你；經常要檢視自己所賺到的錢，是否有適當的比例放在理財，同時要因應市場環境的變化，做出適時的調整！賺錢，得到的只是百分比，理財，才能夠有獲得倍數的機會！

　　健康也是每天必須要盤點及進貨的項目，每天都要做一些運動，才能夠為健康的庫存增加存量；健康是革命的本錢，健康是1，後面都是0，沒有健康，就沒有一切；道理很簡單，大家都懂；然而很多人都沒有持之以恆地去做！為了更健康所做的事情，從飲食、運動到保健醫療，是每天都要隨時注意和努力的。

　　人脈就是錢脈，我們在之前談過有些人脈是資產，有些是負債；我們每天都必須要盤點有效的人脈，並且維持適當的聯繫，才能為需要的時候，帶來可能的支持而預做準備；也避免敵意的累積，在身處困境的時候，四面楚歌！

　　家庭也是重要的庫存項目，每天生活時間的安排，都必須要有家庭的元素，即使離家再遠，也要跟家人每天維持連繫的關係；家是人們最大的

避風港，唯有時時維繫良好的家庭關係，在家庭的庫存項目上，天天都有愛的進帳，才能在需要支持的時候，有最好的後援靠山！

　　適當的休閒，可以調整我們的生活狀態；大家都聽過工人拿斧頭砍柴的故事，如果一整天連續的砍柴都不休息，刀會越來越鈍，反而沒有辦法得到最大的產量；工人必須要適當地停下來，把斧頭磨得更銳利一點，才能提升更好的績效；同樣的，人們也需要適當的休息，適當的自我放空，才能夠有更好的狀態，在各方面得到更大的提升！

　　心靈的成長更是非常重要的，很多人的心是很空虛的，就一如沒有任何心靈的庫存一樣；唯有豐盛的心靈，才能夠有更大的生命動能；我們每天都必須要適當地給自己一方獨處的空間，自我對話；能夠經得起寂寞，才能夠成就了大事；也唯有能夠自我調適的人，才能夠在遇到任何困難的時候，都保有繼續前進的動力！

　　最後一項庫存是學習，知識可以改變命運，學習的能力越強，擁有的知識越多，越能夠在需要的時候派的上用場；所謂學以致用，如果沒有足夠的學習作為庫存，我們就很難有源源不斷的能力，可以去面對並且應付隨時迎面而來的挑戰！

　　經營生命，就像經營公司一樣；公司要有足夠的庫存，才能在市場繼續生存；生命也要有足夠的庫存，才能夠不斷地挺進；就像在新冠肺炎期間，如果醫療用品跟設備的庫存不夠，就會對前線的生命治療帶來很大的危機；而自己的生命，也要經常盤點各種庫存，並且儲備足夠的存量，才能讓我們的生命，

如果事情要改變，**我**必須改變

沒有後顧之憂地活出非凡的一生！

　　幸福財富圈生命八大領域的平衡，是我和郭騰尹老師在1998年創辦實踐家時就開始堅持的教學主軸，至今二十四年未曾改變，我們一直認為任何一個領域的成功都不可以犧牲其他七個領域中的任一個；透過財富羅盤的遊戲體驗，您將得到更深刻的發現！

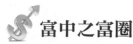 富中之富圈

　　在富中之富圈中，有：

> **實踐理想（實踐未來五年的理想生活）**
>
> **完成夢想（完成世人追求的夢想實踐）**
>
> **公益奉獻（奉獻所得助人的公益情懷）**
>
> **創投致富（富勒博士六大投資的演練）**
>
> **危機（如何直面危機的處理程序）**
>
> **轉機（有效轉化危機的關鍵步驟）**

以上這六種循環的停留點；在富中之富的圈層中，每個人手上的持續成長資金幾乎都是現實財富圈的百倍乃至千倍以上！許多玩家的財富思維格局如果不夠大，反而容易掉入一無所有從頭來過的殘酷世界裡！進入富中之富的遊戲時，實踐理想、完成夢想、創投致富、公益奉獻四種路徑，是進入贏家俱樂部的方式，也是真正富裕人生要去實踐的！

　　在遊戲的一開始，每個人都要先寫下未來五年的理想生活；只要目標在，路就不會消失！在遊戲過程中做任何選擇時，都要以自己所設定的目標為前提，隨時問自己在遊戲中所做的每個決定，是正在朝向未來五年的理想生活，還是遠離未來五年的理想生活；一個人的目標越清晰，所做的行為就越明確！

　　一個人真正的成功，是要能同時幫助更多人邁向成功！因此，在富中之富的圈層中，一個企業家要能透過對更多其他新創企業的智慧經驗支持和資金資源投資，來幫助更多企業成功；在投資企業時，更要選擇富勒博士提醒我們六個可以永續增值的領域：教育、健康、食物、娛樂、能源和遮蔽，才能對地球的CSR企業社會責任和ESG環境永續治理做出貢獻！

　　公益奉獻是我們價值觀中最重視的，我們每個人能夠擁有的一切，都是來自於社會各界的相互效力；取之於社會，用之於社會，本是天經地義的事情！實踐家自己捐資成立及接管的基金會就有實踐家文教慈善基金會、品學網文教基金會、播種者文化藝術基金會和英皇教育基金會等四家，在二岸三地長期從事著社會公益慈善服務的志業！我自己從三十三年前有機會參與台灣世界展望會首屆飢餓三十援助非洲公益活動，以及慈濟基金會預約人間淨土公益活動的創辦策劃，數十年來，不管事業如何轉型，對志業的投入力道始終如一！能夠付出的人是最有福的，只要人人都能為社會盡一份力，相信世界會充滿更大的福氣！

你是 愛的
示範者？

還是 愛的
接收者？

海洋漩渦圈

海洋漩渦圈，最大的特點是隱身在現實財富圈及富中之富圈中，是一個人在追求成功的旅程中最需要注意的！在現實財富圈的挑戰，以及富中之富圈的危機，都有可能會遇到一些特別的困境，而深陷海洋漩渦，越捲越深！人生會有各種意外，有的是外部因素引起，有的是自己造成，這時有福氣累積和信託的人，可能會很快度過；也可能會將您退回原點，一切從頭開始！一個人再大的成功都經不起一個致命性的錯誤帶來的毀滅性打擊！

獨創的2468財富思維

實踐家財富海洋平台在國際化的路程中去年也創下了重大里程碑，財富羅盤（財富海洋人生羅盤）英文版已經正式面世！其他幾種語言的版本，也在陸續完善中，我們要讓全世界的人沒有語言隔閡地掌握富中之富的2468！我們值得為自己喝采鼓勵！2468是透過財富羅盤遊戲可以學習到的核心精髓：

➲ **2：你就是錢，錢就是你！處理好人和錢二者的關係！**

➲ **4：從貧中之富、貧中之貧及富中之貧進入富中之富的四種人生象限！**

➲ **6：掌握FQ財商、EQ情商、AQ逆商、TQ群商、MQ德商及IQ智商等六種商數！**

➲ **8：活出工作、理財、健康、人脈、家庭、休閒、心靈、學習八大領域幸福平衡的人生！**

財富羅盤的遊戲，適合各種場景及對象來參與：

➡ 全家一起玩，可以帶來幸福；

➡ 公司一起玩，可以提升業績；

➡ 團隊一起玩，可以增強共識；

➡ 朋友一起玩，可以凝聚情感；

➡ 學生一起玩，可以端正財商；

➡ 老闆一起玩，可以資源整合；

➡ 客戶一起玩，可以重覆銷售；

➡ 陌生客戶一起玩，可以迅速成交！

Money & You啟發我們：大多數的人，使用生命中大多數的時間在賺錢，而不是規劃一個值得擁有的生命！財富羅盤遊戲透過完全源自真實人生的體驗，會從遊戲中反應出人類真實的行為，讓我們經過不斷的發現、修正和行動，可以真正做到：

➡ **遠離貧中之貧的失意人生**

➡ **脫離貧中之富的平凡人生**

➡ **避免富中之貧的失衡人生**

➡ **樂享富中之富的平衡人生**

富中之富發現之旅

　　財富羅盤和其他所有遊戲最大的不同是，我們有一套十三天的發現之旅線上課程做為強大的教育賦能！而這一切，完全起源於我們對全球疫情擴散的思考，在這天災人禍不斷的時代，有什麼可以自助助人的神器？眾裡尋他千百度，驀然回首，Money & You卻在燈火闌珊處！

　　運用Money & You經過不斷驗證的普遍定律，二十四年來，我們一步一腳印創建了今天的實踐家！可以說，沒有Money & You，就沒有今天的實踐家！沒有實踐家，就沒有今天的全球十一萬華文Money & You畢業家人！

　　我堅定相信，為了提升能力，應對疫情帶來的嚴峻考驗，只要我們一起團結，發揮M&Y的海洋精神，相信沒有過不去的關卡，絕對沒有賺不到的財富！富勒博士說：為越多人提供服務，就可以為自己創造越多財富！因此，我們做了一個歷史性的重大決定，要將華文Money & You二十三年的經驗累積再創新，成為Money & You畢業家人的福報，也是Money & You非畢業生的福音，我們決定將我和郭老師多年課程的教學重點，整合在一套完整的發現之旅線上學習中，帶給大家全球高CP值的成長課程——發現之旅！

　　1998年，實踐家由我和郭騰尹老師等共五位創始人一起創立，二十四年來一步一腳印地成為全球華文教育培訓界甚受尊敬與肯定的領航者；如果事情要改變，我必須改變！2021年，實踐家決定要和大家共同

分享，相互成就！

我們決定為大家提供「疫情新常態的學習新選擇」，我們相信全球疫情持續警報；在家學習，必然成為全球趨勢！但同時，疫情緩解時，線下學習也不會消失！面對不確定的未來，能力需要超前部署！疫情新常態，學習不能斷！

因此，2021年實踐家教育集團決定隆重推出《富中之富》線上線下整合學習系列，成為最強大的抗疫神器！提供大家最值得、最完整、最優惠而且最實用的線上社群學習線下羅盤推演的課程，至今短短一年的時間裡，吸引了全球超過萬名的企業家和創業者加入學習的行列，個個都滿載而歸！

郭騰尹老師從事教育培訓至今逾三十年，而我從事教育培訓至今近四十年；我們在1998年創辦實踐家時，同時創辦了實踐家的招牌課程——曼陀羅超級行動學，有系統地教導人們實踐工作、理財、健康、人脈、家庭、休閒、心靈、學習等八大領域均衡的富中之富新人生！

二十四年來，運用我們所教的方法以及持續修正的行動，實踐家從一家小公司，發展到今天成為跨國的企業平台；我們做到的，都是我們教過的！而經過二十四年的驗證和強化，我們整合出可實踐的更強大系統：富中之富發現之旅WealthDiscovery！我們教您的，也都是您能做到的！

WealthDiscovery富中之富發現之旅——探索平台不僅是線上直播課程，更是跨國性社群平台！每次上課都有來自幾十個國家地區超過上千名

的企業家和創業者共同學習！由林偉賢老師教您經濟自由，郭騰尹老師教您心靈自在！

> 🔘 **林偉賢老師是一扇窗子，帶您打開浩瀚無垠世界！**
> 🔘 **郭騰尹老師是一面鏡子，帶您照見五蘊探索內心！**

我們透過連續十三天，十個早上和十三個晚上不間斷地線上直播授課，循序漸進的教會您：工作有系統、理財有方法、健康有動能、人脈有連結、家庭能幸福、休閒能自在、心靈能豐盛、學習能整合，成就富中之富的平衡人生！

課程的進行方式非常豐富，有跨國學習小組編排，有線上學習打卡機制，有線上作業提交系統，有學習平台激勵競賽，有學習社群相互鼓勵！有義工接收者全程陪伴，有課程示範者點評指導！您不只上了一套線上課程，更是擁有了一個國際平台！

互動授課的設計，學習者好處特別多：能省去交通往返的時間！可以省下交通食宿的費用！還能增加重覆學習實踐的次數！以及增強實踐修正的頻率效能！我們在線上用比一般現場課程更有效的互動模式，在線上跨國界高效能學習並整合成長！

WealthDiscovery富中之富發現之旅探索平台，把富中之富的精髓落實到發現之旅中，透過21堂非常完整的課程，包含了：

第1課 看準趨勢，第2課 發現商機，第3課 應對挑戰，
第4課 明確願景，第5課 目標設定，第6課 高效自律，
第7課 財富海洋，第8課 被動收入，第9課 複利倍增，
第10課 身體健康，第11課 人脈深耕，第12課 家庭幸福，
第13課 豐盛休閒，第14課 美好心靈，第15課 增值學習，

第16課 理想生活，第17課 祕密法則，第18課 分享致富，
第19課 有錢有情，第20課 愛錢愛你，第21課 富中之富！

融合線上十三天完整的富中之富發現之旅課程學習，再加上可以不斷推演操練的線下富中之富財富羅盤，形成了一套非常完整的學習體系，可以說是實踐家創辦二十四年來最強大又實用的一套最強課程！而為了在疫情期間給夥伴們最大的支持回饋，學費更是不到實踐家招牌課程的二十分之一！為的就是希望能幫助到最多的人，您務必要好好把握！

我們自信的推薦：

　➡ **財富羅盤**──是您一生一定要擁有的一套遊戲！
　➡ **發現之旅**──是您一生一定要參與的一次學習！
　➡ **富中之富**──是您一生一定要活出的一種富裕！
　➡ **財富海洋**──是您一生一定要進入的一個平台！

實踐家教育集團是《商界評論》雜誌認證為全中國最早做財商教育的商學院，招牌課程是Money & You！我們現在特別萃取實踐家知識體系，整合成WealthDiscovery富中之富發現之旅課程；WealthShare財富羅盤以富中之富、貧中之富、貧中之貧和富中之貧這四種不同的人生象限為遊戲主軸；每位遊戲的參與者，會在不同角色的人生沙盤推演中，經歷生老病死等生命狀態，體會喜怒哀樂等情緒能量；透過富中之富財富羅盤，教導遊戲者把握從地球發射火箭到月球，97%不斷做修正的道理，透過一次次的羅盤推演，去除各種人生挑戰爛草莓；從事業到家庭，不斷規劃實踐並持續修正落地；最終實踐工作、理財、健康、人脈、家庭、休閒、心靈和學習等八大領域圓滿完整的富中之富美好人生！

非常感謝您的慧眼賞識，選擇了《富中之富的財富方程式》這本書！只要您照著本書的重點去學習並實踐，一定會為您的事業和生活帶來革命性的突破和成就！祝福您和我們一起進入富中之富的世界！

我是豐富的海洋
海洋什麼都不要
只要去给

MONEY & YOU

- 很多人用生命在賺錢卻沒有規劃一個值得擁有的生命
- 一個以最小的成本贏得最大獲利的學習投資
- 一個讓您有哭有笑、真實感動，永生受惠的生命經驗

Money & You是由馬修·賽伯(Marshall Thurber)所辦的商業經典學院(The Excellerated Business Schools)中的一門課程。而商業經典學院是專為企業家所創辦，你將感受到Money & You在三天中帶來的震撼，並且，你將學到最新的突破性的商業經營技巧。

Money & You的基本目標是：學員能將課程的精神帶到——不論是他們的事業、家人或組織裡。你將學到因為品德和廉正的實行而建立了"信任"。

Money & You是一個生活改變的歷程。假如，你已準備讓自己的生命更與眾不同，那Money & You將使你的生命開始與眾不同……

Money ＆ You 創辦人介紹

- **馬修·賽伯(Marshall Thurbei)**
  波士頓大學法律系畢業生，他與事業合夥人Bobbi Deporter在1978年一同創辦了商業經典學院。

- **精神導師 巴吉明尼斯特·富勒博士**
  富勒博士是影響二十世紀人類發展最重要的人之一，他更被後世敬授了幾十種榮譽頭銜，同時獲領四十八個榮譽博士學位證書，並擁有二十六項非常重要的世界專利與發明。

- **主講老師 國際資格的老師**
  林偉賢老師：實踐家教育集團董事長，主要華人區域的唯一授證華語中文講師。

"Money & You"改變了我的生命及重新引導了我的事業方向，這個課程表面上看起來發掘自我的相關性大於談論的部分，然而就在這學習如何完整自我發展的過程中我卻更自然的學到並賺到更多超乎想像的財富。

羅伯特·清崎(Robert T Kiyosaki.美國)
《富爸爸 窮爸爸》全球暢銷書作家

■ 美國商業經典學院最受歡迎

最實用的成功人士必修課程

掃碼報名

富中之富

領航教練

線上課程
認證實戰班

教練打造富裕人生　斜槓領航財富方向
Pilot Coach Of Wealthshare

▶▶ 加入領航教練　10大收穫

1. 善用系統成為一名益己達人財德兼備的高規格領航教練!
2. 善用窗子與鏡子的交換思維，打開通往財富自由的大門!
3. 善用提問與對話技巧，讓學習者自我發現、修正與行動!
4. 與學員快速建立相互信賴與彼此尊重夥伴關係的程式!
5. 善用教練技術快速建立共識，打造卓越高效的團隊!
6. 善用教練技術應對企業及個人發展變局，突破致勝!
7. 打造卓越領航教練的底層功力與運用實力!
8. 掌握財富羅盤的教練引導技術，解決生涯發展訓練問題!
9. 善用富中之富財富羅盤，創造自動運轉的被動收入!
10. 善用實踐家的國際平台，打造無私互動的菁英圈層!

富中之富領航教練導師
富中之富財富羅盤設計者

林偉賢 老師

富中之富領航教練導師
富中之富財富羅盤設計者

郭騰尹 老師

▷DOERS GROUP 實踐家教育集團　Tel:(02)2656-2519 Fax:(02)8751-0850

報名請掃

> **您一生受用的演說訓練營**

9天36小時線上訓練營
優勢演說
POWER SPEECH

好口才魅力表達　好系統會議營銷

林偉賢 演說實戰講師

- 憑藉優勢演說的能力和系統，打造橫跨全球11個國家和地區的頂尖教育集團！海內外講師界公認最受尊敬的大師！

課程適用對象

 想提升談判能力，賺取更多商業利益和淨利潤的人。

 會講課但不會銷售，想要透過營銷或直播提升收入的人。

 不會說話，為人處事總吃虧，想讓能力被看見的工作者。

 純粹愛學習各方面知識的終身學習者。

 透過演說進行業務推廣、銷售計畫、商業談判的人。

課程優勢　即時互動 / 時勢更新 / 分組帶領 / 實時更進 / 相互鞭策 / 修正進

常見問題

Q 請問在哪裡上課？

A 全程線上直播教學，付款完成後將提供個人專屬上課連結至您的聯繫信箱，於開課時間使用該連結進入即可上課。

Q 請問上課時間及方式？

A 每天課程分為早課2小時、晚間實操演練2小時，完全不影響平日的工作及生活安排，講師直播上課，助教帶領實作，訓練營期間課程可以回放複習補課，可以適時視訊連線或舉手留言跟老師及學員互動，面對面輔導答疑。

- 報名請掃

想成為某領域的權威或名人？出書就是正解！

　　透過「出書」，能迅速提升影響力，建立「專家形象」。在競爭激烈的現代，「出書」是建立「專家形象」的最快捷徑。

　　國內首創出版一條龍式的統包課程：從發想一本書的內容到發行行銷，不談理論，直接從實務經驗累積專業能力！鑽石級的專業講師，傳授寫書、出版的相關課題，還有陣容堅強的輔導團隊，以及坊間絕無僅有的出書保證，上完四天的課程，絕對讓您對出書有全新的體悟，並保證您能順利出書！

書的面子與裡子，全部教給你！

★出版社不說的暢銷作家方程式★

P
說服出版社
的神企劃

W
加速寫作的
方程式

P
增加優勢的
出版眉角

M
衝上排行榜
的行銷術

暢銷書都是這麼煉成的！

保證出書！您還在等什麼？

寫書＆出版實務班

企劃怎麼寫｜撰稿速成法｜亮點＆光點＆賣點
出版眉角｜暢銷書行銷術｜出版布局(置入性行銷)

這堂課通通都會教您，菜鳥寫手也能成為超級新星作家！

另有線上課程，欲了解更多課程內容，請掃碼查詢或撥打真人客服
專線 (02) 8245-8318 或上官網

新‧絲‧路‧網‧路‧書‧店
silkbook○com www.silkbook.com

數位原生代的**財富密碼**

元宇宙NFT
淘金實戰班

一次看懂元宇宙新商機，
錯過比特幣，
不能再錯過 NFT ！

「**NFT**」正式獲選為 2021 年度十大代表關鍵字的冠軍，擊敗「新冠肺炎」與「疫苗」，而「元宇宙 (Metaverse)」與「加密貨幣 (Cypto Currency)」則緊追其後！

就像知名 YouTuber 老高說的：「NFT 是孕育元宇宙的基礎，沒有它，就沒有元宇宙。」所有你知道的知名企業品牌都投入元宇宙，NFT 也從原本一小群人關注的話題，遂變成全球矚目的新興趨勢！

什麼是 NFT ？何謂非同質化代幣？加密藝術能做什麼，如何透過區塊鏈去中心化？如何發布個人作品？如何藉由交易轉移數碼檔案的擁有權？一堂初心者專門、最淺顯易懂的課程，讓外行人完整掌握**五大要點**：

1. NFT 加密藝術產業概況
2. 區塊鏈技術、加密貨幣與交易平台機制
3. 如何建立加密貨幣錢包、購買與出售
4. 如何將作品轉化成 NFT 並上傳？
5. 買賣 NFT 保存方式及需注意風險？

絕不空談元宇宙、NFT 理論，由專業講師手把手教學、完整傳授，了解創作技術核心與現階段限制，讓你從加密世界脫穎而出，一起搭上數位淘金熱！

富中之富的財富方程式

本書採減碳印製流程，碳足跡追蹤並使用優質中性紙（Acid & Alkali Free）通過綠色環保認證，最符環保需求。

作者／林偉賢
出版者／元宇宙(股)公司委託創見文化出版發行

總顧問／王寶玲
總編輯／歐綾纖
文字編輯／蔡靜怡　　　　　美術設計／蔡瑪麗

台灣出版中心／新北市中和區中山路2段366巷10號10樓
電話／（02）2248-7896　　　傳真／（02）2248-7758
ISBN／978-986-271-932-9
出版日期／2022年5月初刷

全球華文市場總代理／采舍國際有限公司
地址／新北市中和區中山路2段366巷10號3樓
電話／（02）8245-8786　　　傳真／（02）8245-8718

全系列書系特約展示門市
新絲路網路書店
地址／新北市中和區中山路2段366巷10號10樓
電話／（02）8245-9896
網址／www.silkbook.com

國家圖書館出版品預行編目資料

富中之富的財富方程式　林偉賢著. -- 初版. --
新北市：創見文化出版, 采舍國際有限公司發行,
2022,05 面；公分--（MAGIC POWER ；18）
ISBN 978-986-271-932-9（平裝）

1.CST: 理財　2.CST: 財富　3.CST: 生活指導

563　　　　　　　　　　　　111003114

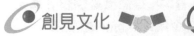

COUPON優惠券免費大方送！